《貞觀政要》是一部政論性的歷史文獻，
涵蓋貞觀年間唐太宗和身邊大臣魏徵、王珪、房玄齡、杜如晦、
虞世南、褚遂良、孔穎達等四十五人的政論、
奏疏及重大政治措施等，其治國真理，足以借鑑當代。

教你看懂
唐太宗與
貞觀政要

高談文化

Zhenguan zhengyao

目錄

出版序

唐太宗在位二十三年，在中國歷史上擁有最傑出的政績，後人以「貞觀之治」，來表達對唐太宗的肯定和對貞觀時期太平盛世的景仰和嚮往。正由於他的努力與泱泱氣度，才使得唐朝成爲當時世界政治、經濟、文化的翹楚與中心。日本與韓國古代社會的政治與經濟幾乎是唐朝的翻版；直到今天，世界各地有中國人聚集的地方，就會看見「唐人街」的蹤影。

唐太宗在中國歷史上之所以受人尊崇，和他納諫的過人氣度有直接的關係，也使他和魏徵成了歷史上首屈一指的名君和名臣。魏徵有句名言：「兼聽則明，偏信則暗」，這句話至今仍應該是領導者的座右銘。除了納諫之外，唐太宗在處理種族問題上的做法值得稱道，是歷史上難得的民族關係融洽、各族和睦共處的黃金時期。而當時的長安，更堪稱爲世界性的都城，唐朝政府還因而專門設置鴻臚寺，負責接待外來的使節、僧侶、學者及商人。當時和唐朝交往密切的國家就高達七十多個。而中國的瓷器、紙張、茶葉和絲綢也因此陸續運往波斯，再傳到歐洲。四大發明之一的造紙術，便是在這個時期傳到阿拉伯和印度，又通過阿拉伯傳到了歐洲和非洲，對世界文明的發展有卓越的貢獻。

唐太宗不僅在政治、經濟、外交、內政上都有重大成就，他的妻妾、子女也都有過人的功績。長孫皇后便與明太祖的馬皇后、康熙皇帝的祖母孝莊皇后，並稱中國三大賢后；而文成公主與吐蕃王松贊干布和親的事蹟，更是歷來人人傳頌的佳話，直到今天，西藏人仍以能到大昭寺去瞻仰文成公主爲一生的榮耀。

《貞觀政要》記錄了唐太宗與臣子對談政事的內容，涵蓋面極廣，是往後歷朝皇帝指定太子們必須熟讀的重要典籍之一，從當中我們可以觀察一代帝王的胸襟與智慧、思考邏輯的清晰與決策過程的縝密，是當今許多企業家、政治家奉爲圭臬的重要參考書。

我們特別在各個章節當中，收錄許多關於唐太宗身邊的名臣、長孫皇后、文成公主以及唐太宗的小嗜好等等故事，讓讀者能見微知著，完整的觀看唐太宗與《貞觀政要》，並從中學習前人的智慧。

「教你看懂」中國文學名著系列，希望能為讀者開啓一條通往中國文學之路的捷徑，以淺顯的文字、活潑的導引、有趣的注釋與生動的補充說明，跳脫枯燥乏味的學究式說理，重新編撰的，可以輕鬆閱讀的作品。能看懂古人的文字，就能領略他們的思想脈絡，了解當時社會文化的狀態，找出可以學習借鏡的智慧精華。因為了解、欣賞，才能借鑑學習；因為借鑑學習，才能延伸應用；因為應用，才能承先啓後，激發創作的種籽。

文學的魅力不應該受限於時代、語言、國界的束縛，而文體的表達方式，也不應該只能有一種詮釋方法。就像我們想讀世界各國的文學作品，可以藉由翻譯來讀懂它的道理一樣，中國許多優美的經典文學創作，也不應該受限於文言文的隔閡，而讓現代的讀者望之生畏。其實，中國文學作品的浩瀚精采，博大精深，如果能找到更多元的入門通道，那麼成千上萬的精采創作，將會是人人都喜歡閱讀的最佳讀物。

高談文化總編輯　許麗雯

虛懷納諫的唐太宗

「以銅爲鏡，可以正衣冠；以古爲鏡，可以知興替；以人爲鏡，可以明得失。」

唐太宗深知身爲君主必須兢兢業業，不光只是建立新朝代、開啓新氣象，還要能夠從前朝興亡的歷史教訓中反省，並廣納諫言，從諫如流。

唐太宗爲高祖李淵的次子，出生取名「世民」是取「濟世安民」之意。少年時代的李世民喜愛習武更勝讀書。隋煬帝大業十三年（西元六一七年），父親李淵在隋朝做官，李淵也出任太原留守，在這之前，李淵先後鎭壓了不少亂事，並擊退突厥，一步步展現他的政治影響與軍事實力。此時隋朝已經大亂，李世民於是向父親提出學習漢高祖反秦的壯舉來舉兵推翻隋朝，創立帝業。

在醞釀起兵的過程中，李淵一面指示長子李建成在河東結交英雄才俊，一面佈置次子李世民在晉陽祕密招募豪傑。大業十三年初，李淵在晉陽起兵，李世民與其兄分別統領左右兩軍，並肩作戰，十一月就攻下長安。而這一年，李世民才剛滿二十歲，卻已經是一個很有經驗的青年統帥了。

隔年，李淵在長安即帝位，改元武德，國號唐。封次子世民為秦王。但此時，國內仍然有多處被地方勢力割據，而李世民協助父親立下很多的汗馬功勞，表現出他傑出的才能，因此引發了帝位繼承者的爭奪戰。在武德九年，李世民發動玄武門之變，殺死兄弟李建成與李元吉，逼唐高祖李淵退位，自己稱帝，是為唐太宗，並於次年（西元六二七年）改元貞觀。

唐太宗即位後，展現出居安思危、善於用人、虛懷納諫的器度，施行許多政策方面的改革，且積極穩定軍事，因而促進了社會的安定與文化的交流，造就了所謂的貞觀盛世。太宗晚年著作《帝範》十二篇教誡太子，他在其中總結了一生的經驗，也對自己的功過進行了評述與反省。而在貞觀二十三年（西元六四九年），唐太宗去世百年之後，史學家吳兢整合太宗生平的政治論點，寫成《貞觀政要》一書，並在序言中對太宗評論道：「太宗時政化，良足可觀，振古而來，未有之也。」由此便可得知唐太宗時代的進步與卓越。

兄弟相殘的玄武門之變

李世民生平最為外人所議論的，就是弒兄弟奪皇位的「玄武門之變」。明明是並肩作戰的親兄弟，為何會鬧到水火不容，手足相殘？

李淵稱帝後，長子建成成為太子，即皇位的合法繼承者，李淵也一再賦予李建成軍國大事的重任，希望長子建立起威信，但李建成卻辜負了高祖的厚望。相對的，李世民卻在東征西討、南北征戰中屢建功勳，實力與聲望一天天往上攀升。太子建成對世民日益高升的威望感到非常不安，因而打算拉攏高祖李淵的第四子李元吉，來對付李世民。四子李元吉冊封齊王，勇猛過人，也曾立下不少戰功，但驕淫放縱，名聲不好。李元吉內心深處也算計著皇位的繼承權，但經過周密的考慮後，還是決定投靠長子李建成。因爲他認爲追隨李世民，必然不可能實現自己謀得地位的野心，但若是投靠李建成，或許還有機會取而代之。

李建成與李元吉聯手後，積極拉攏後宮，取得支持，並勾結嬪妃，在李淵身邊進讒言，說李世民的壞話，讓他日漸疏遠李世民，對李建成和李元吉則越來越寵愛。

某天他們邀請李世民至東宮赴宴，卻在藥酒中下毒，打算毒死他。幸好當時有淮安王李神通在場，經過緊急救治，才脫離險境。這件事因而讓高祖語重心長地對李世民說：「你們兄弟不和，但一個住東宮，一個住西宮，近在咫尺。我想讓你出居洛陽，主管河、洛以東的地區，你覺得如何？」這番話讓李建成與李元吉兩人充滿危機感，認爲若李世民到了洛陽，將更不好去除，所以更加緊策劃殺害李世民的陰謀。

唐武德九年，突厥侵犯唐朝邊境，李建成與李元吉商量，想利用這次機會奪去李世民的兵權，進而除掉這個心頭大患。李世民得知消息後，與身邊大將商量對策，迫於形勢危急，唯一的辦法是先下手爲強。而此時守衛玄武門的常何已經歸附於李世民，他於是趁此之便，決定在玄武門埋伏暗殺李建成與李元吉。

六月初四上午，李世民率將領埋伏於玄武門之內，當建成、元吉踏入玄武門後，察覺氣氛不對，想要掉頭轉馬退回東宮已來不及了。元吉展開弓箭射向世民，卻三射不中，反倒被世民隨後趕到的手下大將尉遲敬德射殺身亡，而建成也死在世民的箭下。當時建成、元吉雖也急召手下將領率東宮和齊府的精兵攻打玄武門，但大勢已去，且李淵得知消息後，發現事情已成定局，即發布手諭命令軍隊都要聽命於秦王李世民，這場兄弟相殘的事變才告終止。

玄武門之變三天後，唐高祖宣佈立秦王李世民為太子，處理國家一切政務，並在同年八月退位，自稱太上皇。自此李世民正式即位為皇帝，即為歷史上赫赫有名的唐太宗。

在整個玄武門之變的過程中，李世民充分展現出臨事沉著、嚴謹縝密的處事態度。他聽取部屬的意見，且容忍部下說長道短的情緒性發言，審慎地運籌帷幄，並耐心等待時機，因此能夠贏得廣泛的支持，助他一統天下，實非偶然。

唐太宗的文治與武功

太宗的文治是從尊重知識與人才做起，其次是立規矩、立法度。他在位時，十分重視發掘人才、招攬人才，且尊敬儒生，經常在朝會空隙時，邀請他們到內殿一同討論典籍及謀劃施政大事，同時也設立學校，培育人才，尊崇儒家學說。

在政治方面則施行多項改革，像是革新宰相制度、精簡各單位機構、裁減冗官、檢肅地方吏治等等，不但提高朝廷官員的辦事效能、防止弊端，也節省了國家用於官員俸祿的開銷。

他深信國家以人民爲本，人民以衣食爲本，因此制定了鼓勵增殖人口的政策；土地政策上，促進勞動力和土地的結合，鼓勵地方官員開辦屯田；在賦稅政策上，則對農民提出輕傜薄賦的政策。這些都是他安民寧國的良好措施。

爲了鞏固唐朝的統治，唐太宗也對北方突厥、薛延陀和西方吐谷渾、吐蕃積極用兵，平定了許多威脅。但他作爲一個英明君主，除了指揮用兵、打贏勝仗外，也採取了很多措施，像是在許多少數民族地區建立州縣制度，並任命當地的首領爲官員；允許少數人民遷入內地生活；任用少數民族在朝爲官；與少數民族上層統治和親等等，而這些政策也確實收到了效果。

唐太宗的用人哲學

唐太宗之所以能夠成爲天下霸主，創造出諸多非凡的功業，除了依靠他本身的優越才能之外，最重要的是他能夠知人善任、舉用賢良，下列即爲唐太宗選才用人的幾項特點：

一、廣泛吸收人才

李世民廣納豪傑，即使是敵對集團的人才也不放過。在李世民征戰時期，吸收了原隸屬於李密、王世允等集團的人才，包括瓦崗軍的秦叔寶、程咬金等，另外還在擊破劉武周時納入了尉遲敬德；攻打竇建德集團時，接收了張玄素；在消滅李建成集團時，則吸納了魏徵與王珪等。

除此之外，李世民爲了政局的穩定，也任用了隋朝舊臣李靖等人，對李淵集團的人才也給予恰當的安排，例如李世民公布的一個功臣名單中，名列榜首的正是李淵的心腹裴寂。

二、用人不避親仇

對李世民而言，人才沒有內外之分。長孫無忌是唐太宗的正宮長孫皇后的哥哥，他在玄武門事變中立下大功，理當謀得高官厚祿，雖然歷來外戚掌權容易被衆人攻擊，但長孫無忌確實有才能，李世民因此內舉不避親，任用他爲宰相。

而魏徵是李建成手下有名的謀士，多次勸李建成除掉李世民，可以說是李世民的大仇人。但魏徵爲人耿直且有才幹，李世民不記前仇，聘用他爲諫議大夫，並曾多次召入寢宮，詢問治國的得失。

三、不拘一格

唯才是用的李世民，不計較部屬的出身和經歷，所以他才會延攬隋朝顯貴舊臣，也提拔了張玄素、孫伏加等小縣吏爲朝中大臣。

四、用人不疑

尉遲敬德，劉武周手下的一員大將，武德七年他和另一名大將尋相投降李世民，不久尋相叛變，有人懷疑尉遲敬德也要叛變，就將他囚禁起來，並告訴李世民，要李世民殺掉他，李世民卻說：「敬德有心叛變的話，會落在尋相之後嗎？」隨後命人釋放了敬德，並安慰他說：「大丈夫以義氣相許，請你不要把這誤會放在心上，我絕不因爲別人的閒話而加害良士的。」敬德聽了十分感動，此後對李世民忠心耿耿，在歷次戰鬥中，出生入死，屢建奇功。

五、知人善用

歷史上有名的房玄齡、杜如晦就是一個典型，他們不善於斷案和處理雜務，但是善於謀劃和決策國家大事，所以任用他們爲宰相，用其所長，避其所短。而戴胄則相反，他不通經史，但做事正直，所以讓他擔任大理寺少卿，負責審理案件，放對位置的他果然辦事異常幹練，案子從不積壓，深得唐太宗的賞識。正因爲唐太宗嚴格又正確的選官標準，貞觀時期才會出現如此眾多賢良有才幹的名臣。

貞觀十七年（西元六四三年），唐太宗讓畫師在淩煙閣畫了二十四名功臣的畫像，這些都是貞觀時期的傑出大臣，其中包括我們比較熟悉的長孫無忌、魏徵、房玄齡和杜如晦，還有尉遲敬德、柴紹、李靖、秦叔寶等，這些名臣不但共同促成了貞觀之治，也共同造就了盛唐的燦爛文化。

【牝雞司晨】母雞代公雞執行清晨報曉的鳴啼。比喻婦人專權。牝，雌性動物，音ㄆㄧㄣˋ。

中國最賢慧的皇后——長孫皇后

長孫皇后（西元六〇一—六三六年），長安人，祖先爲北魏拓跋氏，出生於官宦之家，父親長孫晟在隋朝時官至右驍衛將軍。她從小愛好讀書，通達禮儀，十三歲就嫁給李世民爲妻，唐朝建立後，她被冊封爲秦王妃。她對唐高祖盡心侍奉，當李世民與李建成之間爲了爭奪皇位而嫌隙日益加深之時，好幾次在高祖的面前保住了李世民。她對後宮嬪妃也殷勤恭順，極力爭取她們對李世民的同情，並竭力消除她們對秦王的誤解。「玄武門之變」前夕，她對秦府幕僚親切慰勉，安撫軍心，左右將士無不爲之感動。李世民即帝位後，她也成爲皇后。

長孫皇后生性節儉，她所使用的一切物品，都以夠用爲限，從不鋪張。唐太宗知道她深明大義，因此下朝以後經常想和她談論國家大事，但她卻很鄭重地說：「**牝雞司晨**，惟家之索。我是婦道人家，怎能隨意議論國家大事？」太宗不聽，還是對她說得滔滔不絕，但她卻始終沉默不語。

長孫皇后的哥哥長孫無忌和唐太宗爲**布衣之交**，又在唐朝建立前後和玄武門之變中立有大功，因此太宗把他視爲知己，打算任他爲宰相，執掌朝政。皇后聽說後，就對太宗說：「妾既被立爲皇后，尊貴已極，我實在不想讓兄弟子姪佈列朝廷。漢朝的呂后、霍光之家，可爲前車之鑑。所以，我請您千萬不要把兄長任爲宰相。」在長孫皇后的再三阻擋下，當時唐太宗只給長孫無忌虛銜，以避免外戚干政的可能性。

唐代初年的名臣魏徵，以敢於直言進諫而聞名，這對君臣之間所發生的幾則故事也傳爲佳話。魏徵有好幾次惹得太宗龍顏大怒，某次退朝，太宗回到後宮後恨恨地說要殺掉魏徵。長孫皇后悄然退下，一會兒又穿著參加隆重禮儀的朝服走道太宗面前，太宗十分驚訝，她不急不徐地說：「妾聽說主明臣直，現在魏徵耿直，正是因爲皇上賢明的緣故，不敢不賀！」太宗聽了轉怒爲喜，從此對魏徵等忠臣更加倚重。

古代後宮嬪妃相互之間爲了爭寵，彼此殘害的事情屢見不鮮，但長孫皇后卻能體恤、愛護嬪妃。她對妃嬪所生子女的慈愛超過自己親生，妃嬪生了病，她甚至把自己

【布衣之交】布衣，平民所穿的衣服。布衣之交指平民相互間的友誼，也指未有官位時的交往。

正在服用的藥送去，因而宮中沒有人不愛戴她。

貞觀八年（西元六三四年），長孫皇后身染疾病，且愈來愈重，服用了許多藥物仍未緩解。這時，服侍在側的太子李承乾，建議母親用赦免囚犯和度人入道等方法來祈求保佑，但卻遭到皇后的堅決反對。她說：「大赦是國家的大事，佛、道二教也自有教規。如果可以隨便赦免囚犯和度人入道，必定會損害國家的政體，而且也是你父皇所不願見到的，我豈能以一婦人而亂天下之法。」太子聽了之後，不敢向太宗奏告，只是把他母親的話告訴了房玄齡，房玄齡又轉告太宗。太宗聽後，感動得涕淚交流，泣不成聲。

貞觀十年六月，長孫皇后彌留之際，與唐太宗最後訣別。她用盡氣力對太宗說：「我的家族沒有建立什麼大的功勳、德行，只是有緣與皇上結爲姻親，才身價百倍。爲了永久保持這個家族的名譽、聲望，我請求陛下今後不要讓我的任何一個親屬擔任朝廷要職，這是我對陛下最大的期望。我活著的時候對國家並沒有絲毫功績，所以死後也千萬不要厚葬，只要靠山而葬，不起墳墓，不用棺槨，所需器物，都用木、瓦製作，儉薄送終。如能這樣，就是陛下對我的最大紀念。」說完不久，就死在後宮立政殿。同年十一月，葬於昭陵。

唐太宗能成爲千古一帝，開創唐朝江山，並達成「貞觀之治」，絕不可忽視長孫皇后在他背後支持的力量。

唐蕃和親大使——文成公主與松贊干布

松贊干布是藏族傑出的政治家。貞觀六年（西元六三二年），松贊干布十六歲，出兵討伐叛亂的地方貴族，平定叛亂。他爲了吐蕃發展與政治的改革，於隔年遷都到現在的拉薩，成爲西藏高原的政治中心。

之後從貞觀十年開始，松贊干布爲了快速推動吐番發展，決心向先進的鄰近國家引進文明，於是開始跟南方的泥波羅國（今尼泊爾）交流，並向唐朝求婚。

貞觀十五年（西元六四一年），松贊干布派遣當地最聰明的臣子祿東贊擔任迎親使，憑著他的聰明機智，順利回答出唐太宗的難題，贏得太宗的歡心，而同意將文成公主遠嫁吐蕃，透過姻親關係化干戈為玉帛。

文成公主遠嫁吐蕃的同時，除了希望能為兩國的和平盡上心力外，她捨棄嫁妝中的金銀珠寶而向太宗要求攜帶佛像、五穀的種子、治病的藥材、書籍、農具、工匠等，希望能改善當地人民的生活。

松贊干布十分歡欣能娶到文成公主，當時還親自到國境外迎娶。為了讓公主高興，他廣納公主的意見，做了多項改革。例如公主不喜歡吐蕃人用紅色顏料塗臉，就立刻廢除這項習俗；他喜歡公主的氣質與談吐，認為這是承受中國文化的薰陶的緣故，就立刻派遣吐蕃子弟到中國學習；學習唐朝的府兵制與中央官制，推行新的軍事制度與官僚制度；另外還按照中國的服飾，改制他們的衣服。

文成公主本身是一位虔誠的佛教徒，當時西藏地區佛教尚未盛行，她攜帶了佛像與經書，決意建寺弘佛，於是她讓山羊背土填滿臥塘，建成現今著名的「大昭寺」。

她一方面弘揚佛教，爲藏民祈福消災，同時，還拿出五穀種子及菜籽，教人們種植玉米、土豆、蠶豆、油菜等能夠適應高原氣候、生長容易的作物。其中小麥不斷變種，最後變成了藏族人喜歡的青稞，而藥材、書籍和工匠則讓吐蕃人民的生活改善了很多，促進了吐蕃社會的進步。

松贊干布逝世於西元六五〇年，他死後，文成公主仍繼續在西藏生活了三十年。她致力於漢藏兩族人民之間的經濟與文化交流事業，繼承松贊干布的遺志。直到西元六八〇年在吐蕃逝世爲止，當地人民對文成公主的愛戴不減，在現今西藏的布達拉宮和大昭寺都有他們的塑像。

松贊干布雄才大略，統一西藏；文成公主知書達禮，不避艱險，遠嫁吐蕃；他們的共結連理，促進了吐蕃政治、經濟、文化的發展，也強化了藏族與漢族間的親密關係，爲中國這個多民族國家的歷史發展留下傑出貢獻。

吳兢與貞觀政要

唐代史家吳兢生於唐高宗咸亨元年（西元六七〇年），卒於唐玄宗天寶八年（西元七四九年），享年八十歲，是唐代一位以直筆修史著稱的史家。編著的《貞觀政要》，是記載唐太宗貞觀年間（西元六二七—六四九年）君臣討論治國施政的資料彙編，是一部歷來享有盛名的研究唐代，特別是唐初歷史的重要典籍。

《貞觀政要》是一部政論性的歷史文獻，它分類編撰貞觀年間唐太宗和身邊大臣魏徵、王珪、房玄齡、杜如晦、虞世南、褚遂良、溫彥博、劉洎、馬周、戴胄、孔穎達、岑文本、姚思廉等四十五人的政論、奏疏以及重大政治措施等，全面地反映了太宗君臣論政的主要內容。在今日習見的該書通行本中，都包括十卷共四十篇內容，按照君道、政體、任賢、求諫等分類安排，大體包括確定治國方針、接受歷代統治中的經驗教訓、培養專制統治的接班人，以及精簡機構、選賢任能、謙遜謹慎、尊崇儒術等許多方面的具體材料。

《貞觀政要》一書的價值，首先在於它所反映的唐太宗「貞觀之治」，在中國歷史上有非常重要的地位，爲我們研究唐初的歷史提供了許多重要資料，這對於我們了解歷代思想的演變和該書的作用和影響也很有好處。再者，該書雖是以君王統治者「治國安邦」的教材面目出現，但今天只要用正確的角度看待，還是能從中發現爲數不少對我們有用的材料。比如貞觀年間對於人才的選拔和任用方法，以魏徵爲代表的直言諫諍精神，和唐太宗前期那種「兼德則明」、「從善如流」的態度，精兵簡政以提高工作效率，提倡節儉以實現國家和民族的繁榮昌盛等方面的思想和資料，都對我們今天建設國家有相當的啓發作用。

吳兢大約從中宗時候開始編纂這部書，在景龍三年（西元七〇九年）時進呈中宗。他編著此書的用意在於希望中宗學習祖父太宗有所作爲，成爲一位好皇帝。到玄宗開元八年（西元七二〇年）後，他又奉當時的宰相源乾曜、張嘉貞之命把這部書稍加增改，加進了一些適合當時政治需要的內容。值得一提的是，這位史官吳兢不僅希望當時執政的皇帝都能向唐太宗學習，包括他自己也認眞地向《貞觀政要》裡的名臣魏徵等人學習，多次向當時的皇帝唐中宗與唐玄宗提出諫言。由此可見，這位《貞觀政要》的編著者是言行一致地希望再度出現「貞觀之治」的，他把唐太宗「用賢納諫之美，垂代主教之規，可以弘闡大猷，增崇至道」的大功大德，記錄下來用以規勸世人。

君道

《君道》篇列全書首卷之首，基本內容講爲君之道，也可看作全書的總綱。認爲有道明君治理國家就能安定興盛，無道昏君統治天下則必動亂危亡。「社稷安危，國家治亂，在於一人而已」。「有道明君」的典型是唐太宗，「無道昏君」的代表是隋煬帝。書中主要從三個方面討論爲君之道的教訓：一是把握創業與守成的關係。創業歷險，固然艱難，但創業後要居安思危，安而能懼，這對於君臨天下的帝王來說，守業豈不更難？二是正確處理君民關係。明君常思古訓：「君，舟也；民，水也。水能載舟，亦能覆舟。」爲君不能「竭澤而漁」，逼使百姓起來造反。三是正確對待君臣關係。君如頭腦，臣如四肢，要密切配合，皇帝應聽取臣下意見，兼聽則明，且要誘導臣下敢於諫諍，以避免決策錯誤。全篇五章，今選譯三章。

【啖】音淡，吃。
【怨讟】痛恨而出怨言。讟，音毒。
【諫議大夫】唐代侍從皇帝、負責進諫的官職。

貞觀初，大宗謂侍臣曰：「為君之道，必須先存百姓，若損百姓以奉其身，猶割股以**啖**腹，腹飽而身斃。若安天下，必須先正其身，未有身正而影曲，上治而下亂者。朕每思傷其身者不在外物，皆由嗜欲以成其禍。若耽嗜滋味，玩悅聲色，所欲既多，所損亦大，既妨政事，又擾生民。且復出一非理之言，萬姓為之解體，**怨讟**既作，離叛亦興。朕每思此，不敢縱逸。」**諫議大夫**魏徵對曰：「古者聖哲之主，皆亦近取諸身，故能遠體諸物。昔楚聘詹何，問其治國之要，詹何對以修身之術。楚王又問治國何如？詹何曰：『未聞身治而國亂者。』陛下所明，實同古義。」

【譯文】

貞觀初年，唐太宗對侍從的大臣們說：「做君主的法則，必須首先存活百姓。如果損害百姓來奉養自身，那就好比是割大腿上的肉來填飽肚子，肚子填飽了，人也就死了。如果要想安定天下，必須先端正自身，絕不會有身子端正了而影子彎曲，上頭治理好了而下邊發生動亂的事。我常想能傷身子的並不是身外的東西，而都是由於自身追求耳目口鼻之好才釀成災禍。如一味講究吃喝，沉溺於音樂女色，欲望越多，損害也就越大，既妨礙政事，又擾害百姓。如果再說出一些不合事理的話來，就更會弄得人心渙散，怨言四起，衆叛親離。每當我想到這些，就不敢放縱取樂貪圖安逸。」諫議大夫魏徵對答說：「古代聖明的君主，也都是先就近從自身入手，才能遠而推及到一切事物。過去楚莊王聘用詹何，問他治理好國家的要領，詹何卻用加強自身修養的方法來回答。楚莊王再問他治理國家該怎麼辦，詹何說：『沒有聽到過自身治理好而國家會發生動亂的。』陛下所明白的，實在符合古人的道理。」

貞觀二年，太宗問魏徵曰：「何謂為明君、暗君？」徵曰：「君之所以明者，兼聽也；其所以暗者，偏信也。《詩》云：『**先民有言，詢於芻蕘**。』昔**唐**、**虞**之理，**辟四門，明四目，達四聰**。是以聖無不照，故**共**、**鯀**之徒，不能塞也，**靖言庸回**，不能惑也。**秦二世**則隱藏其身，捐隔疏賤而偏信**趙高**，及天下潰叛，不得聞也。**梁武帝**偏信朱異，而**侯景**舉兵向闕，竟不得知也。**隋煬帝**偏信**虞世基**，而諸賊攻城剽邑，亦不得知也。是故人君兼聽納下，則貴臣不得壅蔽，而下情必得上通也。」太宗甚善其言。

【譯文】

貞觀二年，唐太宗問魏徵說：「什麼叫做聖明君主、昏暗君主？」魏徵答道：「君主之所以能聖明，是因為能夠兼聽各方面的話；其所以會昏暗，是因為

【「先民」二句】見於《詩經．大雅．板》。芻蕘：音鋤饒，芻是草，蕘是柴，指割草砍柴的人。這兩句是說古人講過，連芻蕘的話都得聽取。

【唐、虞】唐堯和虞舜，傳說中的聖君。

【「辟四門」三句】：見於《尚書．舜典》。

【共、鯀】音工、滾，共工和鯀，傳說中堯、舜時代的壞人。

【靖言庸回】見於《尚書·堯典》，原是堯指責共工的話，「靖」本作「靜」，指平時；庸就是用，回就是違。意思是平時花言巧語，用起來卻不行。
【秦二世】秦始皇少子（西元前二三〇—二〇七年），名胡亥，即位後號二世皇帝。
【趙高】秦宦官，得到秦二世的信任，最後二世反被他所殺。

貞觀名臣小傳㈠

魏徵

字玄成，原來是個道士，隋末參加反對隋朝統治的農民武裝組織「瓦崗軍」。後來瓦崗軍被同為反隋力量的唐降服，魏徵投入李淵長子李建成手下成為謀士，為他出謀獻策，包括曾經幾次建議李建成除去登上皇位的最大障礙李世民。玄武門之變後，由於魏徵的耿直，李世民赦免了他，還將他留在朝中為自己出力與上諫。在貞觀年間，他從政十七年，上諫兩百餘次，常常直陳諫言不顧太宗的面子，但他是眞正為天下大計著想，且所言也往往能切中要害，因此雖然常常惹太宗惱羞成怒，想要殺他，卻都能有驚無險地度過，而受到太宗獎勵。

魏徵所受的獎勵之豐，冠蓋朝野，但他生性節儉，為官清廉。他於貞觀十七年過世時，唐太宗十分悲痛地說：「夫以銅為鏡，可以正衣冠；以古為鏡，可以見興替；以人為鏡，可以明得失。今魏徵殂逝，遂亡一鏡矣！」足見太宗對魏徵直諫的欣賞與倚重。

偏聽偏信。《詩經》說：『古人說過這樣的話，要向割草砍柴的人徵求意見。』過去唐堯、虞舜治理天下，廣開四方門路招納賢才；廣開視聽，瞭解各方面的情況，聽取各方面意見。因而聖明的君主能無所不知，所以像共工、鯀這樣的壞人不能蒙蔽他，花言巧語也不能迷惑他。秦二世卻深居宮中，隔絕賢臣，疏遠百姓，偏信趙高，到天下大亂、百姓背叛，他還不知道。梁武帝偏信朱異，到侯景興兵作亂舉兵圍攻都城，他竟然不知道。隋煬帝偏信虞世基，到各路反隋兵馬攻掠城邑時，他還是不知道。由此可見，君主只有通過多方面聽取和採納臣下的建議，才能使顯貴大臣不能蒙上蔽下，這樣下情就一定能上達。」太宗很讚賞他講的話。

【梁武帝】姓蕭名衍，南朝蕭梁的開國皇帝（西元四六四—五四九年）。
【侯景】本是東魏的將軍（西元五〇三—五五二年），叛歸南朝，梁武帝聽信朱異的話，重用他，他反而叛梁，使梁武帝被困餓死。
【隋煬帝】姓楊名廣，隋朝的亡國之君（西元五六九—六一八年）。
【虞世基】隋煬帝的佞臣，和煬帝同時被殺。

貞觀十年，太宗謂侍臣曰：「帝王之業，草創與**守成**孰難？」**尚書左僕射**房玄齡對曰：「天地**草昧**，群雄競起，攻破乃降，

【守成】保守既成的事業。
【尚書左僕射】尚書省是唐代最高行政機構，左、右僕射是長官。射，音夜。
【草昧】本指原始蒙昧，這裡是國家草創秩序未定的意思。

戰勝乃克，由此言之，草創為難。」魏徵對曰：「帝王之起，必承衰亂。覆彼昏狡，百姓樂推，四海歸命，天授人與，乃不為難。然既得之後，志趣驕逸，百姓欲靜而徭役不休，百姓凋殘而侈務不息，國之衰弊，恆由此起。以斯而言，守成則難。」太宗曰：「玄齡昔從我定天下，備嘗艱苦，出萬死而遇一生，所以見草創之難也。魏徵與我安天下，慮生驕逸之端，必踐危亡之地，所以見守成之難也。今草創之難，既已往矣，守成之難者，當思與公等慎之。」

【譯文】

貞觀十年時，唐太宗問侍從的大臣：「在帝王的事業中，創業與守業哪件事比較艱難？」尚書左僕射房玄齡對答說：「國家開始創業的時候，各地豪傑競起，你攻破他他才投降，你戰勝他他才屈服，這樣看來，還是創業艱難。」魏徵對答說：「帝王的興起，一定是在前朝衰亂的時候，這時推翻昏亂的舊主，百姓就樂於擁戴，四海之內也都會先後歸順，這正是天授人與，如此看來創業並不艱難。然而已經取得天下之後，驕傲放縱，百姓需要休養生息而徭役沒有休止，百姓已經窮困凋敝而奢侈的事務還仍然不停，國家的衰敗，常常就是這樣開始的。這樣看來，守業更難。」太宗說：「玄齡當初跟隨我平定天下，歷盡了艱難困苦，多次死裡逃生，所以知道創業的艱難。魏徵替我安定天下，擔心出現驕奢淫逸的苗頭，陷入危亡的泥坑，所以知道守業的艱難。如今創業的艱難既已過去，守業這一難事就得和諸公一道慎之才是。」

政體

《政體》篇可看作是《君道》篇的補充，兩者構成對「貞觀之治」政績的概要說明。

這一篇所列內容，除補充說明諸如堅守直道、滅私徇公、日愼一日、雖休勿休、正詞直諫、裨益政教、惟欲清淨、改革舊弊、從諫如流等君臣應當遵守的準則以外，著重說明唐太宗能夠實現「貞觀之治」，很重要的一點是信用了魏徵及其提出的當行帝道王道的意見，即「聖哲施化，上下同心，人應如響，不疾而速，期月而可，信不爲難，三年成功，猶謂其晚」這樣一種大膽、堅決、有所作爲的主張，駁斥了封德彝等守舊派認爲「人漸澆訛，不及純樸」的錯誤觀點，因而僅在兩三年時間裡，就達到了「關中豐熟，咸自歸鄉」，「商旅野次，無復盜賊，囹圄常空，馬牛布野，外戶不閉」的古昔未有的繁榮景象。唐太宗對出現了「貞觀之治」，也認爲在很大程度上要歸功於魏徵：「惟魏徵勸我，既從其言，不過數載，遂得華夏安寧，遠戎賓服」，「朕雖無美質，爲公（指魏徵）所切磋，使朕功業至此，公亦足爲良工爾。」本篇十四章，這裡選譯七章。

貞觀初，太宗謂蕭瑀曰：「朕少好弓矢，自謂能盡其妙。近得良弓十數，以示弓工，乃曰：『皆非良材也。』朕問其故，工曰：『木心不正，則脈理皆邪，弓雖剛勁而遣箭不直，非良弓也。』朕始悟焉。朕以弧矢定四方，用弓多矣，而猶不得其理。況朕有天下之日淺，得為**理**之意固未及於弓，弓猶失之，而況於理乎？」自是詔京官**五品以上**，更宿**中書內省**。每召見，皆賜坐與語，詢訪外事，務知百姓利害、政教得失焉。

【譯文】

【理】就是治，因為唐高宗名治，纂修《貞觀政要》時要避諱，改寫為「理」，有些地方作「治」是後人回改的。　**【五品以上】**唐代官員分九品，每品又分正、從。宰相只是三品、二品，五品以上已算高級官員。

【中書內省】唐代除尚書省是中樞施政機構外，沒有中書省和門下省，中書省長官中書令和門下省長官侍中也都是宰相，這兩省設在政府各部門集中的皇城裡，但在皇城北面皇帝居住的大內裡還設有中書內省和門下內省，以便中書令、侍中等較方便地和皇帝商議政事。
【黃門侍郎】後改為門下侍郎，門下省的副長官。
【「中書」三句】唐初規定由中書省草擬、頒發皇帝的制策詔令，門下省如認為有問題可批駁糾正。

貞觀初年，唐太宗對蕭瑀說：「我年輕時喜愛弓箭，自以為已能盡知它的奧妙。最近得到十幾把好弓，給製弓的工匠看，他卻說：『都不是好材料。』我問其中原因，工匠說：『製造弓的木料心子不正，以致紋理都歪斜，做成的弓雖然很剛勁，但射出去的箭不直，所以不是好弓。』我這才醒悟。我憑弓箭平定四方，用過的弓算夠多的了，卻還不懂得應怎麼整治，更何況我君臨天下的時間還不長，所懂得治理的方法，本還不如用弓，弓尚且看不準，況且是治理天下？」從此就下詔叫京官五品以上，到中書內省輪流值宿，每當召見，都賜坐交談，詢問外邊的事情，力求知道對百姓哪些有利、哪些有害，政治教化哪些成功、哪些不行。

貞觀元年，太宗謂**黃門侍郎**王珪曰：「**中書所出詔敕，頗有意見不同，或兼錯失而相正以否**。元置中書、門下，本擬相防過誤，人之意見，每或不同，有所是非，本為公事。或有護己

【銜】音咸，含，藏在心裡。
【人】民。本書很多地方的「人」字，本應寫作「民」，因為避太宗李世民的諱，改寫成「人」字。
【徇】音訓，以身相從。

之短，忌聞其失，有是有非，銜以為怨；或有苟避私隙，相惜顏面，知非政事，遂即施行。難違一官之小情，頓失萬人之大弊。此實亡國之政，卿輩特須在意防也。隋日內外庶官，政以依違，而致禍亂，人多不能深思此理。當時皆謂禍不及身，面從背言，不以為患；後至大亂一起，家國俱喪，雖有脫身之人，縱不遭刑戮，皆辛苦僅免，甚為時論所貶黜。卿等特須滅私徇公，堅守直道，庶事相啓沃，勿上下雷同也。」

【譯文】

貞觀元年，唐太宗對黃門侍郎王珪說：「中書省所草擬頒發的文告命令，門下省頗有不同看法，有時還發現錯誤，有沒有指出糾正？本來設置中書省、門下省，原是為了相互防止發生過錯失誤。人的意見，常有不同，有正確的也有反對的，追根溯源都為了公事。但有的人對自已護短，不願聽到指出自已的過失，人家有所是非，就在心裡暗自怨恨；有的為了避免和人家搞壞關係，互相顧惜面子，明明知道不屬政事的範圍，仍馬上施行。這種遷就一個官員的私情，可以立刻成為萬民的大害，實在是亡國之政，你們特別需要注意防範，隋朝時候內外大小百官，辦理政事沒有主見，而釀成禍亂，人們多不能仔細想想其中的道理。當時那些人都以為災禍不會落到自己身上，當面說好話背後搬弄是非，總認為沒有什麼；到後來大亂一起，家和國統統丟失，即使有脫身的人，沒有遭到刑戮，吃盡苦頭僅免一死，還會受到世人的輿論譴責。你們身為大臣特別應該滅除私情秉公辦事，堅守正道，凡事互相啓發幫助，不要上下一個腔調。」

貞觀五年，太宗謂侍臣曰：「治國與養病無異也。病人覺愈，彌須將護，若有觸犯，必至殞命。治國亦然。天下稍安，尤須兢慎，若便驕逸，必至喪敗。今天下安危，繫之於朕，故日慎一日，**雖休勿休**。然耳目**股肱**，寄於卿輩，既義均一體，

【雖休勿休】見於《尚書・呂刑》，休是美好的意思。
【股肱】股指大腿；肱，音公，指手臂從肘到腕的部份。

宜協力同心，事有不安，可極言無隱。儻群臣相疑，不能備盡肝膈，實為國之大害也！」

【譯文】

貞觀五年，唐太宗對侍從的大臣們說：「治理國家和養病沒有什麼不同，病人感覺好起來，就格外需要將息調護，如果觸犯禁忌，就會導致死亡。治理國家也是這樣，天下稍微安定的時候，尤其需要兢兢業業，謹慎小心，如果就此驕奢放縱，必然弄到衰亂覆亡。如今天下安危，責任都落在我的身上，所以我一天比一天謹慎，即使做好了也不自誇。至於起耳目手足作用的，就寄託於你們了，既然君臣是一個整體，就理當協力同心，發現事情做得不穩妥的，要儘量把意見講出來，不要有什麼保留。倘若君臣互相猜疑，不能講真心話，實在是國家的大害啊！」

【九重】古人說君門有九重，這裡指皇帝所居處的深宮內院。
【「可愛」二句】見於《偽古文尚書．大禹謨》，是偽託舜告誡禹要謹慎從事的話。意思是說：民所愛者不是君嗎？君所畏者不是民嗎？
【臨深履薄】這是用《詩經．小雅．小旻》裡的話，原詩是「戰戰兢兢，如臨深淵，如履薄冰」。是特別小心謹慎的意思。

貞觀六年，太宗謂侍臣曰：「看古之帝王，有興有衰，猶朝之有暮，皆為蔽其耳目，不知時政得失，忠正者不言，邪諂者日進，既不見過，所以至於滅亡。朕既在**九重**，不能盡見天下事，故布之卿等，以為朕之耳目。莫以天下無事，四海安寧，便不存意。**可愛非君，可畏非民**。天子者，有道則人推而為主，無道則人棄而不用，誠可畏也！」魏徵對曰：「自古失國之主，皆為居安忘危，外治忘亂，所以不能長久。今陛下富有四海，內外清晏，能留心治道，常**臨深履薄**，國家**曆數**，自然靈長。臣又聞古語云：『君，舟也；人，水也。水能載舟，亦能覆舟。』陛下以為可畏，誠如聖旨。」

【譯文】

貞觀六年，唐太宗對侍從的大臣們說：「縱觀古代的帝王，有的興起有的衰

【曆數】古人迷信，認為各個朝代的先後繼承是命定的，叫做曆數。

亡，好像有了早晨就必有夜晚一樣。這都是由於耳目受到蒙蔽，不瞭解當時政治的得失，忠誠正直的人不敢直言勸諫，邪惡諂諛的人卻一天天得勢，君主聽不到自己的過失，最終自然滅亡。我既然身居九重深宮，不可能對天下的事情都看到，所以委託卿等，作為我的耳目瞭解下情。千萬不可以認為天下無事，四海安寧，就不在意。民可愛的是君，君可畏的是民。做天子的，如果有道，人們就推戴他作人主；如果無道，人們就把他廢棄而不用。這真可怕啊！」魏徵回答說：「從古以來的失國之君，都是因為在安定的時候忘記了危亡，在清平的時候忘記了動亂，所以不能長治久安。如今陛下擁有天下，內外清平安定，能夠留心治國的方法，經常保持如臨深淵、如履薄冰那樣謹慎的姿態，國運自然會長久。我又聽古人說過：『君主是船，百姓是水，水能浮載船，也能把船掀翻。』陛下認為百姓的力量可畏，確實講得很對。」

貞觀六年，太宗謂侍臣曰：「古人云：『**危而不持，顛而不**

扶，焉用彼相？』君臣之義，得不盡忠匡救乎？朕嘗讀書，見**桀殺關龍逢**，**漢誅晁錯**，未嘗不廢書嘆息。公等但能正詞直諫，裨益政教，終不以犯顏忤旨，妄有誅責。朕比來臨朝斷決，亦有乖於**律令**者。公等以為小事，遂不執言。凡大事皆起於小事，小事不論，大事又將不可救，社稷傾危，莫不由此。隋主殘暴，身死匹夫之手，率土蒼生，罕聞嗟痛。公等為朕思隋氏滅亡之事，朕為公等思龍逢、晁錯之誅，君臣保全，豈不美哉！」

【「危而」三句】見於《論語・季氏》。

【桀殺關龍逢】桀是夏王，為商湯所滅。關龍逢是桀的大夫，因直諫被殺。

【漢誅晁錯】晁錯在漢景帝時任御史大夫，建議削弱諸侯王而被冤殺。

【律令】法令，分別講起來律是刑法，令是各方面的規定。唐高祖武德時，已分別制定《律》、《令》，貞觀時又有修訂。

【譯文】

貞觀六年，唐太宗對侍從的大臣們說：「古人講過：『國家在危急時不去支持，社稷顛覆時又不能去扶助，哪能要這樣的人來做宰相？』從君臣大義來講，臣下能不竭盡忠心匡正補救嗎？我常讀書，每當看到夏桀殺死關龍逢、漢景帝誅殺晁錯時，未嘗不拋下書卷嘆息。你們只要能義正辭嚴直言勸諫，使有益於政治教化，我絕不會以冒犯尊嚴、違背旨意，而濫責罰你們。我近來親臨朝堂處理政事，也有違背法令的，你們卻認為是小事，不據理力爭。凡大事都是從小事開始，小事不追究，大事就會壞到不可收拾，國家危亡，都是由此而起。隋煬帝殘暴，死於匹夫之手，天下百姓，很少聽到有人為他痛惜的。你們替我想想隋朝滅亡的事情，我為你們想想關龍逢、晁錯被殺的教訓，君臣之間相互保全，豈不很好！」

貞觀七年，太宗與**秘書監**魏徵從容論自古理政得失，因曰：「當今大亂之後，造次不可致化。」徵曰：「不然，凡人在危困，則憂死亡。憂死亡，則思化。思化，則易教。然則亂後易教，猶饑人易食也。」太宗曰：「**善人為邦百年，然後勝殘去殺。大亂之後，將求致化，寧可造次而望乎？**」徵曰：「此據

【秘書監】秘書省的長官，掌管邦國的經籍圖書。
【「善人」句】見於《論語・子路》。

【五帝、三王】五帝通常指古代傳說中的黃帝、顓頊（音專緒）、帝嚳（音酷）、堯、舜；三王指夏、商、周三代創業之主：禹、湯、周文王和周武王。

常人，不在聖哲。若聖哲施化，上下同心，人應如響，不疾而速，期月而可，信不為難，三年成功，猶謂其晚。」太宗以為然。封德彝等對曰：「三代以後，人漸澆訛，故秦任法律，漢雜霸道，皆欲化而不能，豈能化而不欲？若信魏徵所說，恐敗亂國家。」徵曰：「**五帝、三王**，不易人而化。行帝道則帝，行王道則王，在於當時所理，化之而已，考之載籍，可得而知。昔黃帝與蚩尤七十餘戰，其亂甚矣，既勝之後，便致太平。九黎亂德，顓頊征之，既克之後，不失其化。桀為亂虐，而湯放之，在湯之代，即致太平。紂為無道，武王伐之，成王之代，亦致太平。若言人漸澆訛，不及純樸，至今應悉為鬼魅，寧可復得而教化耶？」德彝等無以難之，然咸以為不可。太宗每力行不倦，數年間，海內康寧，突厥破滅，因謂群臣曰：「貞觀初，人皆異論，云當今必不可行帝道、王道，惟魏徵勸我。既從其言，不過數載，遂得**華夏**安寧，遠戎賓服。**突厥**自古以來，常為**中國**勍敵，今酋長並帶刀宿衛，部落皆襲衣冠。使我遂至於此，皆魏徵之力也。」顧謂徵曰：「玉雖有美質，在於石間，不值良工琢磨，與瓦礫不別。若遇良工，即為萬代之寶。朕雖無美質，為公所切磋，勞公約朕以仁義，弘朕以道德，使朕功業至此，公亦足為良工爾。」

【譯文】

貞觀七年，唐太宗和秘書監魏徵漫談自古以來的治理國家的得失，就說：「如今大亂之後，不能急於實現大治。」魏徵說：「不對。大凡人在危難困苦的時候，就憂慮死亡，憂慮死亡就盼望天下太平；盼望天下太平就容易進行教化。因此大動亂之後容易教化，正像饑餓的人對飲食容易滿足。」太宗說：「賢明的

【華夏】這裡指漢族居住的中原地區。
【突厥】南北朝後期興起於北方的少數民族，隋時已分為東突厥和西突厥。貞觀四年（西元六三〇年）唐征服東突厥。
【中國】這裡僅指以漢族為主的政權。

人治理好國家需要百年之久，才能消滅殘虐，廢除殺戮。大亂之後，要想大治，怎可在短期内做到呢？」魏徵說：「這話是對一般人說的，並不能用在聖明的人身上。如果聖明的人來施行教化，上下同心，人們就會像回聲那樣迅速響應，事情不求快也會很快推行，做到一年功夫就見成效，看來並非難事，三年成功，還該說太晚了。」太宗認為魏徵說得對。封德彝等人對太宗說：「夏、商、周三代以後，百姓日漸浮薄奸詐，所以秦朝專用法律治國，漢朝以仁義雜用刑法治國，都是想教化好百姓，但沒有成功，怎麼會是可以教化卻不去做呢？如果相信了魏徵的話，恐怕要敗亂國家。」魏徵說：「五帝、三王治國並沒有把百姓掉換過就能把他們教化好，施行帝道就成其為帝，施行王道就成其為王，關鍵在於當時治理者施行教化而已。這請看古書上的記載，就可以知道。從前黃帝與蚩尤作戰七十多次，已亂得很厲害，而打勝以後，就能很快太平起來。九黎作亂，顓頊出兵征討，平定以後，仍不失其為治世。夏桀昏亂淫虐，商湯把他趕走，在湯統治之時就實現了太平。商紂專幹無道的事情，周武王便起兵討伐，到他兒子周成王在位時，也實現了太平。如果說百姓日漸浮薄奸詐，再也不會純樸，那到現在都應變得和鬼魅一樣，還能施行教化嗎？」封德彝等人想不出什麼話來辯駁，可是還認為魏徵的話行不通。太宗堅持推行教化，毫不懈怠，幾年之間，天下康復安定，突厥被打敗臣服，因而對群臣說：「貞觀初年，人們頗有異議，認為當今必不能搞帝道、王道，只有魏徵勸我推行。我聽了他的話，不過幾年，就做到中原安寧、邊遠的外族臣服。突厥從來就是中原的強敵，如今突厥的首領卻佩刀值宿禁衛，部落也跟著穿戴中國衣冠。使我取得這樣的成就，都是魏徵的功勞。」又回頭對魏徵說：「玉雖有美好的本質，但藏在石頭裡，沒有好的工匠去雕琢研磨，那就和瓦塊碎石沒有區別。如果遇上好的工匠，就可以成為流傳萬代的珍寶。我雖沒有好的本質被你雕琢研磨，多虧你用仁義來約束我，用道德來光大我，使我能有今天這樣的功業，你也確實是一個良好的工匠啊。」

貞觀九年，太宗謂侍臣曰：「往昔初平**京師**，宮中美女珍玩，無院不滿。煬帝意猶不足，徵求無已，兼東西征討，窮兵黷武，百姓不堪，遂致亡滅。此皆朕所目見。故**夙夜**孜孜，惟欲情淨，使天下無事，遂得徭役不興，年穀豐稔，百姓安樂。夫治國猶如栽樹，**本根**不搖，則枝葉茂榮。君能清淨，百姓何得不安樂乎？」

【京師】京城，這裡指隋朝東都洛陽。
【夙夜】早晚。夙，音速，指早。
【本根】樹幹和樹根。

【譯文】

貞觀九年，唐太宗對侍從的大臣們說：「當年剛剛平定京師，宮中的美女、奇珍玩物，沒有一個宮院不是滿滿的。可隋煬帝還是不滿足，橫徵暴斂搜求不止，加上東征西討，窮兵黷武，弄得百姓無法忍受，於是導致了隋朝滅亡。這些都是我親眼見到的。因此我每天從早到晚辛勤努力、毫無厭倦，只求清淨無為，使天下不生事端，從而做到徭役停罷，五穀豐收，百姓安居樂業。治國好比種樹，只要樹根穩固不動搖，就能枝繁葉茂。君主能夠實行清淨無為，百姓怎會不安居樂業呢？」

任賢

第二卷包括《任賢》、《求諫》、《納諫》三篇，都是圍繞「任人唯賢」這個主題進行的討論。唐太宗一再強調「爲政之要，惟在得人」，「致安之本，惟在得人」。所謂「貞觀之治」，從某種意義上說，就是任賢致治。

《任賢》篇包含八章，分別介紹了唐太宗最爲信任的八賢：房玄齡、杜如晦、魏徵、王珪、李靖、虞世南、李勣、馬周。他們有的是秦王府中的府屬舊人，有的是來自敵對營壘的謀臣，有的出將入相，有的出身低微，有文有武，職位有高有低，從政有長有短，而共同點都是貞觀功臣，在那個時代作出過重要貢獻。我們可以從中看到貞觀任賢政治的一斑。雖然貞觀名臣不止這八人，後來凌煙閣畫圖繪像的功臣就有二十四人，但在吳兢看來，最能反映當時任賢特點而貢獻最大的要數這八人。今選譯其中三章。

【鉅鹿】於河北巨鹿。　　【相州】治所在今河南安陽。
【太子洗馬】唐太子東宮的官員。
【隱太子】高祖的長子、太宗的長兄李建成。玄武門政變中被殺，太宗即位後追封為息王，謚曰隱。　　【參預朝政】指行使宰相職權。
【管仲】春秋時齊國人，原先幫助齊桓公的政敵公子糾，在戰鬥中射中齊桓公

魏徵，**鉅鹿**人也，近徙家**相州**之內黃。武德末，為**太子洗馬**，見太宗與**隱太子**陰相傾奪，每勸建成早為之謀。太宗既誅隱太子，召徵責之曰：「汝離間我兄弟，何也？」眾皆為之危懼。徵慷慨自若，從容對曰：「皇太子若從臣言，必無今日之禍。」太宗為之斂容，厚加禮異，擢拜諫議大夫。數引之臥內，訪以政術。徵雅有經國之才，性又抗直，無所屈撓。太宗每與之言，未嘗不悅。徵亦喜逢知己之主，竭其力用。又勞之曰：「卿所諫前後二百餘事，皆稱朕意。非卿忠誠奉國，何能若是？」三年，累遷秘書監，**參預朝政**。深謀遠算，多所弘益。太宗嘗謂曰：「卿罪重於中鉤，我任卿逾於**管仲**，近代君臣相得，寧有似我於卿者乎？」六年，太宗幸九成宮，宴近臣。**長孫無忌**曰：「王珪、魏徵，往事息隱，臣見之若仇，不

的帶鉤。公子糾失敗，齊桓公不計前仇，重用他。他也盡心輔佐齊桓公，使齊桓公成為霸主。　【長孫無忌】太宗長孫皇后之兄，幫助太宗發動玄武門之變，以皇親元勳而任宰相。　【犯龍鱗】指直諫。《史記・韓非列傳》裡的典故，說龍的喉下徑寸有逆鱗，觸犯了逆鱗龍必殺人。
【散官】當時官制中有一類僅有官階而無具體職務的榮譽虛銜，叫散官。

謂今者又同此宴。」太宗曰：「魏徵往者實我所仇，但其盡心所事，有足嘉者。朕能擢而用之，何慚古烈？徵每犯顏切諫，不許我為非，我所以重之也。」徵再拜曰：「陛下導臣使言，臣所以敢言。若陛下不受臣言，臣亦何敢**犯龍鱗**、觸忌諱也。」太宗大悅，各賜錢十五萬。七年，代王珪為侍中，累封鄭國公。尋以疾乞辭所職，請為**散官**。太宗曰：「朕拔卿於仇虜之中，任卿以**樞要**之職，見朕之非，未嘗不諫。公獨不見金之在礦，何足貴哉？良冶鍛而為器，便為人所寶。朕方自比於金，以卿為良工。雖有疾，未為衰老，豈得便爾耶！」徵乃止。後復固辭，聽解侍中，授以**特進**，仍知門下省事。十二年，太宗以誕皇孫，詔宴公卿，帝極歡，謂侍臣曰：「貞觀以前，從我平定天下，週旋艱險，玄齡之功無所與讓。貞觀之後，盡心於我，獻納忠讜，安國利人，成我今日功業，為天下所稱者，惟魏徵而已。古之名臣，何以加也。」於是親解佩刀以賜二人。**庶人承乾**在**春宮**，不修德業；**魏王泰**寵愛日隆，內外**庶寮**，咸有疑議。太宗聞而惡之，謂侍臣曰：「當今朝臣，**忠謇**無如魏徵，我遣傅皇太子，用絕天下之望。」十七年，遂授**太子太師**，知門下事如故。徵自陳有疾，太宗謂曰：「太子，宗社之本，須有師傅，故選中正，以為輔弼。知公**疹**病，可臥護之。」徵乃就職。尋遇疾。徵宅內先無正堂，太宗時欲營小殿，乃輟其材為造，五日而就。遣**中使**賜以布被素褥，遂其所尚。後數日，**薨**。太宗親臨慟哭，**贈司空**，**謚**曰文貞。太宗親為製碑文，復自書於石。特賜其家**食實封九百戶**。太宗後嘗謂侍臣曰：「夫以銅為鏡，可以正衣冠；以古為鏡，可以知興替；以

【樞要】樞是中樞，要是機要，指宰相。　【特進】二品散官。
【庶人承乾】太宗的太子李承乾，因罪被廢為庶人。庶人即平民百姓。
【春宮】即太子所住的東宮。
【魏王泰】太宗第四子李泰，封魏王，後陰謀爭當太子，未成被貶。
【庶寮】庶，眾多。寮，通「僚」，同官為僚。

人為鏡，可以明得失。朕常保此三鏡，以防己過。今魏徵殂逝，遂亡一鏡矣！」因泣下久之。乃詔曰：「昔惟魏徵，每顯予過。自其逝也，雖過莫彰。朕豈獨有非於往時，而皆是於茲日？故亦庶僚苟順，難觸龍鱗者歟！所以虛己外求，披迷內省。言而不用，朕所甘心。用而不言，誰之責也？自斯已後，各悉乃誠，若有是非，直言無隱。」

【譯文】

魏徵，鉅鹿人，前不久遷居到相州的內黃。武德末年，做太子洗馬。當他看到太宗同隱太子李建成暗中傾軋爭奪，常勸建成早作打算。太宗殺了隱太子後，把魏徵叫來責問說：「你為什麼要離間我們兄弟？」當時大家都替魏徵擔驚受怕，魏徵慷慨自若，不慌不忙地回答說：「皇太子如果聽了我的話，肯定不會有今天的殺身之禍。」太宗聽了這話肅然起敬，對他分外敬重，提陞他為諫議大

【忠謇】忠誠正直。謇，音謙。　【太子太師】輔導皇太子的最高級官員。
【疹】音趁，病。　【中使】宮中派出的使者，都由宦官充任。
【薨】音轟，古代侯王死叫做「薨」。唐代二品以上的官員死也叫「薨」。
【贈司空】大官死後追加更高的官職叫贈某某。司空是當時正一品的高官。
【諡】古代帝王、貴族、大官或有其他地位的人死後所加帶有褒貶意義。

【食實封九百户】唐代對有功之臣賜實封，實封九百户，就是把這九百户的租稅都給被封者享用。
【殂】音ㄘㄨˊ，死亡，一般用於帝王或貴族大官的死亡。
【李勣】本姓徐，名世勣（勣同「績」），字茂功，歸唐後賜姓李，高宗即位後又因世字犯太宗名諱，改名勣。

夫，多次把他請進臥室，向他請教治理國家的辦法。魏徵本有治國的才能，性情剛直不阿，絕不隨便放棄自己的主張。太宗每次和他交談，從來沒有不高興的。魏徵欣幸遇到了賞識自己的主子，竭盡才力來效勞。太宗又安慰他說：「你以前直言勸諫前後二百多件事，都稱我的心意，不是你忠心為國，怎能如此？」貞觀三年，魏徵幾次陞遷做上秘書監，參預朝政，深謀遠慮，起了很好的作用。太宗曾對他說：「論你的罪過比當年管仲射中齊桓公的帶鉤還要嚴重，而我對你的信任卻超過了齊桓公對管仲的信任，近代君臣之間融洽相處，難道還有誰像我對你這樣嗎？」貞觀六年，唐太宗駕幸九成宮，設宴招待親近的大臣，長孫無忌說：「王珪、魏徵，過去侍奉隱太子，我見到他們就像見到仇敵一樣，想不到今天能在一起參加宴會。」太宗說：「魏徵過去確實是我的仇敵，但他能為侍奉的主子盡心出力，這是很值得稱道的。我能夠提拔重用他，自比古人應無愧色！魏徵常常不顧情面懇切勸諫，不許我做錯事，我所以器重他。」魏徵再拜說：「陛下引導我提意見，我才敢提意見。如果陛下不接受我的意見，我又怎麼敢去犯龍鱗、

【曹州】治所在今山東曹縣西北。
【離狐】今山東東明境內。
【李密】隋貴族，曾支持貴族楊玄感起兵反隋；失敗之後投奔瓦崗民軍，成為領袖並被推為魏公。
【左武侯大將軍】隋末唐初的左、右武侯大將軍是武官中地位顯赫的要職，以

觸忌諱。」太宗龍心大悅，賞賜每人十五萬錢。貞觀七年，魏徵替代王珪任侍中，加封到鄭國公。不久因病請求辭去所任的官職，只做個閑職散官。太宗說：「我把你從仇敵中選拔出來，委任你中樞機要的職務，你看到我不對的地方，從沒有不勸諫的。你難道沒看到黃金埋在礦裡，有什麼可貴的呢？若遇上高明的冶金工匠把它鍛煉成器物，就會被人們當作寶貝。因此我把自己比作黃金，把你當作高明的冶煉工匠。你雖然有病，但還不算衰老，怎能想就此辭職呢？」魏徵聽了只好作罷。後來又堅決要辭職，太宗同意解除他侍中的職務，任為特進，仍舊管門下省政事。貞觀十二年，太宗因為皇孫誕生，下詔宴請公卿大臣，太宗在酒席間極其高興，對大臣們說：「貞觀以前，跟我平定天下，轉戰於艱險危難之間，房玄齡功勞之大是沒有人能比得上的。自貞觀以來，對我竭盡心力，進獻忠直之言，安定國家，造福百姓，成就我今天的功業，被天下人所稱道的人，就只有魏徵了。即使古代的名臣，也不過如此罷了。」於是親自解下佩刀賜給他們二人。庶人承乾在東宮做太子時，不講品德不幹好事，魏王泰越來越得到寵愛，內

外百官對承乾是否還能做太子都有疑議。太宗聽到後很厭惡，對侍從的大臣們說：「當今朝臣之中，講忠誠正直沒有比得上魏徵的，我派他做皇太子的師傅，用來斷絕天下人的想法。」貞觀十七年，就任命魏徵做太子太師，仍舊管門下省的政事。魏徵陳述自己有病，太宗對他說：「太子是宗廟社稷的根本，一定要有好的師傅，所以挑選你這樣中正無私之臣，作為太子的輔弼。我知道你有病，不妨躺在床上來教導太子。」魏徵只得就職。不久魏徵得了重病，他家裡原先沒有正廳，太宗當時本想給自己建造一座小殿，就停下工來把材料給魏徵造正廳，五天完工。又派宮中的使者賜給他布被和素色的墊褥，以順從他的喜好。過了幾天，魏徵去世，太宗親自到他的靈柩前痛哭，追贈他為司空，賜諡號文貞。太宗親自給他撰寫碑文，還親筆書寫在石碑上。又特賜給他家食實封九百戶。太宗後來常對身邊的大臣們說：「用銅作鏡子，可以端正衣冠；用歷史作鏡子，可以知道歷代興衰更替；用人作鏡子，可以明白自己的得失。我常常保有這三面鏡子，用來防止自己犯過錯。如今魏徵去世，就失掉一面鏡子了！」因而哭了很久。於

後改為左、右金吾大將軍，只負責京城治安工作。

【王世充】本姓支，祖籍西域，煬帝被殺後他割據東都洛陽，打敗瓦崗軍，自稱皇帝，國號鄭，後為李世民消滅。

【郡】隋煬帝改州為郡，唐又改郡為州。

【長史】西漢到隋唐中央宰相級的大官和地方州郡長官手下都有長史，是有權

力的首席輔佐官員。
【純臣】忠心事主，毫無個人打算的叫純臣。
【黎州】治所黎陽，在今河南浚縣東。
【總管】是州的軍事長官，也兼管民政，地位在刺史之上，後改稱都督。
【宗正】宗正寺，管理皇族的機構。

是下詔說：「過去只有魏徵，經常指責我的過錯。自從他去世後，我雖有過錯也沒人公開指出。難道我只在過去有錯誤，而今天全是正確嗎？恐怕還是百官苟且順從，不敢來觸犯龍鱗吧！所以我再次虛心徵求意見，以便清醒頭腦進行反省，你們直言勸諫了而我不採用，我願承擔責任。我需要採納忠言而大家又不說，這個責任誰來承擔？從今以後，大家都得竭盡忠誠，我如有對或不對的言行，你們要直言勸諫不要保留隱瞞。」

李勣，**曹州離狐**人也。本姓徐，初仕**李密**，為**左武侯大將軍**。密後為**王世充**所破，擁眾歸國，勣猶據密舊境十**郡**之地。武德二年，謂**長史**郭孝恪曰：「魏公既歸大唐，今此人眾土地，魏公所有也。吾若上表獻之，則是利主之敗，自為己功，以邀富貴，是吾所恥。今宜具錄州縣及軍人户口，總啓魏公，聽公自獻，此則魏公之功也，不亦可乎？」乃遣使啓密。使人

【散騎常侍】一極顯貴而無實權的官職，名義上是皇帝身邊備顧問，並可隨時對皇帝進行勸諫。
【威儀】這裡指儀仗。
【縞素】縞，音搞，是未經雜色的絹，縞素是指白色的喪服。
【竇建德】隋末民軍的領袖，據有今河北一帶，國號夏，後來為李世民擒獲，

初至，高祖聞無表，惟有啓與密，甚怪之。使者以勣意聞奏，高祖方大喜曰：「徐勣感德推功，實**純臣**也。」拜**黎州總管**，賜姓李氏，附屬籍於**宗正**。封其父蓋為濟陰王，固辭王爵，乃封舒國公，授**散騎常侍**。尋加勣右武侯大將軍。及李密反叛伏誅，勣發喪行服，備君臣之禮，表請收葬。高祖遂歸其屍。於是大具**威儀**，三軍**縞素**，葬於黎陽山。禮成，釋服而散，朝野義之。尋為**竇建德**所攻，陷於建德，又自拔歸京師。從大宗征王世充、竇建德，平之。貞觀元年，拜**并州**都督，**令行禁止**，號為稱職，突厥甚加畏憚。太宗謂侍臣曰：「隋煬帝不解精選賢良，鎮撫邊境，惟遠築長城，廣屯將士，以備突厥，而情識之惑，一至於此。朕今委任李勣於并州，遂得突厥畏威遠遁，塞垣安靜，豈不勝數千里長城耶？」其後并州改置大都督府，

被殺。
【并州】治所在今山西太原。
【令行禁止】發出命令下面立即執行，頒布禁令下面立即停止。
【兵部尚書】尚書省下設吏、户、禮、兵、刑、工六部，部的長官叫某部尚書，副長官叫某部侍郎，兵部是主管軍事的。

又以勣為長史，累封英國公。在并州凡十六年。召拜**兵部尚書**，兼**知政事**。勣時遇暴疾，驗方云須灰可以療之，太宗自剪須為其和藥。勣頓首見血，泣以陳謝。太宗曰：「吾為社稷計耳，不煩深謝。」十七年，高宗居春宮，轉**太子詹事**，加特進，仍知政事。太宗又嘗宴，顧勣曰：「朕將屬以孤幼，思之無越卿者。公往不遺於李密，今豈負於朕哉！」勣**雪**涕致辭，因**噬**指流血，俄沉醉，御服覆之，其見委信如此。勣每行軍，用師籌算，臨敵應變，動合事機。自貞觀以來，討擊突厥頡利及**薛延陀**、高麗等，並大破之。太宗嘗曰：「**李靖**、李勣二人，古之**韓**、**白**、**衛**、**霍**豈能及也！」

【譯文】

李勣，曹州離狐人，本姓徐，起初在李密部下做左武侯大將軍。李密後來被

【知政事】過問國家大政，實際上就是宰相。
【太子詹事】太子東宮裡的首席官員，僅次於太子太師、太子太傅、太子太保等師傅。
【雪】擦拭。　【噬】音逝，咬。
【薛延陀】北方的少數民族，貞觀中為李勣所滅。

王世充打敗，帶領兵衆去歸降唐朝。李勣仍據有李密原來控制的十個郡。武德二年，李勣對長史郭孝恪說：「魏公李密既已經歸順大唐，這些郡的人衆土地，本是魏公所有，我如果上表獻給大唐，那就是樂於主子的失敗，來自己居功，以謀求富貴，我感到可恥。現在應該完整地登錄州縣名稱和軍人戶口，一併報送魏公，由魏公自己來獻給朝廷，這就是魏公的功勞了，不是很好嗎？」於是派使者報送李密。使者剛到長安，唐高祖聽說沒有表奏，只有報告給李密，感到十分奇怪。使者把李勣的用意奏報，高祖才很高興地說：「徐勣感故主之德，給故主推功，真是純臣啊！」任命他做黎州總管，賜姓李氏，把戶籍登入宗正寺，封他的父親李蓋為濟陰王，李蓋堅決辭謝王爵，就改封舒國公，授與散騎常侍的官職。不久加授李勣為右武侯大將軍。到李密反叛被誅，李勣為他發喪並穿上喪服，具備君臣的禮節，上表請求收葬。高祖就把李密的遺體交給他。於是他大規模地整備了儀仗，全軍都穿上了白色的喪服，將李密安葬在黎陽山。葬禮完畢，才脫去喪服解散，朝廷上下都認為李勣真講道義。不久，受到竇建德的攻擊，李勣被

【李靖】和李勣掛名的關中名將，平定長江流域，並和李勣一起平定東突厥、吐谷渾。

【韓、白、衛、霍】漢高祖時大將韓信，秦的大將白起，漢武帝的大將衛青、霍去病。向來都被稱為名將。

【博州茌平】博州，治所在今山東聊城。茌平：今屬山東。茌，音遲。

俘，又逃出來回到京師，跟隨太宗征討王世充、竇建德，把他們打敗。貞觀元年，李勣被任命為并州都督，有令則行有禁則止，大家都說他稱職，突厥對他十分畏懼。太宗對侍從的大臣們說：「隋煬帝不懂得精選賢良、鎮撫邊境，只去遠築長城，派大批將士屯駐，來防範突厥，見識糊塗，竟到了這種地步。我如今委任李勣鎮守并州，就使得突厥畏威遠逃，邊塞城垣安寧，豈不勝過幾千里的長城嗎？」後來并州改設大都督府，又任命李勣為長史，加封到英國公。他在并州鎮守了十六年，召回任命為兵部尚書，兼知政事。李勣有次突然重病，驗方上說用鬍鬚燒的灰可以治好，太宗親自剪下自己的鬍鬚給他和藥。李勣叩頭出血，哭著謝恩。太宗說：「我這是為社稷打算，不用感謝。」貞觀十七年，高宗還在東宮時，調任李勣為太子詹事，加特進，仍舊知政事。太宗又曾設宴，宴席上，太宗回頭對李勣說：「我想託付年幼的太子，考慮下來沒有再比你合適的人選。你過去能不忘李密，如今怎會做對不起我的事情！」李勣擦著眼淚回話，把自己的手指咬出血來。不一會兒李勣喝得大醉，太宗把御服蓋在他身上。他就是這樣地被委任信用。李勣每次行軍作戰，用兵籌劃，臨敵應變，都能做得很確當。從貞觀以來，李勣奉令討伐突厥頡利可汗和薛延陀、高麗等，都把他們打得大敗而逃。太宗曾說：「李靖、李勣二人，古代的名將韓信、白起、衛青、霍去病豈能比得上啊！」

馬周，**博州茌平**人也。貞觀五年，至京師，舍於**中郎將**常何之家，時太宗令百官上書言得失，周為何陳**便宜**二十餘事，令奏之，事皆合旨。太宗怪其能，問何，何對曰：「此非臣所發意，乃臣家客馬周也。」太宗即日召之，未至間，凡四度遣使催促。及謁見，與語甚悅。令直門下省，授**監察御史**，累除**中書舍人**。周有機辯，能敷奏，深識事端，故動無不中。太宗嘗曰：「我於馬周，暫時不見，則便思之。」十八年，歷遷中書令，兼**太子左庶子**。周既職兼兩宮，處事平允，甚獲當時之

【中郎將】正四品下階的武官。常何，史無傳。
【便宜】便於公，利於民。
【監察御史】御史臺有侍御史、殿中侍御史、監察御史，擔任糾察工作。
【中書舍人】是中書省的屬官，掌管詔令、章奏及侍從等工作。
【太子左庶子】東宮的重要官職。

譽。又以本官攝**吏部**尚書。太宗嘗謂侍臣曰：「周見事敏速，性甚慎至。至於論量人物，直道而言，朕比任使之，多稱朕意。既寫忠誠，親附於朕，實藉此人共康時政也。」

【譯文】

馬周，博州茌平人。貞觀五年，他到京師長安，住在中郎將常何家裡。當時唐太宗要百官上書講政事得失，馬周替常何陳述了有利於國家百姓的二十多件事情，讓常何上奏朝廷，事事都很合太宗心意。太宗奇怪常何會有這樣的才能，便問常何，常何回答說：「這些並不是我想出來的，而是我家裡的一位賓客叫馬周的人代我寫的。」太宗當天就要召見馬周，馬周還沒有趕到，便派使者催促了四次。到謁見時，太宗同他談得很高興。叫把他安置在門下省，授予監察御史的官職，後來陞遷到中書舍人。馬周機敏善辯，長於陳奏，對事情瞭解得很清楚，所以講的話都符合實際。太宗曾說：「我對馬周只要一刻不見面，就很想念他。」

【吏部】六部之一，主管官員陞遷調動考覈任免等事。

貞觀十八年，馬周一直陞遷到中書令，兼任太子左庶子，身兼朝廷和東宮的官職。他處理事情公平允當，很為當時人讚譽。後來又兼代吏部尚書職務。太宗留對侍從的大臣說：「馬周看問題敏捷，辦事慎重周到。至於評論人物，能秉公直言，我近來任用他所推薦的人，多數都能合我的心意。他既然竭盡忠誠，親近依附於我，我定要依靠他來共同地把政事辦好。」

求諫

《求諫》篇計十一章，這裡選出其中八章。求諫是鼓勵臣下提意見，可以算是唐太宗用人思想的精華。貞觀年間，特別是貞觀之初，恐人不言，導之使諫，這一兼聽納下的思想和行動，造成了諫諍蔚然成風、君臣共商國事的良好風氣，是「貞觀之治」中最引人矚目的重要面向。唐太宗也因而成爲一個從諫如流、雄才大略的帝王君主，一個中華民族歷史上屈指可數的政治家。唐太宗宣稱：「君暗臣諛，危亡不遠；朕今志在君臣上下，各盡至公，共相切磋，以成治道。公等各宜務盡忠讜，匡救朕惡，終不以直言忤意，輒相責怒。」貞觀第一位諫臣魏徵也說：「陛下導臣使言，臣所以敢言。若陛下不受臣言，臣亦何敢犯龍鱗、觸忌諱也。」這對於一個專制帝王確實是難能可貴的。唐太宗能夠做到求諫，是有他在認識論、君臣論等方面較爲深刻的政治思想基礎的。因而能從制度上保證廣開言路，採取一些重要措施，如健全封駁制度、反對盲目順旨施行、重視諫官作用，特別是詔令宰相入閣商議軍國大事時，必須使諫官隨入列席，以便他們對軍國大政充分發表意見。

太宗威容**儼肅**，百僚進見者，皆失其舉措。太宗知其若此，每見人奏事，必假顏色，冀聞諫諍，知政教得失。貞觀初，嘗謂公卿曰：「人欲自照，必須明鏡；主欲知過，必藉忠臣。主若自賢，臣不匡正，欲不危敗，豈可得乎？故君失其國，臣亦不能獨全其家。至於隋煬帝暴虐，臣下**鉗口**，卒令不聞其過，遂至滅亡，虞世基等，尋亦誅死。前事不遠，公等每看事有不利於人，必須極言規諫。」

【儼肅】即嚴肅。
【鉗口】把嘴閉起來，不敢講話。鉗，音前。

【譯文】

唐太宗容貌威武嚴肅，百官中進見的人，見到他都會緊張得舉止失常不知所措。太宗知道情況後，每當見到有人奏事時，總是裝出和顏悅色的樣子，希望能夠聽到諫諍，知道政治教化的得失。貞觀初年，太宗曾對公卿們說：「人要照見自己，一定要有明鏡；一國之主要想知道自己的過失，一定要藉助於忠臣。君主假如自以為聖明，臣下又不去糾正，要想國家不傾危敗亡，能辦到嗎？於是君主失掉他的國，臣下也不能獨自保全他的家。至於像隋煬帝殘暴淫虐，臣下都把嘴閉起來不講話，最後終於因為聽不到自己的過失而導致滅亡，虞世基等人，不久也被誅殺。前事不遠，你們今後每當看到事情有不利於百姓的，必須直言規勸諫諍。」

貞觀元年，太宗謂侍臣曰：「正主任邪臣，不能致理；正臣事邪主，亦不能致理。惟君臣相遇，有同魚水，則海內可安。朕雖不明，幸諸公數相匡救，冀憑直言**鯁**議，致天下太平。」諫議大夫王珪對曰：「臣聞**木從繩則正，后從諫則聖**。是故古

【鯁】音梗，本是魚骨，這裡是耿直的意思。
【「木從」二句】出於《偽古文尚書・說命》。

者聖主**必有爭臣七人**，言而不用，則相繼以死。陛下開聖慮，納芻蕘，愚臣處不諱之朝，實願**罄**其**狂瞽**。」太宗稱善，詔令自是宰相入內**平章**國計，必使諫官隨入，預聞政事。有所開說，必虛己納之。

【「必有」句】出於《孝經・諫諍》，爭臣即諍臣，直言諫諍之臣。
【罄】音慶，本是空盡，這裡是全部倒出來的意思。
【狂瞽】瞽，音古，指瞎眼，狂瞽是愚昧無知，此處表示謙遜。
【平章】商量處理。

【譯文】

貞觀元年，唐太宗對侍從的大臣們說：「正直的君主任用了奸臣，就不可能治理好國家；忠直的臣子侍奉昏庸的君主，也不可能治理好國家。只有正直的君主和忠直的大臣相處共事，如魚得水，那麼天下就可以平安無事了。我雖然不算明君，幸虧你們多次匡正補救過失，希望憑藉你們直言鯁議，以實現天下太平。」諫議大夫王珪回答說：「我聽說木材彈上墨線就能鋸得筆直，君主聽從規諫就能成為聖明。所以古代聖明的君主必須設諍臣七人，說的話如不被接受，就一個接一個地以死相諫。陛下開拓思路，採納臣民忠言，我等處在不避忌諱的聖朝，實在願意把愚昧之見都講出來。」太宗稱讚說得好，下詔規定今後宰相入宮商量處理國家大事，必須讓諫官跟著進來，聽一聽如何處理。有話敞開說，一定虛心採納。

貞觀三年，太宗謂司空裴寂曰：「比有上書奏事，條數甚多，朕總黏之屋壁，出入觀省。所以孜孜不倦者，欲盡臣下之情。每一思政理，或三更方寢。亦望公輩用心不倦，以副朕懷也。」

【譯文】

貞觀三年，唐太宗對司空裴寂說：「近來有人上書奏事，條數很多，我都貼到臥室的牆壁上，出入時看看想想。之所以要這麼孜孜不倦，是想把臣下的想法都弄清楚。我每當一想到治國大事，有時要到三更以後才睡覺。我也希望你們用心不倦，來符合我的心意。」

貞觀六年，太宗以**御史大夫**韋挺、**中書侍郎**杜正倫、**秘書少監**虞世南、**著作郎**姚思廉等上**封事**稱旨，召而謂曰：「朕歷觀自古人臣立忠之事，若值明主，便宜盡誠規諫，至如龍達、**比干**，不免**孥戮**。為君不易，為臣極難。朕又聞龍可**擾**而馴，然喉下有逆鱗。卿等遂不避犯觸，各進封事。常能如此，朕豈慮宗社之傾敗！每思卿等此意，不能暫忘，故設宴為樂。」仍**賜絹**有差。

【御史大夫】御史臺的長官。　【中書侍郎】中書省的副長官。
【秘書少監】秘書監的副長官。　【著作郎】秘書省的官員。
【封事】加封以免洩密的奏章。　【比干】商紂王的賢臣，因進諫被殺。
【孥戮】孥，音奴，本指子女或妻，這裡的孥戮是指連兒子一起殺掉。
【擾】馴養。

【譯文】

貞觀六年，唐太宗因為御史大夫韋挺、中書侍郎杜正倫、秘書少監虞世南、著作郎姚思廉等人所奏的事很合心意，召見時對他們說：「我曾把從古以來臣子盡忠的事蹟一一看過，如果遇到聖明的君主，自然就能夠誠心規諫，但如像關龍逢、比干那樣的處境，就不免身遭殺戮株連家人。做君主不容易，做臣子也難。我又聽說龍可以馴養得聽話，但喉下有逆鱗。你們就敢於犯逆鱗，各自進上奏書。常能這樣，我難道還怕宗廟社稷會傾覆！每想到你們一片忠心，一刻也不能忘懷，所以設宴共享歡樂。」還給每人賞賜了數量不等的絹。

貞觀八年，太宗謂侍臣曰：「朕每閑居靜坐，則自內省，恆恐上不稱天心，下為百姓所怨。但思正人匡諫，欲令耳目外通，下無怨滯。又比見人來奏事者，多有怖**慴**，言語致失次第。尋常奏事，情猶如此，況欲諫諍，必當畏犯逆鱗。所以每有諫者，縱不合朕心，朕亦不以為忤。若即**嗔**責，深恐人懷**戰**懼，豈肯更言！」

【賜絹】當時的絹帛不僅可以做衣服，同時還是貨幣，與銅錢同樣流通使用，賜絹等於賞賜錢財。
【慴】音哲，「懾」的異體字，恐懼。
【嗔】音臣陰平聲，發怒。
【戰】通「顫」，發抖。

【「未信」四句】見於《論語・子張》及《説苑・尊賢》，這裡引用稍有出入。
尸祿：尸本是古代代表死者受祭時一動也不動，所以後來把做了官不幹事叫尸位， 是俸祿，尸祿就是做官吃俸祿而不幹事。
【懷祿】懷，留戀、貪戀，懷祿就是貪戀官位俸祿。

【譯文】

貞觀八年，唐太宗對侍從的大臣們說：「我每當無事靜坐，就自我反省。常常害怕對上不能使上天稱心如意，對下被百姓所怨恨。只想得到正直忠誠的人匡救勸諫，好讓我的視聽能和外邊相通，使下面沒有積怨。此外近來見到來奏事的人，常顯得心懷恐懼，連講話也變得語無倫次。平時奏事，情況尚且如此，何況要折面諫諍，必然害怕觸犯逆鱗。所以每當有人諫諍時，縱然不合我的心意，我也不見怪。假如立刻發怒斥責，恐怕人人心懷恐懼，豈敢再說話！」

貞觀十五年，太宗問魏徵曰：「比來朝臣都不論事，何也？」徵對曰：「陛下虛心採納，誠宜有言者。然古人云：『**未信而諫，則以為謗己；信而不諫，則謂之尸祿。**』但人之才器，各有不同：懦弱之人，懷忠直而不能言；疏遠之人，恐不信而不得言；**懷祿**之人，慮不便身而不敢言。所以相與**緘**默，**俯仰**過日。」太宗曰：「誠如卿言。朕每思之，人臣欲諫，輒懼死亡之禍，與夫赴**鼎鑊**、冒白刃，亦何異哉？故忠貞之臣，非不欲竭誠，竭誠者乃是極難。所以**禹拜昌言**，豈不為此也！朕今開懷抱，納諫諍，卿等無勞怖懼，遂不極言。」

【緘】音尖，本是封住，這裡是閉口不講話。
【俯仰】應付、周旋的意思。
【鼎鑊】鼎為古代青銅器，三足兩耳，用來煮食物。鑊，音獲，是無足的，也就是鍋子。鼎鑊原是烹飪器，古人又用來煮人，是一種野蠻的酷刑。
【禹拜昌言】出於《尚書·益稷》。昌言就是好的意見。

【譯文】

貞觀十五年，唐太宗問魏徵：「近來朝臣都不議論政事，這為什麼？」魏徵回答說：「陛下虛心納諫，本來應當有話說。然而古人說過：『不被信任的人勸諫，會被認為是毀謗自己；已被信任而不勸諫，就叫做尸祿。』但是人的才能器度，各有不同：膽小怕事的人，心存忠直而不能進諫；被疏遠的人，怕不信任而無法進諫；貪戀祿位的人，怕不利於自身而不敢進諫。所以大家沉默不言，應付著混日子。」太宗說：「這些現象確實像你所說。我常想，人臣要勸諫，動輒害怕有死亡之禍，這和赴鼎鑊被烹殺、冒刀劍被斬殺又有什麼兩樣？因此忠貞的臣子，並非不想竭盡忠誠，竭盡忠誠實在太難。所以夏禹聽了好的意見要拜謝，豈不就是因為這個緣故。我如今敞開胸懷，接受諫諍，你們無須因為害怕，而不敢把想說的話說出口。」

貞觀十六年，太宗謂房玄齡等曰：「自知者明，信為難矣。如**屬文**之士、伎巧之徒，皆自謂己長，他人不及。若名工文匠，商略詆訶，蕪詞拙跡，於是乃見。由是言之，人君須得匡諫之臣，舉其**愆**過。一日萬機，一人聽斷，雖復憂勞，安能盡善？常念魏徵隨事諫正，多中朕失，如明鏡鑒形，美惡必見。」因舉**觴**賜玄齡等數人**勗**之。

【屬文】連綴字句寫成文章。
【愆】音千，過失。
【觴】音傷，古代盛酒的器皿。
【勗】音序，勉勵。

【譯文】

貞觀十六年，唐太宗對房玄齡等人說：「能正確對待自己的人是明智的，但要做到實在困難。這像會寫作的文士、有技巧的工匠，都自誇自己有本領，別人比不上。如果遇上著名的文士、工匠來評量指責，雜亂無章的文辭和拙劣的技藝就會顯現出來。這樣說來，君主須有匡救諫諍的臣子，來指出過錯。每天有成千上萬的事情，若單靠一個人來瞭解判斷，即使再辛苦勞累，怎能把每件事都處理得盡善盡美呢？我常想念魏徵遇到問題時隨事諫諍匡正，多次切中我的過失，這好像用明鏡來照形體，美與醜都會顯現出來。」因而舉起杯子給房玄齡等幾位敬酒，勉勵他們也應這樣做。

貞觀十七年，太宗問諫議大夫褚遂良曰：「昔舜造漆器，禹雕其**俎**，當時諫者十有餘人。食器之間，何須苦諫？」遂良對曰：「雕琢害農事，**纂組傷女工**。首創奢淫，危亡之漸。漆器不已，必金為之。金器不已，必玉為之。所以諍臣必諫其漸，

【俎】音阻，祭祀時用來盛裝食物的器皿。

【纂組傷女工】纂，音鑽上聲，指五彩的帶子。組，指絲織的闊帶子。女工，又作「女紅」，此指紡織，這是古代婦女的日常勞動。

及其滿盈，無所復諫。」太宗曰：「卿言是矣。朕所為事，若有不當，或在其漸，或已將終，皆宜進諫。比見前史，或有人臣諫事，遂答云『業已為之』，或道『業已許之』，竟不為停改。此則危亡之禍，可反手而待也。」

【譯文】

貞觀十七年，唐太宗問諫議大夫褚遂良說：「從前虞舜製作漆器，夏禹雕飾祭器，當時勸諫的有十多人。飲食器皿一類的小事，何必苦諫？」褚遂良回答說：「從事精雕細琢會妨害農耕，編織五顏六色的彩帶會妨礙婦女的正常事務。首創奢侈淫逸，就是危亡的開端。有了漆器不滿足，必然要用黃金來做。金器還不滿足，必然要用玉石來做。所以諫諍之臣必須在事情的開端就進諫，等到已做完再勸諫也不起作用了。」太宗說：「你講得很對，我所做的事情，如有不當，不論是在剛開始，或者是將做完，都應當及時進諫。近來我翻閱前朝史書的記載，有時臣下進諫，君主就回答說『已經做了』，或者說『已經同意做了』，終究不肯停止改正。這樣下去危亡的災禍在一反手之間就會到來。」

納諫

《納諫》篇凡十章，《直諫》另爲一類亦十章附此篇之後。這是《求諫》的姊妹篇。求諫的眞僞，就要看能否納諫或接受直諫，本篇二十章內都有具體的事蹟。雖然貞觀初期與後期唐太宗在納諫態度上也有所變化，但總的看來還算是能夠納諫的。一個專制社會中至高無上的皇帝，能夠在諫臣魏徵、王珪、張玄素、李大亮等，及長孫皇后、皇太子李治等的進諫之下，接受諫諍，改進政務，從口頭到行動上承認一些「此乃朕之不是」、「我不尋思，過亦深矣」，切實加以改正。如停聘鄭仁基女爲充華，停中男十八已上簡點入軍，停發卒修洛陽乾元殿以備巡狩等，都記載詳明，確實可信。縱觀貞觀年間唐太宗的納諫狀況，則如魏徵所言：「貞觀之初，恐人不言，導之使諫；三年已後，見人諫，悅而從之；一二年來，不悅人諫，雖黽勉聽受，而意終不平，諒有難色。」唐太宗也不能不承認：「誠如公言，非公無能道此者。」不過他總算是中國歷史上一個值得稱道的納諫之君。這裡選譯納諫六章和直諫六章。

貞觀初，太宗與黃門侍郎王珪宴語，時有**美人**侍側。本**廬江王瑗**之姬也，瑗敗，**籍沒**入宮。太宗指示珪曰：「廬江不道，賊殺其夫而納其**室**。暴虐之甚，何有不亡者乎！」珪**避席**曰：「陛下以廬江取之為是邪，為非邪？」太宗曰：「安有殺人而取其妻，卿乃問朕是非，何也？」珪對曰：「臣聞於《管子》曰：『齊桓公之郭國，問其父老曰：「郭何故亡？」父老曰：「以其善善而惡惡也。」桓公曰：「若子之言，乃賢君也，何至於亡？」父老曰：「不然，郭君善善而不能用，惡惡而不能去，所以亡也。」』今此婦人尚在左右，臣竊以為聖心是之，陛下若以為非，所謂知惡而不去也。」太宗大悅，稱為至善，遽令以美人還其親族。

【美人】是正四品的妃嬪名稱。
【廬江王瑗】太宗的族叔李瑗，封廬江王，因謀反被殺。
【籍沒】官府把罪人家裡的人和財產進行登記，全部沒收。籍，登記的簿籍。
【室】妻室。
【避席】古人席地而坐，有所敬則離坐而起，叫避席。

【譯文】

貞觀初年，唐太宗在與黃門侍郎王珪閑坐交談，當時有個美人在旁邊侍候。她本是廬江王李瑗的愛姬，李瑗壞事後，被籍沒入宮。太宗指著她對王珪說：「廬江王荒淫無道，殺害了她原先的丈夫而把她佔為己有。暴虐到極點，怎會不滅亡呢！」王珪離座說：「陛下認為廬江王奪取她是對了呢，還是不對？」太宗說：「哪有殺人而奪取其妻的道理，你卻問我對不對，這是什麼意思？」王珪回答說：「我見到《管子》書裡說：『齊桓公到了郭國，問那裡的父老：「郭國為什麼會滅亡？」父老說：「因為郭君喜歡好人而厭惡壞人。」齊桓公說：「照你所說，他是個賢君啊，怎會滅亡呢？」父老說：「不是這樣，郭君喜歡好人卻不能任用，厭惡壞人卻不能摒棄，所以滅亡。」』如今這個婦人還在陛下左右，所以我猜測陛下的心意認為這樣做是對的，陛下如果認為不對，那就是所謂知道邪惡而不能摒棄了。」太宗聽罷大為欣喜，誇他講得好極了，馬上命令把這個美人送還給她的親族。

太宗有一駿馬，特愛之，恆於宮中養飼，無病而暴死。太宗怒養馬宮人，將殺之。皇后諫曰：「昔齊景公以馬死殺人，**晏子**請數其罪云：『爾養馬而死，爾罪一也。使公以馬殺人，百姓聞之，必怨吾君，爾罪二也。諸侯聞之，必輕吾國，爾罪三也。』公乃釋罪。陛下嘗讀書見此事，豈忘之邪？」太宗意乃解。又謂房玄齡曰：「皇后庶事相啓沃，極有利益爾。」

【譯文】

唐太宗有一匹好馬，特別喜愛牠，常在宮裡飼養，有一天這匹馬沒有生病卻突然死掉了。太宗對養馬的宮人很生氣，要殺掉他。長孫皇后勸諫說：「從前齊景公因為馬死了要殺人，晏子請求數說他的罪狀：『你養的馬死了，是你第一條

【晏子】名嬰，春秋時齊國的著名政治家。

罪。讓國君因馬殺人，百姓知道了，必定怨恨我們國君，是你第二條罪。諸侯知道了，必定輕視我們齊國，是你第三條罪。』齊景公聽後便赦免了養馬人的罪。陛下曾經讀書讀到過這件事情，難道忘記了？」太宗聽了這話才平下氣來。他又對房玄齡說：「皇后在很多事情上啓發幫助我，對我很有好處。」

貞觀八年，**陝縣丞**皇甫德參上書忤旨，太宗以為**訕**謗。侍中魏徵進言曰：「昔**賈誼**當漢文帝上書**云云**，『可為痛哭者一，可為長嘆息者六』。自古上書，率多激切，若不激切，則不能起人主之心。激切即似訕謗，惟陛下詳其可否。」太宗曰：「非公無能**道**此者。」令賜德參帛二十段。

【譯文】

貞觀八年，陝縣丞皇甫德參上書觸怒了唐太宗，太宗認為這是毀謗。侍中魏

【陝縣丞】陝縣，今屬河南。丞：縣丞，縣令屬下地位最高的官員。
【訕】音善，毀謗、譏笑。
【賈誼】西漢時著名的政論家、文學家（西元前二〇〇—前一六八年）。
【云云】古代沒有現在標點中的刪節號，要省略時就用「云云」來代替。
【道】同「導」。

徵進言道：「從前賈誼在漢文帝時上書，曾說到『可以為帝王痛哭的事有一件，可以為帝王長嘆息的事有六件』。從古以來上書奏事，往往言辭很激切，如果不激切，就不能打動人主的心。言辭激切就近似毀謗，希望陛下仔細詳察我的話對不對。」太宗說：「只有你能講這樣中肯的話。」於是令賞賜給皇甫德參帛二十段。

貞觀十八年，太宗謂長孫無忌等曰：「夫人臣之對帝王，多順從而不逆，甘言以取容。朕今發問，不得有隱，宜以次言朕過失。」長孫無忌、唐儉等皆曰：「陛下聖化，遣致太平，以臣觀之，不見其失。」黃門侍郎劉**洎**對曰：「陛下撥亂創業，實功高萬古，誠如無忌等言。然頃有人上書，辭理不稱者，或對面窮詰，無不慚退。恐非獎進言者。」太宗曰：「此言是也，當為卿改之。」

【洎】讀作「記」。

【苑西監】管理禁苑的官。
【犯顏】冒犯尊上的威嚴。
【司徒】正一品的高官。
【說】音悅，也通「悅」，喜悅。

【譯文】

貞觀十八年，唐太宗對長孫無忌等人說：「臣子對帝王，多是順從而不違悖，用甜言美語來討人歡心。我現在提出問題，你們不准隱諱，要一一說出我的過失來。」長孫無忌、唐儉等人都說：「陛下聖德教化，導致天下太平，據我們看來，看不出有什麼過失。」黃門侍郎劉洎對答說：「陛下撥亂創業，確實功高萬古，如無忌等人所說。但不久前有人上書，遇到言辭內容不合陛下心意，有時就當面追根盤問，弄得上書言事的人無不羞慚而退。這恐怕不是在獎勵進言者吧。」太宗說：「這話講對了，我一定接受你的意見改正錯誤。」

太宗嘗怒**苑西監**穆裕，命於朝堂斬之。時高宗為皇太子，遽**犯顏**進諫，太宗意乃解。**司徒**長孫無忌曰：「自古太子之諫，或乘閒從容而言。今陛下發天威之怒，太子申犯顏之諫，誠古

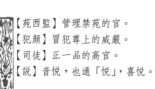

今未有。」太宗曰：「夫人久相與處，自然染習。自朕御天下，虛心正直，即有魏徵朝夕進諫。自徵云亡，劉洎、岑文本、馬周、褚遂良等繼之。皇太子幼在朕膝前，每見朕心說諫者，因染以成性，故有今日之諫。」

【譯文】

唐太宗有一次對苑西監穆裕大發脾氣，下令在朝堂上殺掉他。當時高宗做皇太子，趕忙冒犯威嚴進諫勸阻，太宗怒氣才平下來。司徒長孫無忌說：「從古以來，皇太子勸諫，往往是趁空閒時委婉進言。今天陛下盛怒，太子冒犯威嚴進諫，實在是古今所未有過的。」太宗說：「人長期相處，自然耳濡目染。自從我治理天下，虛心聽取正直的話，就有魏徵早晚進諫。魏徵亡故以來，劉洎、岑文本、馬周、褚遂良等繼續進諫。皇太子小時候在我身邊，常看到我對進諫的人心裡喜悅，因而習染成性，所以會有今天的進諫。」

【通事舍人】遞呈奏章、引見臣下、傳達聖旨的官員。
【姝】音書，美麗。　　【文德皇后】即長孫氏，文德是死後的謚號。
【充華】正一品的妃嬪。　　【策使】策同「冊」，策使是冊封的使者。
【陛下為人父母】古人認為皇帝是百姓的父母。
【榭】音謝，建在臺上的敞屋。

貞觀二年，隋**通事舍人**鄭仁基女年十六七，容色絕**姝**，當時莫及。**文德皇后**訪求得之，請備嬪御，太宗乃聘為**充華**。詔書已出，**策使**未發。魏徵聞其已許嫁陸氏，方遽進而言曰：「**陛下為人父母**，撫愛百姓，當憂其所憂，樂其所樂。自古有道之主，以百姓之心為心，故君處臺**榭**，則欲民有棟宇之安；食**膏粱**，則欲民無饑寒之患；顧嬪御，則欲民有室家之歡。此人主之常道也。今鄭氏之女，久已許人，陛下取之不疑，無所顧問，播之四海，豈為民父母之道乎？臣傳聞雖或未的，然恐虧損聖德，情不敢隱。君舉必書，所願特留神慮。」太宗聞之大驚，手詔答之，深自克責，遂停策使，乃令女還舊夫。左僕射房玄齡、中書令溫彥博、**禮部**尚書王珪、御史大夫韋挺等云：「女適陸氏，無顯然之狀，大禮既行，不可中止。」又陸氏**抗表**

【膏粱】精美的食物。　　【禮部】主管禮儀文教。
【抗表】上表直言叫抗表。
【太上皇】皇帝傳位於太子後成為太上皇，這是指傳位太宗的唐高祖李淵。
【太子舍人】東宮的官員。
【萬年】當時京城裡有兩縣，東為萬年縣，西為長安縣。

云：「某父康在日，與鄭家往還，時相贈遺資財，初無婚姻交涉親戚。」並云：「外人不知，妄有此說。」大臣又勸進。太宗於是頗以為疑，問徵曰：「群臣或順旨，陸氏何為過爾分疏？」徵曰：「以臣度之，其意可識，將以陛下同於太上皇。」太宗曰：「何也？」徵曰：「**太上皇**初平京城，得辛處儉婦，稍蒙寵遇。處儉時為**太子舍人**，太上皇聞之不悅，遂令出東宮為**萬年**縣，每懷戰懼，常恐不全首領。**陸爽**以為陛下今雖容之，恐後陰加譴謫，所以反復自陳，意在於此，不足為怪。」太宗笑曰：「外人意見，或當如此。然朕之所言，未能使人必信。」乃出敕曰：「今聞鄭氏之女，先已受人禮聘，前出文書之日，事不詳審，此乃朕之不是，亦為有司之過。授充華者宜停。」時莫不稱嘆！

【陸爽】鄭仁基女兒的未婚夫。

【譯文】

貞觀二年，隋通事舍人鄭仁基的女兒年方十六七歲，是個容貌極為美麗的絕代佳人，當時沒有誰能比得上，文德皇后尋訪到後，請求唐太宗留在後宮作為嬪妃，太宗就聘她為充華。詔書已經發出，冊封的使者尚未動身。魏徵聽說她已許配給陸家，急忙進諫說：「陛下身為萬民父母，撫愛百姓，就應當憂百姓所憂，樂百姓所樂。古來有道德的君主，皆能想百姓所想。所以君主居處臺榭，就想使百姓有房屋安身；君主吃美味佳餚，就想使百姓不受饑餓；看到嬪妃，就想使百姓有婚配成家的歡樂。這才是做君主的正常道理。如今鄭氏之女，早就許了人家，陛下毫不考慮就要她進宮，也不打聽詢問，這事傳到全國，難道是做百姓父母的道理？我聽來的傳聞雖然不一定確實，但懼怕聖上的美德有所虧損，不敢隱瞞自己的看法。君主一舉一動都有史官記錄，希望陛下要特別多加考慮。」太宗聽了大吃一驚，親自寫詔書回答魏徵，狠狠地責備自己，即刻停止派遣使者前往冊封，把這個女子送還原定的丈夫。左僕射房玄齡、中書令溫彥博、禮部尚書王珪、御史大夫韋挺等人說：「這個女子許嫁陸氏，並無確鑿的證據，冊封大禮既已進行，不可中途廢止。」而陸氏也上表說：「我父親陸康在世時，與鄭家往來，時常互相贈送資產財物，當初沒有約為婚姻親戚關係。」還說：「外邊的人不知實情，才會亂講。」大臣們又勸說太宗冊封鄭女。太宗這時也左右為難，便問魏徵：「大臣們或許是要順從我的意旨，陸氏為什麼如此極力撇清？」魏徵說：「依我看法，陸氏心意是可以明白的，他是把陛下看得同太上皇一樣。」太宗問：「這是什麼意思？」魏徵說：「太上皇剛平定京城，取得辛處儉的妻子，頗加寵幸。辛處儉當時做太子舍人，太上皇知道了不高興，就命令他離開東宮去萬年縣做官，辛處儉常懷恐懼，擔心保不住腦袋。陸爽認為陛下目前雖然能寬容他，卻怕以後暗地裡給他加罪貶官，所以反覆表白，用意就在這裡，不足為奇。」太宗笑道：「外人的想法，也許會這樣。但我所說的，確也未必能使人家一定相信。」於是發出詔令說：「如今聞知鄭氏之女，過去已經接受人家的聘

【治書侍御史】御史臺的副長官，後改稱御史中丞。
【告訐譖毀】訐，音結，揭發別人陰私。譖，音ㄗㄣˋ，進讒言，說人壞話。
【彈射】彈劾、指責。
【騁】音逞，放縱。
【回邪】不正之人。

禮，先前發出詔書的時候，事情沒有弄清楚，這是我的不是，相關部門也有過錯。授予充華的事情應停止執行。」對此當時人們無不稱讚。

貞觀五年，**治書侍御史**權萬紀、侍御史李仁發，俱以**告訐譖毀**，數蒙引見。任心**彈射**，肆其欺罔，令在上震怒，臣下無以自安。內外知其不可，而莫能論諍。給事中魏徵正色而奏之曰：「權萬紀、李仁發並是小人，不識大體，以譖毀為是，告訐為直，凡所彈射，皆非有罪。陛下掩其所短，收其一切。乃**騁**其奸計，附下罔上，多行無禮，以取強直之名。誣房玄齡，斥退張亮，無所肅厲，徒損聖明。道路之人，皆興謗議。臣伏度聖心，必不以為謀慮深長，可委以棟梁之任，將以其無所避忌，欲以驚厲群臣。若信狎**回邪**，猶不可以小謀大，群臣素無矯偽，空使臣下離心。以玄齡、亮之徒，猶不可得伸其枉直，其餘疏賤，孰能免其欺罔？伏願陛下留意再思。自驅使二人以來，有一弘益，臣即甘心斧鉞，受不忠之罪。陛下縱未能舉善以崇德，豈可進奸而自損乎？」太宗欣然納之，賜徵絹五百匹。其萬紀又奸狀漸露，仁發亦解黜。萬紀貶**連州**司馬，朝廷咸相慶賀焉。

【連州】治所在今廣西連縣。

【譯文】

貞觀五年，治書侍御史權萬紀和侍御史李仁發，都因告密、誣陷毀謗，多次被太宗召見。他們任意告發攻擊別人，極盡欺蒙之能事，使得皇上震怒，而臣下無以自安。內外的人都知道不對，但沒有誰能向太宗議論諫諍。給事中魏徵嚴肅地上奏說：「權萬紀、李仁發都是小人，不識大體，認為誣陷誹謗是對的，揭發陰私才是正直，凡是被他們所告發攻擊的人，都並非真正有罪。陛下掩蓋他們的短處，對他們完全聽信。他們就施展奸謀，對下拉攏對上欺瞞，幹了許多無禮的事情，來博取耿直的美名。他們誣陷房玄齡，斥退張亮，並不能整肅朝廷，卻白白地損害了聖上的英明。路上的人，都紛紛指責議論。我私自猜測聖上的心意，一定不會認為他們謀慮深長，可以委以國家棟樑的重任，大概因為利用他們無所避忌的言行，好用來警誡督促群臣。但即使真的信任親近這些不正之人，也不能用小人來算計大臣，何況臣下們本來沒有矯詐虛假，這樣做只會使臣下們離心。連房玄齡、張亮這樣的人，都沒有辦法來申辯曲直，至於其他關係疏遠、職位低下的人，誰能避免他們欺侮、誣陷？希望陛下再認真想一想。自從任用這二人以來，哪怕給國家做了一件有益的事，臣都甘願被斧鉞之誅，受不忠之罪。陛下縱使未能推舉好人來播揚聖德，怎能引進奸邪而自損聲威呢？」太宗很高興地接受了魏徵的意見，賞賜給他絹五百匹。權萬紀此人的劣跡逐漸暴露，李仁發也被解職黜逐。權萬紀貶為連州司馬，朝廷群臣都互相慶賀。

貞觀六年，有人告**尚書右丞**魏徵，言其阿黨親戚。太宗使御

【尚書右丞】尚書省有左、右丞，是長官左、右僕射的助理。

史大夫溫彥博案驗其事，乃言者不直。彥博奏稱，徵既為人所道，雖在無私，亦有可貴。遂令彥博謂徵曰：「爾諫正我數百條，豈以此小事，便損眾美。自今已後，不得不存**形跡**。」居數日，太宗問徵曰：「昨來在外，聞有何不是事？」徵曰：「前日令彥博宣敕語臣云：『因何不存形跡？』此言大不是。臣聞君臣同氣，義均一體。未聞不存公道，惟事形跡。若君臣上下，同遵此路，則邦國之興喪，或未可知！」太宗**瞿然**改容曰：「前發此語，尋已悔之，實大不是。公亦不得遂懷隱避。」徵乃拜而言曰：「臣以身許國，直道而行，必不敢有所欺負。但願陛下使臣為良臣，勿使臣為忠臣。」太宗曰：「忠、良有異乎？」徵曰：「良臣使身獲美名，君受顯號。子孫傳世，福祿無疆。忠臣身受誅夷，君陷大惡。家國並喪，獨有其名。以

【形跡】舉止言行。
【瞿然】驚醒貌。

此而言，相去遠矣。太宗曰：「君但莫違此言，我必不忘社稷之計。」乃賜絹二百匹。

【譯文】

貞觀六年，有人告發尚書右丞魏徵，說他袒護親戚。唐太宗便派御史大夫溫彥博去查明這件事。結果是告發的人歪曲事實。溫彥博上奏說：「魏徵既然被人講了壞話，雖然並無偏袒徇私，但也還是有可以責備的地方。」太宗就叫溫彥博對魏徵傳話說：「你直言諫諍了我幾百件事，我怎會因這點小事，就否定你那麼多的好處。但是從今以後，你也不能不檢點一下自己的舉止言行了。」過了幾天，太宗問魏徵說：「這兩天你在外邊，有沒有聽到什麼不對的事情？」魏徵說：「前天陛下叫溫彥博向我傳達聖意，說：『為什麼不檢點自己的舉止言行？』這話說得太不對。我聽說君臣之間意氣相投，從道理上講等於是一個整體。沒有聽說過不心存公道，只去檢點舉止言行。如果君臣上下，都去走後一條路，小心翼翼，那國家的興亡，就很難說了！」太宗這才醒悟，臉色一變說道：「前次說了這話，不久已覺後悔，實在講得很不對。你也不要因此就存退避之心。」魏徵於是下拜說：「我把身子交給國家，公正辦事，絕不敢有什麼欺罔行為，但願陛下讓我做一個良臣，不要讓我去做忠臣。」太宗問道：「忠臣、良臣有哪裡不一樣？」魏徵回答說：「良臣使自身獲得好名聲，君上也能得顯耀的稱號，子孫代代傳下去，榮華富貴無窮無盡。忠臣自身蒙受誅戮，卻使聖上陷於極大的惡名，家與國都喪失，只留下個忠臣空名。從這點來說，忠臣與良臣相差甚遠。」太宗說：「你只要不違背所說的話，我必定不會忘記治理國家的大計。」於是太宗賞賜給魏徵絹二百匹。

貞觀六年，**匈奴**克平，遠夷入貢，**符瑞**日至，年穀頻登。**岳牧**等屢請**封禪**，群臣等又稱述功德，以為「時不可失，天不可違，今行之，臣等猶謂其晚。」惟魏徵以為不可。太宗曰：

【匈奴】這並非秦漢時的匈奴或魏晉時的南匈奴，而是指東突厥，貞觀四年已戰敗降服。

【符瑞】古人迷信，把出現罕見的甚至虛構的東西，如天降甘露，地生嘉禾、連理木之類，叫做符瑞。說這是皇帝統治得好，所以上天用這些祥瑞的東西來表示肯定。

【岳牧】我國古代傳說中有所謂四岳和十二州牧，分管全國，這裡用岳牧就是州縣等地方長官。
【封禪】大型迷信活動，古代帝王建立功業後一般要到泰山築壇祭天，叫封，同時在附近的梁父等小山祭地，叫禪。
【罻羅】即網羅，本是捕鳥的器具，這裡指法網。罻，音尉。

「朕欲得卿直言之，勿有所隱。朕功不高耶？」曰：「高矣。」「德未厚耶？」曰：「厚矣。」「華夏未安耶？」曰：「安矣。」「遠夷未慕耶？」曰：「慕矣。」「符瑞未至耶？」曰：「至矣。」「年穀未登耶？」曰：「登矣。」「然則何為不可？」對曰：「陛下功高矣，民未懷惠。德厚矣，澤未旁流。華夏安矣，未足以供事。遠夷慕矣，無以供其求。符瑞雖臻，而**罻羅**猶密。積歲豐稔，而倉廩尚虛。此臣所以竊謂未可。臣未能遠譬，且借近喻於『人』。有人長患疼痛，不能任持，療理且愈，皮骨僅存，便欲負一石米，日行百里，必不可得。隋氏之亂，非止十年，陛下為之良醫，除其疾苦，雖已**乂安**，未甚充實，告成天地，臣竊有疑。且陛下東封，萬國咸萃，**要荒**之外，莫不奔馳。今自伊、洛之東，暨乎海、**岱**，**萑莽**巨澤，茫茫千里，人煙斷絕，雞犬不聞，道路蕭條，進退艱阻。寧可引彼戎狄，示以虛弱？竭財以賞，未厭遠人之望；加年給**復**，不償百姓之勞。或遇水旱之災，風雨之變，庸夫邪議，悔不可追。豈獨臣之誠懇，亦有輿人之論。」太宗稱善，於是乃止。

【譯文】

貞觀六年，突厥已告平定，遠方外族前來進貢，吉祥的徵兆天天到來，穀物連年豐收。地方長官多次請求舉行封禪大典，臣下們也紛紛歌功頌德，認為「時機不可錯過，天意不可違抗，即使如今舉行封禪大典，我們還認為太遲了。」只有魏徵認為不行。太宗說：「我想要你如實直言，不必隱諱。我的功業難道還不高嗎？」魏徵答：「高啊。」太宗問：「德行不厚嗎？」魏徵答：「厚啊。」太宗問：「全國還沒安定嗎？」魏徵答：「安定了。」太宗問：「遠方外族還沒仰慕嗎？」魏徵答：「仰慕了。」太宗問：「象徵吉祥的事物還沒出現嗎？」魏徵

【乂安】人是治理，乂安是太平無事。乂，音議。
【要荒】要服、荒服，過去的說法是天子之國以外二千里遠的地方叫要服，要服以外五百里遠的地方叫荒服，要荒是指邊遠地區。
【岱】岱岳，就是泰山。　【萑莽】萑，音環，蘆類植物。莽，草深密叫莽。
【復】免除徭役。

答：「出現了。」太宗問：「穀物還沒豐收嗎？」魏徵答：「豐收了。」太宗質問道：「既然如此為什麼不能封禪？」魏徵回答說：「陛下功高了，但百姓還沒有思念您對他們的好處。德行厚了，但恩澤還沒有普及。全國安定了，但還沒有足夠的力量來辦大事。遠方外族仰慕了，但還沒有更多的財物來供應他們的需求。符瑞雖已出現，但法網還太嚴密。連年豐收，但倉廩還不充實。這就是我所以認為還不該封禪的道理。我不拿遠的歷史來比喻，只就近用『人』來講。有人長期患病疼痛，支撐不住，雖經治療快痊癒了，但已瘦得皮包骨頭，卻想馬上背起一石米，一天走一百里，肯定辦不到。隋朝禍亂，已不止十年，陛下為天下良醫，解除百姓疾苦，雖已太平，還不很富實，要祭天地報告大功完成，我心裡有疑慮。況且陛下東封泰山，天下萬國都要興師動衆，即使邊遠地區，也都得派人趕來。但如今從伊水、洛水向東，直抵東海、泰山，草木叢生，遍地沼澤，茫茫千里，人煙稀少，聽不到雞鳴狗吠，沿路蕭條，進退十分艱難。難道陛下寧願讓遠方外族來內地，讓他們看出我們的虛弱？竭盡財物來賞賜，不能滿足遠方來人

【少府監】少府是主管營造建築的機構，它的長官就叫少府監。
【北門】宮城的北門，就是玄武門。
【南衙】政府機構都在宮城以南的皇城，所以稱宰相辦公所在為南衙。

的期望；多免除幾次徭役，也不能抵償當地百姓的辛勞。如碰上水旱之災，風雨之害，使不好的議論叢生，就是後悔也來不及了。這不僅是我的誠心懇求，也是很多人質疑的論點。」太宗說魏徵講得很好，於是停止封禪。

貞觀八年，左僕射房玄齡、右僕射高士廉於路逢**少府監**竇德素，問**北門**近來更何營造。德素以聞。太宗乃謂玄齡曰：「君但知**南衙**事，我北門少有營造，何預君事？」玄齡等拜謝。魏徵進曰：「臣不解陛下責，亦不解玄齡、士廉拜謝。玄齡既任大臣，即陛下股肱耳目，有所營造，何容不知？責其訪問官司，臣所不解。且所為有利害，役工有多少，陛下所為善，當助陛下成之，所為不是，雖營造，當奏陛下罷之。此乃君使臣、臣事君之道。玄齡等問既無罪，而陛下責之，臣所不解；玄齡等不識所守，但知拜謝，臣亦不解。」太宗深愧之。

【譯文】

貞觀八年，左僕射房玄齡、右僕射高士廉在路上遇到少府監竇德素，問他北門近來又再營建些什麼。竇德素將這事報告給唐太宗。太宗就對房玄齡說：「你只管南衙裡的事，我的北門稍有點營建，何須你來干預？」玄齡等下拜謝罪。魏徵進言說：「我不理解陛下為什麼要指責，也不理解房玄齡、高士廉為什麼要下拜謝罪。房玄齡既然做了大臣，也就是陛下的得力助手，有所營建，怎麼不可以讓他知道？陛下指責他詢問主管部門，是我所不理解的。而且所營建房屋是有利還是有害，所使用的人工是多還是少，陛下做得好，應當協助陛下來完成，做得不對，即使已在營建，也應當奏請陛下停止。這是君任用臣、臣侍奉君的正道。房玄齡等人問了既是無罪，而陛下卻加以指責，又是我所不能理解的；房玄齡等人不清楚自己的職守，只知道下拜謝罪，我也不能理解。」太宗聽了這番話深為慚愧。

【越王】就是太宗第四子李泰，初封越王，後改封魏王。
【介弟】這裡的介是大的意思，介弟是對人家的弟弟的尊稱。
【三品以上】唐初宰相中尚書、左右僕射是從二品，中書令、侍中是正三品，三品以上指宰相等高官。　【達官】顯達的高官。
【躓頓】躓，音至，跌倒，頓是碰到地上，躓頓是摧折捉弄的意思。

貞觀十年。**越王**，長孫皇后所生，太子**介弟**，聰敏絕倫，太宗特所寵異。或言**三品以上**皆輕蔑王者，意在譖侍中魏徵等，以激上怒。上御齊政殿，引三品已上入，坐定，大怒作色而言曰：「我有一言，向公等道。往前天子，即是天子，今時天子，非天子耶？往年天子兒，是天子兒，今日天子兒，非天子兒耶？我見隋家諸王，**達官**已下，皆不免被其**躓頓**。我之兒子，自不許其縱橫，公等所容易過，得相共輕蔑。我若縱之，豈不能躓頓公等？」玄齡等戰慄，皆拜謝。徵正色而諫曰：「當今群臣，必無輕蔑越王者。然在禮，臣、子一例，《**傳**》稱，**王人**雖微，列於諸侯之上。諸侯用之為公即是公，用之為卿即是卿。若不為公卿，即下士之諸侯也。今三品已上，列為公卿，並天子大臣，陛下所加敬異，縱其小有不是，越王何得

重情厚義的魏徵與王珪

魏徵、王珪原為太子李建成手下的親信，李世民在玄武門事變中殺死李建成登基為帝。貞觀二年，李世民準備安葬死去的李建成與李元吉，當時已在太宗手下掌握高官的兩人卻要求參加送葬。魏、王二人上書請求說：「我們受太上皇任命，在東宮任職，出入太子宮殿，將近十二年。前東宮太子對國家犯下大罪，得罪天下。我們不能為他殉死，甘心接受殺戮，承擔他的罪過，反而將名字排列在賢人的行列。我們如此庸碌，拿什麼報答太上皇的重用？陛下道義照耀天下，德行已超過前代君王。……我們雖然失去前東宮太子，但又有了聖明的國君。但時間過了一年，我們卻還沒有表示悲傷，因此希望在安葬的那天，送靈柩到墓地。」

太宗看了上書，為他們的情義所感動，當場同意。因此魏徵、王珪的忠義可嘉、不避嫌疑，太宗的寬大為懷、用人不疑，皆為後世傳為佳話。

輒加折辱？若國家紀綱廢壞，臣所不知。以當今聖明之時，越王豈得如此。且**隋高祖**不知禮義，寵樹諸王，使行無禮，尋以罪黜，不可為法，亦何足道？」太宗聞其言，喜形於色，謂群臣曰：「凡人言語理到，不可不伏。朕之所言，當身私愛。魏徵所論，國家大法。朕嚮者忿怒，自謂理在不疑。及見魏徵所論，始覺大非道理，為人君言，何可**容易**。」召玄齡等而切責之，賜徵絹一千匹。

【傳】古書，此話見於《春秋穀梁傳・僖公八年》。
【王人】侍奉天子的人。
【隋高祖】即隋文帝楊堅，文是諡號，高祖是廟號。
【容易】這裡是輕率、隨便的意思。

【譯文】

貞觀十年。越王李泰是長孫皇后所生，是太子之弟，十分聰明，唐太宗對他特別寵愛。有人說三品以上都輕蔑越王，想以此來毀謗魏徵等人，激怒太宗。太宗駕臨齊政殿，把三品以上的召引進宮，入坐後，便變了臉色怒氣沖沖地說：「我有一句話要向你們說。從前的天子，就是天子，如今的天子，就不是天子嗎？以前天子的兒子，就是天子的兒子，如今天子的兒子，就不是天子的兒子嗎？我看到隋朝諸王，達官以下都免不了被他們摧折，我的兒子，自然不准他們橫行不法，而你們卻隨便起來，敢輕視他們？我要是放縱他們，難道他們不能摧折戲弄你們嗎？」房玄齡等人嚇得發抖，都下拜謝罪。魏徵卻正顏厲色地勸諫道：「當今的臣下們肯定沒有人輕視越王的。然而按禮儀來說臣下和兒子該一例看待，古書上說，周天子屬下的官雖小，仍要排在諸侯之上。諸侯被周天子任用為公才是公；任用為卿才是卿。如果沒有被周天子任用為公卿，就只是地位低於士的諸侯。如今三品以上官員，都位列公卿，全是天子的大臣，為陛下所敬重優待。就算他們有些小過小錯，越王怎能隨意對他們摧折侮辱？如果國家的法令制度已經敗壞，我就不知道了，但在當今聖明之世，越王怎能這等無禮。況且隋高祖不懂禮義，寵愛抬高諸王，使他們做出無禮的事情，不久都因犯罪而被貶黜，這怎能效法，又有什麼可稱道的呢？」太宗聽了這話後，喜形於色，對臣下們說：「凡是人家說的話在道理上，就不能不服。我所說的，出於個人私愛，魏徵所議論的，是國家大法。我剛才大發脾氣，自以為理由充分不用懷疑，等到聽了魏徵的議論，才覺得自己很沒有道理。做人君的講起話來，真不能輕率隨便。」

於是把房玄齡等人大加責備了一通，賞賜魏徵絹一千匹。

貞觀十一年，所司奏**凌敬**乞貸之**狀**。太宗責侍中魏徵等濫進人。徵曰：「臣等每蒙顧問，常具言其長短。有學識，強諫諍，是其所長。愛生活，好經營，是其所短。今凌敬為人作碑文，教人讀《漢書》，因茲附托，回易求利，與臣等所說不同。陛下未用其長，惟見其短，以為臣等欺罔，實不敢心伏。」太宗納之。

【凌敬】本是竇建德的謀臣，竇建德失敗後降唐。
【狀】文書。

【譯文】

貞觀十一年，有關部門奏上凌敬向人借貸的文書。太宗責怪侍中魏徵等人濫薦人才。魏徵說：「臣等多承蒙陛下詢問，常具體說出凌敬的長處和短處。有學問識大體，敢於諫諍，是他的長處。講究生活，喜歡經營財物，是他的短處。如今凌敬替人家撰寫碑文，教人家讀《漢書》，由此拉上關係，交換圖利，和我所說他講究生活、喜歡經營財物還不一樣。陛下沒有用他的長處，只看到他的短處，就認為臣等欺君瞞上，實在不敢心服。」太宗接受了這個意見。

君臣鑒戒

《君臣鑒戒》篇凡七章，重點是以歷史爲鏡子，引用歷史上的經驗教訓，說明「君臣本同治亂，共安危，若主納忠諫，臣進直言，斯故君臣合契，古來所重」的道理。爲此要以早自桀紂，近至隋煬帝的覆敗爲鑒戒，唐太宗要臣僚懂得「君失其國，臣亦不能獨全其家」的利害關係，指出煬帝無道，但「臣下亦不盡心」，「惟行諂佞，苟求悅譽」。又從多方面引用歷史故事，提請臣下注意竭盡爲臣之道。魏徵等大臣也以歷史鑒戒，要唐太宗做一位善始善終的有道明君，要他看清「首雖尊高，必資手足以成體，君雖明哲，必藉股肱以致治」的道理。又引用孟子關於君臣關係的論述來告誡：「君視臣如手足，臣視君如腹心；君視臣如犬馬，臣視君如國人；君視臣如糞土，臣視君如寇仇」。認爲「臣之事君無二志，至於去就之節，當緣恩之厚薄」。當然，唐太宗要群臣以史爲鑒，主要還是讓他們懂得如何事君之道。這裡選譯其中二

【大理丞】大理寺是掌管刑獄的機構，卿是長官，丞是屬官。
【逗遛】即逗留。遛，通「留」。
【諳識】熟識。諳，音安。
【囹圄】音靈宇，即監獄。

章。

貞觀四年，太宗論隋日。魏徵對曰：「臣往在隋朝，曾聞有盜發，煬帝令于士澄捕逐。但有疑似，苦加拷掠，枉承賊者二千餘人，並令同日斬決。**大理丞**張元濟怪之，試尋其狀，乃有六七人盜發之日，先禁他所，被放才出，亦遭推勘，不勝苦痛，自誣行盜。元濟因此更事究尋，二千人內惟九人**逗遛**不明。官人有**諳識**者，就九人內四人非賊。有司以煬帝已令斬決，遂不執奏，並殺之。」太宗曰：「非是煬帝無道，臣下亦不盡心。須相匡諫，不避誅戮，豈得惟行諂佞，苟求悅譽。君臣如此，何得不敗？朕賴公等共相輔佐，遂令**囹圄**空虛。願公等善始克終，恆如今日。」

【譯文】

貞觀四年，唐太宗談論隋朝統治的時候，魏徵對答說：「我過去在隋朝，曾聽說有盜竊案發生，煬帝派于士澄追捕。只要發現可疑的人，就苦苦拷打，被迫含冤承認自己是盜賊的有二千多人，隋煬帝下令在同一天全都斬決。大理丞張元濟感到奇怪，試查有關案件的文書，竟有六七人在盜竊案發生的那天，原先就關押在別的地方，盜案發生後才放出來，可也被審問拷打，受不了痛苦，自己屈認行盜。張元濟因此再進行推究，這二千人中只有九個人當時行蹤不清楚。官吏中有熟悉這些人的，證明九個人裡有四個不是盜賊。有關部門因為煬帝已下令斬決，就不把真相上奏，結果把這兩千人統統殺掉。」太宗說：「這不僅是隋煬帝暴虐無道，臣下們也不盡心辦事。他們應當匡正諫諍，不怕有殺身之禍，怎能一味諂媚奉迎，不講原則地去討皇上的歡心和稱譽。隋朝君臣都是這樣，怎麼能不失敗？我依靠你們共同輔佐，就能使監獄空無一人。希望你們能善始善終，常像今天一樣。」

【資蔭】資是官階地位，蔭是庇蔭，當時有資蔭制度，即祖、父做了大官，可以讓子孫也做官，不管子孫有無才能。
【宇文述】隋朝大臣，煬帝在藩做晉王時，他幫助煬帝陷害太子楊勇而有功。
【化及】即宇文化及，宇文述之子，受煬帝寵信，後在江都發動兵變，殺死煬帝。

貞觀十七年，太宗謂侍臣曰：「自古草創之主，至於子孫多亂，何也？」司空房玄齡曰：「此為幼主生長深宮，少居富貴，未嘗識人間情偽，治國安危，所以為政多亂。」大宗曰：「公意推過於主，朕則歸咎於臣。夫功臣子弟多無才行，借祖父**資蔭**遂處大官，德義不修，奢縱是好。主既幼弱，臣又不才，顛而不扶，豈能無亂？隋煬帝錄**宇文述**在藩之功，擢**化及**於高位。不思報效，翻行弒逆。此非臣下之過歟？朕發此言，欲公等戒勖子弟，使無愆過，即家國之慶也。」太宗又曰：「化及與玄感，即隋大臣受恩深者子孫，皆反，其故何也？」岑文本對曰：「君子乃能懷德荷恩，玄感、化及之徒，並小人也。古人所以貴君子而賤小人。」太宗曰：「然。」

【譯文】

貞觀十七年，唐太宗對侍從的大臣們說：「從古以來開創基業的君主，到他子孫手裡往往發生禍亂，這是什麼緣故？」司空房玄齡說：「這是因為幼主生長在深宮之內，從小過看富貴生活，並不知道民間事情的真偽、治理國家的安危，所以當政就多禍亂。」太宗說：「你的意思是把過失推之於君主，我則要歸罪於臣下。那些功臣子弟多數無才無德，靠祖父、父親的資蔭就做上大官，不修身養性，只愛奢侈放縱。君主既然幼弱，臣下又沒有才能，遇到國家傾危不能匡正扶持，怎能不發生禍亂？隋煬帝記取宇文述在自己當晉王時的功勞，把他的兒子宇文化及提陞為高位顯官，可是宇文化及不考慮如何報效，反而叛逆弒君。這難道不是臣下的罪過嗎？我講這話，希望你們訓戒勉勵自己的子弟，使他們不要犯嚴重的過錯，就是家國值得慶幸的了。」太宗又說：「宇文化及和楊玄感，都是隋朝大臣中間受恩深重者的子孫，後來都謀反，這是什麼緣故？」岑文本回答說：「君子才能夠感恩戴德，楊玄感、宇文化及之流，都是小人。古人所以要看重君子而鄙視小人。」太宗說：「對。」

擇官

《擇官》篇凡十一章，這裡選譯其中三章。前面《任賢》、《求諫》、《納諫》等篇都強調了帝王用人要任人唯賢，要任用敢於諫諍的賢臣，而《擇官》篇則在於進一步闡述「致安之本，惟在得人」的思想和具體辦法。一是主管大臣要把擇官用人作為大事來處理。「公為僕射，當助朕憂勞，廣開耳目，求訪賢哲。」假如「讀符牒不暇，安能助朕求賢哉？」便體現了唐太宗這一指導思想，並敕尚書省，細碎務皆付左右丞。一是要妥善辦理從中央到地方的各級官吏的選拔和管理。「朝廷必不可獨重內臣，外刺史、縣令，遂輕其選。所以百姓未安，殆由於此。」「朕居深宮之中，視聽不能及遠，所委者惟都督、刺史，此輩實治亂所繫，尤須得人。」一是要講求質量，務求稱職。「當須更併省官員，使得各當所任，則無為而治矣。」「亂世惟求其才，不顧其行。太平之時，必須才行俱兼，始可任用。」太宗與魏徵一致認為「何代無賢，但患遺而不知耳。」

貞觀二年，太宗謂侍臣曰：「朕每夜恆思百姓間事，或至夜半不**寐**。惟恐都督、刺史堪養百姓以否。故於屏風上錄其姓名，坐臥恆看，在官如有善事，亦具列於名下。朕居深宮之中，視聽不能及遠，所委者惟都督、刺史。此輩實治亂所繫，尤須得人。」

【寐】睡眠。

【譯文】

貞觀二年，唐太宗對侍從的大臣們說：「我每天夜裡總想著民間的事情，有時到半夜還睡不著。就是擔心都督、刺史能否安撫百姓。所以在屏風上記下他們的姓名，坐著躺下都可看看，他們在任上如果做了好事，也都記在他們的名下。

我住在深宮之中，看不到也聽不到遠處，所依靠的就是都督、刺史。這些地方長官實在是關係到國家治亂，特別需要選擇得力的人。」

貞觀六年，太宗謂魏徵曰：「古人云，王者須為官擇人，不可**造次**即用。朕今行一事，則為天下所觀；出一言，則為天下所聽。用得正人，為善者皆勸；誤用惡人，不善者競進。賞當其勞，無功者自退；罰當其罪，為惡者戒懼。故知賞罰不可輕行，用人彌須慎擇。」徵對曰：「知人之事，自古為難，故考績黜陟，察其善惡。今欲求人，必須審訪其行。若知其善，然後用之。設令此人不能濟事，只是才力不及，不為大害。誤用惡人，假令**強幹**，為害極多。但亂世惟求其才，不顧其行。太平之時，必須才行俱兼，始可任用。」

【造次】倉猝、急忙。
【強幹】有才能，辦事幹練。

【譯文】

貞觀六年，唐太宗對魏徵說：「古人說過，君主必須根據官職來選擇合適的人，不能匆忙任用。我現在辦一件事，就被天下人看到；說一句話，就被天下人聽到。任用了正直的人，幹好事的都得到勸勉；錯用了壞人，不幹好事的就爭相鑽營求利。獎賞和功績相當，沒有功勞的就會自動退避；懲罰和罪惡相稱，壞人就有所戒懼。由此可知賞罰絕不可以輕意使用，用人更需要慎重選擇。」魏徵對答說：「知人善任這件事，從古以來就是很難的，所以在考覈勞績、決定貶降還是陞遷時，要查看他的善惡。如今想找人才，必須仔細察訪他的品行。如果瞭解到真是好的，然後才可任用。假如此人不會辦事，只是才力不夠，還沒有什麼大害處。錯用了壞人，假使他能力強會辦事，那為害就太多了。但在亂世只求有才能，可以不管品行。太平時候，必須才能品行都好，方可任用。」

貞觀十一年，治書侍御史劉洎以為左、右丞宜特加精簡，上

【八座】隋唐時尚書省的左右僕射和六部尚書的合稱。
【文昌】中國古代天文中，紫微星垣裡有六顆星，合稱文昌宮。
【二丞】尚書左丞、右丞。
【管轄】管是鑰匙，轄是插在古代車軸外面，防止車輪脫落的東西。因而後人把管轄作管領、掌管用。

疏曰：「臣聞尚書萬機，實為政本，伏尋此選，授任誠難。是以**八座**比於**文昌**，**二丞**方於**管轄**，爰至**曹郎**，上應列**宿**，苟非稱職，竊位興譏。伏見比來尚書省詔敕稽停，文案壅滯，臣誠庸劣，請述其源。貞觀之初，未有令、僕，於時省務繁雜，倍多於今。而左丞戴冑、右丞魏徵，並曉達吏方，質性平直，事應彈舉，無所迴避，陛下又假以恩慈，自然肅物。百司匪懈，抑此之由。及杜正倫續任右丞，頗亦厲下。比者綱維不舉，並為勳親在位，器非其任，功勢相傾。凡在官寮，未循公道，雖欲自強，先懼**囂**謗。所以郎中予奪，惟事咨稟；尚書依違，不能斷決。或糾彈聞奏，故事稽延，案雖理窮，仍更盤下。去無程限，來不責遲，一經出手，便涉年載。或希旨失情，或避嫌抑理。勾司以案成為事了，不究是非；尚書用便僻為奉公，莫論當否。互相姑息，惟事彌縫。且選眾授能，非才莫舉，**天工**

人代，焉可妄加？至於懿戚元勛，但宜優其禮秩，或年高及**耄**，或積病智昏，既無益於時宜，當置之以閑逸。久妨**賢路**，殊為不可。將救茲弊，且宜精簡尚書左右丞及**左右郎中**。如並得人，自然綱維備舉，亦當矯正趨競，豈惟息其稽滯哉！」疏奏，尋以洎為尚書左丞。

【曹郎】尚書省六部，每部有四個司，也叫曹司，曹郎是司的長官郎中和副長官員外郎的統稱。

【宿】音秀，星的位次。　　【囂】吵鬧。

【天工人代】這是說尚書省裡的官員是代替上天在辦事。

【耄】音帽，七十歲叫耄，也有一種說法是八十、九十歲叫耄。

【譯文】

貞觀十一年，治書侍御史劉洎認為尚書左、右丞的人選應當特別精心挑選，上疏說：「臣知道尚書省日理萬機，是施政的中樞，這裡人員的選用任命，確實很不簡單。所以左、右僕射和六部長官好比是天上文昌宮內的衆星，左右二丞好像是鎖管車轄，這些官員以及下至曹郎，也與上天的星宿相應，如果不能稱職，佔了位置會引起譏評。我看到近來尚書省承受詔敕後擱下來不迅速執行，文書案卷堆積不及時處理，我雖庸劣無能，也請讓我講一講這種現象的由來。在貞觀初

【賢路】進用賢能的途徑。
【左右郎中】左、右司郎中，分別為尚書左、右丞的助手。

年，沒有任命尚書令和左右僕射，當時尚書省裡公務繁雜，比今天成倍地多，左丞戴冑、右丞魏徵，都辦事熟練，公平正直，事情有問題就予以指責，從不迴避。陛下對他們又信任愛護，自然能整肅綱紀。各個部門之所以不敢懈怠，就是任人得當的緣故。到杜正倫繼任右丞，也能夠對下面嚴格要求。近來之所以綱紀不整，都是由於勛舊親戚佔據了位置，既無才能勝任，又憑功勳依仗勢力互相傾軋。其他官僚，也不能秉公辦事，即使想有所振作，又會先因畏懼爭吵毀謗而退縮。所以一般事務都由郎中定奪，遇到難事就都向上面請示；尚書也模棱兩可，不能決斷，有些糾察彈劾的案件應該上奏，也故意拖延，事情雖已弄得很清楚，仍然盤問下屬。公文發出去沒期限，回覆來遲了也不指責，事情一經交辦，就拖上成年累月。有的只迎合上邊的旨意而不考慮是否和實情相符，有的為了避免嫌疑而不管是否在理。辦案的部門只求辦成就了事，不追究是非；尚書把逢迎諂媚作為奉公守法，不管對錯，互相姑息，有了問題但求掩蓋。而且官職應該從眾人中選拔有才能的授予，沒有才能就不應舉薦，官是代上天辦事，怎能隨便叫人來做？至於親戚元勛，只能給他們優厚的禮遇，他們有的高年老耄，有的因久病而理智不清，在當前既已作不出貢獻，就應讓他們休息去安度晚年，讓他們長期在位阻礙進用賢能的途徑，極不恰當。為糾正這類弊端，應先精心挑選尚書左、右丞和左、右郎中，如果都用上稱職的人，自然綱紀確立，還能糾正那種奔走爭官做的歪風，豈止是解決辦事拖拉啊！」奏章送了上去，不久便派劉洎做尚書左丞。

貞觀名臣小傳㈢

房玄齡

父親曾任隋朝刺使。從小就顯露出非凡的才能，不僅爲人機敏，更精通史書、文采斐然，善於審時度勢，凡事都有過人之解。

他十八歲考上進士，其時天下大亂，遇到當時身爲秦王的李世民後，雙方如逢知己，從此相互依持。之後，房玄齡便處處顯示其駕馭將才的能力，每次平定賊寇，大家都希望得到金銀財寶，只有玄齡將人才收納於幕府之中，因此各謀臣猛將都與他建立深厚交情。他在秦府十餘年，立下不少汗馬功勞，深為太子建成所恨。太子對太宗的才能早有戒心，因此向高祖進讒言，想要驅逐房玄齡、杜如晦等，以斷太宗的左右手。太宗心驚，召房玄齡、杜如晦祕密協商，決定先下手為強，發動玄武門事變。

太宗登基後，讓房玄齡掌有任命大臣之權。玄齡居職盡心盡力、唯恐失察。他從不忌妒別人的才能，也不苛求他人盡善盡美，而是以人才適得其所為目標。「人主以任宰相為職，宰相以任人為職。」太宗知人善任，任他為宰相，以他一技之長，將人才聚集身邊為己所用。而玄齡不負所託，善於選才，為大唐的盛世立下首功。

封建

《封建》篇凡二章，這裡選譯其中一章。所謂封建，這裡是指古代帝王分封宗室建立諸侯國的封建。它是貞觀年間唐太宗擇官的一個特殊問題，這裡暴露了唐太宗落後的政治觀，是他的時代侷限，爲私利所蔽的集中反映。自秦漢後，歷代專制統治者爲了鞏固中央集權的統治，對分封制不斷改革，封國權力、地位越削越小，乃至出現了有名無實的虛封，這是歷史發展的必然趨勢。貞觀初，唐太宗雖曾改變過一些李淵於武德年間過於氾濫、緣私分封宗室與功臣的弊端，但縱觀唐太宗從貞觀元年「始議封建」到貞觀十三年「詔停封建」，十餘年中君臣多次進行激烈的爭論，建議者僅蕭瑀，支持者僅唐太宗，而反對者則包括魏徵、李百藥、馬周、于志寧等一大批大臣，每次爭議都增加反對者，最後連被世封的功臣也聯名反對。唐太宗一生處世行事，從未遭到如此眾多大臣的抵制，也從未見他拒納如此集中的諫諍。幻想中的「封建親

【邗】音汗，春秋時有邗國，在今江蘇揚州。
【從父】父親的兄弟，包括堂兄弟以及其他同族兄弟，李神通是太宗曾祖的孫兒，是太宗的叔父。
【刀筆之人】紙通行前常用毛筆在竹木簡上寫字。寫錯了用刀刮，刀筆之人就是指舞弄文墨的人。
【帷幄】軍中的營帳。
【蕭何】漢高祖的開國大功臣。

賢」、「子孫長久之道」和李姓的私利，使這位名震一時的「明君」變得如此不清醒，幾乎到了至死不悟的程度，這是我們讀史時應當注意的。

貞觀元年，封中書令房玄齡為**邗**國公，兵部尚書杜如晦為蔡國公，吏部尚書長孫無忌為齊國公，並為第一等，食邑實封一千三百戶。皇**從父**淮安王神通上言：「義旗初起，臣率兵先至，今玄齡等**刀筆之人**，功居第一，臣竊不服。」太宗曰：「國家大事，惟賞與罰。賞當其勞，無功者自退；罰當其罪，為惡者咸懼。則知賞罰不可輕行也。今計勛行賞，玄齡等有籌謀**帷幄**、畫定社稷之功，所以漢之**蕭何**，雖無汗馬，**指蹤推轂**，故得功居第一。叔父於國至親，誠無愛惜，但以不可緣私濫與勳臣同賞矣！」由是諸功臣自相謂曰：「陛下以至公，賞不私其親，吾屬何可妄訴。」初，高祖舉宗正籍，弟侄、**再從**、**三**

從孩童已上封王者數十人。至是，太宗謂群臣曰：「自兩漢已降，惟封子及兄弟，其疏遠者，非有大功如漢之**賈**、**澤**，並不得受封。若一切封王，多給**力役**，乃至勞苦萬姓，以養己之親屬。」於是宗室先封郡王其間無功者，皆降為縣公。

【指蹤】指出野獸的蹤跡叫獵狗去捉，比喻制定策略。
【推轂】轂，音谷，是車輪中心的圓木，推轂是推車前進，比喻推薦人才。
【再從、三從】同祖的叫從，同曾祖的叫再從，同高祖的叫三從。
【賈、澤】漢高祖同祖從兄劉賈和同曾祖從兄劉澤，都在統一戰爭中立過大功。　【力役】服勞役，當時要撥一定人數的百姓給封王服役。

【譯文】

貞觀元年，唐太宗封中書令房玄齡為邗國公，兵部尚書杜如晦為蔡國公，吏部尚書長孫無忌為齊國公，都列為第一等，食邑實封一千三百戶。太宗的堂叔淮安王李神通上奏道：「在太原初舉義旗時，我便帶兵首先趕來響應，如今房玄齡等都是舞弄文墨的文人，卻功居第一等，我私下不服。」太宗說：「國家大事，只在賞罰。所賞的人和他的功勞相當，無功的人自然退避不爭；所罰的人和他的惡行相當，幹壞事的人都會感到畏懼。可知賞罰不能輕率施行。如今按功行賞，房玄齡等有運籌帷幄、策劃安定社稷的功勳，正如漢代的蕭何，雖沒有汗馬戰功，但能制定策略推薦賢能，所以應該功居第一。叔父是國家至親，要封賞我當然無所吝惜，但不能因為親私關係就濫與功勳大臣同樣封賞！」因此功臣們相互稱讚說：「陛下公平極了，封賞不偏袒親屬，我們怎可以胡亂申訴。」當初，高祖根據宗正所管的宗室名冊，在弟弟、侄兒、同曾祖、同高祖的兒童以上的人中共封了幾十個王。至此，太宗對臣下們說：「從兩漢以來，只封皇子和兄弟，宗室中疏遠的，除非有大功如像漢代的劉賈、劉澤那樣，統統不得受封。如果所有的宗室都封王，要給他們多撥力役，就會造成勞苦萬民，來供養自己的親屬。」於是先封了郡王的宗室中沒有功勞的，都降封為縣公。

太子諸王定分

《太子諸王定分》篇凡四章，這裡選譯一章。第四卷包括九、十、十一、十二等四篇，內容都是圍繞儲君太子的，專制社會中的皇權，是以家天下的形式表現出來的，集中反映了它的時代侷限性、落後性。皇權的更替，包括唐王朝和唐太宗在內，都是殘酷的勾心鬥角、爭權奪利的醜惡表演。因而這一卷的內容，反映出更多「貞觀之治」中的陰暗面。

這篇所謂「太子諸王定分」，就是探討專制社會中怎樣確定一種名正言順的儲君傳位法則，以「長久之法，使萬代遵行」。解決的辦法，無非是立嫡立長，早有定分，以絕覬覦之心，這就是唐太宗尋求的「當今國家何事最急」的答案。他十分欣賞褚遂良的回答：「太子、諸王，須有定分，陛下宜爲萬代法以遺子孫，此最當今日之急。」然而，不管唐太宗和他的臣下怎樣絞盡腦汁尋求出路，終太宗之世，這仍然是一個威脅唐王朝的致亂之源，他們是沒有辦法解決的。

貞觀十一年，侍御史馬周上疏曰：「漢、晉以來，諸王皆為樹置失宜，不預立定分，以至於滅亡。人主熟知其然，但溺於私愛，故前車既覆而後車不改轍也。今諸王承寵遇之恩有過厚者，臣之愚慮，不惟慮其恃恩驕矜也。昔魏武帝寵樹**陳思**，及文帝即位，防守禁閉，有同獄囚，以先帝加恩太多，故嗣王從而畏之也。此則武帝之寵陳思，適所以苦之也。且帝子何患不富貴，身食大國，封户不少，好衣美食之外，更何所須？而每年別加優賜，曾無紀極。**俚語曰：『貧不學儉，富不學奢。』**言自然也。今陛下以大聖創業，豈惟處置見在子弟而已，當須制長久之法，使萬代遵行。」疏奏，太宗甚嘉之，賜物百段。

【陳思】魏武帝曹操的第三個兒子曹植，很有才華，為曹操所寵愛；二哥文帝曹丕即位後，陳思備受猜忌。他被封為陳王，死後謚思，所以也可稱為陳思王或陳思。

【「俚語曰」句】是說給皇子加恩太多，會使他們自然而然地愈加恃恩驕矜。

【譯文】

貞觀十一年，侍御史馬周上疏說：「漢、晉以來，所分封的諸王都因為給的權勢過了頭，不及早確立名分，以至於滅亡。君主很清楚這種情況，但沉溺於私愛，因而前車已翻掉，後車還不改道。如今諸王中有些受到極大的恩寵，我所以憂慮，不僅僅是憂慮他們恃恩驕矜而已。從前魏武帝曹操寵愛提拔陳思王曹植，到文帝曹丕即位後，對陳思王防守禁閉，如同監獄裡的囚犯，就是因為老皇帝加恩太多，繼位的君主從而害怕他。這說明了魏武帝對陳思王的寵愛，正是害了他啊！而且皇帝的兒子何愁不富貴，身封大國，食邑戶數不少，穿好吃好之外，還需要什麼？可仍每年另外給予優厚的賞賜，全無規定限制。俗話說：『窮了不用學節儉，富了不用學奢侈。』這是自然而然的道理。如今陛下以大聖創業，豈能僅僅是處理安置現在的子弟，應該還要制定長遠的辦法，讓萬世遵照執行。」疏奏上後，太宗很贊許，賞賜絹帛百段。

尊敬師傅

《尊敬師傅》篇凡六章，這裡選譯其中二章。這裡的「尊敬師傅」，不是一般意義上的尊師，而是專為幫助太子做好繼承皇位而做的準備工作，即唐太宗所說：「自古嫡庶無良佐，何嘗不傾敗家國。公等為朕搜訪賢德，以輔儲宮，爰及諸王，咸求正士。」這裡所要求的師傅，是要求讓「太子有所取則」的規範，要學會「可以監兆民的本領，要「為太子陳君臣父子之道，問寢視膳之方」，要像周公旦、召公奭那樣為保傅去教導幼小的周成王一樣，「左右皆賢，日聞雅訓，足以長仁益德，使為聖君。」而絕不能像秦之胡亥，「用趙高作傅，教以刑法，及其嗣位，誅功臣，殺親族，酷暴不已，旋踵而亡。」唐太宗總結了這樣的歷史經驗以後，要求大臣「可訪正直忠信者，各舉三兩人，為太子、諸王精選師傅，令其式瞻禮度，有所裨益。」而對李綱、王珪、劉洎等人，唐太宗認為是比較合格、稱職的師傅人選，並要求他的兒子們見師傳「如見我面，宜加尊敬，不得懈怠」。

貞觀八年，太宗謂侍臣曰：「**上智之人**，自無所染；但中智之人無恆，從教而變，況太子**師保**，古難其選。成王幼小，周、召為保傅。左右皆賢，日聞雅訓，足以長仁益德，使為聖君。秦之**胡亥**，用趙高作傅，教以刑法，及其嗣位，誅功臣，殺親族，酷暴不已，**旋踵**而亡。故知人之善惡誠由近習。朕今為太子、諸王精選師傅，令其**式瞻**禮度，有所裨益。公等可訪正直忠信者，各舉三兩人。」

【譯文】

貞觀八年，唐太宗對侍從的大臣們說：「上等智慧的聖人，當然不會沾染惡習；但中等智慧的人不穩定，隨著教育而起變化，況且太子的師傅，從古代就很

【上智之人】天生的聖人。

【師保】古人教導太子，有師有保。唐時設有太子太師、太子太傅、太子太保，都是從一品，太子少師、太子少傅、太子少保，都是從二品，這些輔導太子的官員一般由德高望重的大臣兼任，沒有合適的人選可以空缺。

【胡亥】即秦二世。

難挑選。周成王即位時年紀幼小，周公、召公做他的太保太傅，左右都是賢人，每天聽到有益的教誨，足以增長他的仁義道德，使他成為聖君。秦二世胡亥，用趙高做師傅，教他刑法，到他繼位後，就誅戮功臣，屠殺親族，殘酷暴虐到極點，結果很快就滅亡了。由此可知人的善惡確實受身邊近臣的影響。我現在要給太子、諸王精心挑選師傅，讓他們觀看學習禮儀法度，有所補益。你們可訪求正直忠信的人，各自推薦三兩人。」

貞觀十七年，太宗謂司徒長孫無忌、司空房玄齡曰：「**三師**以德道人者也。若師體卑，太子無所取則。」於是詔令撰太子接三師**儀注**：太子出殿門迎，先拜三師，三師答拜，每門讓三師。三師坐，太子乃坐。與三師書，前名**惶恐**，後名惶恐再拜。

【旋踵】踵，音腫，是腳後跟，旋踵在這裡是轉足之間的意思，形容快速。
【式瞻】式：向某種榜樣學習叫式。瞻：瞻仰，尊敬地觀看叫瞻仰。
【三師】即太子太師、太傅、太保。
【儀注】禮儀細則。
【惶恐】驚惶恐懼，這裡是寫信時用的謙詞。

【譯文】

貞觀十七年，唐太宗對司徒長孫無忌、司空房玄齡說：「三師是以德行來教導太子的人。如果三師的身分卑下，太子就沒有學習的榜樣。」於是下詔命令編撰太子接待三師的禮儀細則：太子要走出殿門迎接，先禮拜三師，然後三師答拜，每當過門時要讓三師在前。三師坐下後，太子才能坐。寫給三師的書信，前邊稱「惶恐」，後邊寫上「惶恐再拜」。

教戒太子諸王

《教戒太子諸王》篇凡七章，這裡選譯二章。這一篇是繼前篇之後討論教戒太子及諸王繼承王業應該注意的一些事情。這裡雖也講到一些諸如「人之立身，所貴者惟在德行，何必要論榮貴」、「君子小人本無常，行善事則為君子，行惡事則為小人，當須自克勵，使善事日聞，勿縱欲肆情，自陷刑戮」、「卿等輔導太子，常須為說百姓間利害事」等等之事，然而中心主旨則是教戒太子諸王維護李唐王朝的長治久安。李世民特命魏徵輯錄古來帝王子弟成敗事，名為《自古諸侯王善惡錄》，以賜諸王，算是教戒太子諸王的專門教材。魏徵在序言中說：「欲使見善思齊，足以揚名不朽，聞惡能改，庶得見乎大過。從善則有譽，改過則無咎。興亡是繫，可不勉歟？」

貞觀七年，太宗謂太子左庶子于志寧、杜正倫曰：「卿等輔導太子，常須為說百姓間利害事。朕年十八，猶在民間，百姓艱難，無不諳練。及居帝位，每商量處置，或時有乖疏，得人諫諍，方始覺悟。若無忠諫者為說，何由行得好事？況太子生長深宮，百姓艱難，都不聞見乎？且人主安危所繫，不可輒為驕縱。但出敕云，有諫者即斬，必知天下士庶無敢更發直言。故克己勵精，容納諫諍，卿等常須以此意共其談說，每見有不是事，宜極言切諫，令有所裨益也。」

【譯文】

貞觀七年，唐太宗對太子左庶子于志寧、杜正倫說：「你們輔導太子，平常應該給他講百姓間有利有害的事情。我在十八歲時，還在民間，百姓的艱難困苦，沒有不熟悉的。到了登上帝位，每逢商量處理事情，有時還出現錯誤疏漏，由於得到別人的諫諍，方才覺悟。如果沒有忠心諫諍的人對我直言進諫，如何能

唐太宗的教育理念

貞觀十七年（西元六四三年）四月，太子李承乾以謀反之罪被廢，唐太宗於是將其第九子晉王李治立爲太子，並對太子嚴加教管，本篇即是一例。

除了對李治嚴格，他還教訓其他幾個兒子說：「父親疼愛兒子，這是人之常情，不用教導，人人自知。作兒子的能夠忠孝兩全，這是最好不過的。如果不聽教誨，不遵禮法，必然招致殺身之禍，父親再怎麼疼愛，也是莫可奈何。以前漢武帝死後，漢昭帝繼位，燕王劉旦驕橫跋扈，狂妄不服，霍光只不過下了一道詔書，就身死國除。作臣子的要從這件事中汲取教訓，小心謹慎，千萬不要學劉旦的樣子。」據說從此以後，這些龍子龍孫們都奉公守法，很少有人胡作非爲。

唐太宗晚年撰寫《帝範》一書賜給太子李治，並寫到：「知道一件事情的本質並不難，只是行動起來並不容易；而一時的行動還可以勉強爲之，但能堅持下去就非常困難。」用以勉勵太子做事要持之以恆、貫徹始終。

辨得好事呢？更何況是長期生長在深宮之中，百姓的艱難困苦都看不見聽不到的太子呢？而且君主是關係到天下安危的人，不能動輒驕奢放縱。只要發個敕命說有敢諫諍的就殺頭，那麼可以肯定天下官員百姓沒有誰敢再講真話。所以要克制私慾，振作精神容納別人的忠言直諫。你們應該經常把這些道理講給太子聽，每當看到他有做得不對的地方，應該極言切諫，使他能受到補益。」

貞觀十八年，太宗謂侍臣曰：「古有**胎教世子**，朕則不暇。但近自**建立太子**，遇物必有誨諭。見其臨食將飯，謂曰：『汝知飯乎？』對曰：『不知。』曰：『凡**稼穡**艱難，皆出人力，不奪其時，常有此飯。』見其乘馬，又謂曰：『汝知馬乎？』對曰：『不知。』曰：『能代人勞苦者也，以時**消息**，不盡其力，則可以常有馬也。』見其乘舟，又謂曰：『汝知舟乎？』對曰：『不知。』曰：『舟所以比人群，水所以比黎庶，水能

【胎教世子】對胎兒要進行教育叫胎教。周文王的母親大任懷胎時，目不視惡色，耳不聽淫聲，口不出傲言，結果生下了周文王這樣聖明之君。據研究，這種胎教是有一定科學因素的。世子：也就是太子。

【建立太子】貞觀十七年廢掉原來的太子李承乾，改立李治（也就是後來的唐高宗）為太子。貞觀十八年，李治只有十七歲，還比較幼稚。

載舟，亦能覆舟。爾方為人主，可不畏懼！』見其休於曲木之下，又謂曰：『汝知此樹乎？』對曰：『不知。』曰：『此木雖曲，得繩則正，為人君雖無道，受諫則聖，此**傳說所言**，可以自鑒。』」

【稼穡】稼是播種穀物，穡（音嗇）是收穫穀物。

【消息】本是一消一長，互為更替的意思，用在這裡指馬有勞有逸。語出《易・豐卦》。

【傳說（音月）所言】《偽古文尚書・說命》說傳說對殷高宗講：「惟木從繩則正，后從諫則聖。」這後指君主。

【譯文】

貞觀十八年，唐太宗對侍從的大臣們說：「古時候有胎教世子的說法，我卻沒有時間考慮這事。但最近自建立太子以來，遇到事物都要對他教誨曉諭。見他對著飯菜準備吃飯時，便問他：『你知道飯是怎樣來的？』回答說：『不知道。』我說：『凡是播種、收穫的農事都很艱難辛苦，全靠農民努力務農，不去佔用他們勞作的時間，才常有這樣的飯吃。』看到他騎馬，又問他：『你知道馬是怎樣來的嗎？』回答說：『不知道。』我說：『這是能夠替人代勞的東西，要使牠既勞作又得到休息，不耗盡氣力，這樣就可以常有馬騎。』看到他乘船，又問他：

『你知道船是怎樣運行的嗎？』回答說：『不知道。』我說：『船好比君主，水好比是百姓，水能浮載船，也能推翻船，你不久將做君主了，怎能不畏懼！』看到他在彎曲的樹下休息，又問他：『你知道彎曲的樹如何能正直嗎？』回答說：『不知道。』我說：『這樹雖然彎曲，打上墨線就可以正直成材。做君主的雖然有時做出一些荒唐的事，但是虛心接受諫諍就可以聖明，這是傅說講的道理，可以對照自己作為鑒誡。』

規諫太子

《規諫太子》篇凡四章，這裡選譯一章。這一篇的內容更明確地針對太子一人了，所列四章是講大臣李百藥、于志寧、孔穎達、張玄素等諫規太子承乾的長篇言論及撰作的。在貞觀年間，唐太宗在確定太子儲君的過程中，先後經歷了李承乾被廢、魏王李泰被黜、晉王李治被立儲事件，長期陷入廢立太子的煩惱問題中。嫡長子李承乾在文治、納諫、用人等諸方面都不符太宗所望，被疏離是理所當然的，進而釀成太子黨的政變陰謀，終至被廢貶死。這裡選載的以李百藥《贊道賦》爲代表的諫書，當時唐太宗十分賞識，稱之爲「述古來儲貳事以戒太子，甚是典要。」它較爲詳明地敘述了周秦以來儲貳方面正反兩方的教訓，「足可以省厥休咎，觀其得失。」這些上書與于志寧《諫苑》、孔穎達《孝經義疏》等同被視爲規諫太子的好教材而收進了《貞觀政要》等書中。

貞觀中，太子承乾數虧禮度，侈縱日甚。太子左庶子於志寧撰《諫苑》二十卷諷之。是時太子右庶子孔穎達每犯顏進諫，承乾乳母遂安夫人謂穎達曰：「太子長成，何宜屢得面折？」對曰：「蒙國厚恩，死無所恨。」諫諍愈切。承乾令撰《**孝經義疏**》，穎達又因文見意，愈廣規諫之道。太宗並嘉納之，二人各賜帛五百**匹**，黃金一斤，以勵承乾之意。

【譯文】

貞觀年間，太子承乾屢次違犯禮義法度，一天比一天奢侈放縱。太子左庶子于志寧撰寫了《諫苑》共二十卷對他勸告。當時太子右庶子孔穎達經常冒犯威嚴進行諫諍，承乾的乳母遂安大人對孔穎達說：「太子已長大成人，怎好屢次當面指責他？」孔穎達回答說：「蒙受國家的厚恩，即使死也無怨恨。」諫諍得更加激切。承乾叫孔穎達撰寫《孝經義疏》，孔穎達又通過經文表達自己的意見，獲

【孝經義疏】《孝經》是戰國後期人撰寫的講孝道的書，當時和《論語》都作為青年學生的中級教材，宋以後列為《十三經》之一。義疏也就是疏，是對正文和舊注的解釋。

【匹】古代四丈為一匹。

得了更多的勸諫機會。太宗對此都很稱賞，賞賜這兩位帛各五百匹，黃金各一斤，藉此來激勵承乾。

仁義

《仁義》篇爲第五卷第一篇，它與本卷其他各篇《忠義》、《孝友》、《公平》、《誠信》都是從一般意義上宣傳封建道德的，也可以說是貞觀之治不可缺少的內容。《仁義》篇計四章，篇幅很短，這裡選譯三章。本篇主要是擺出唐太宗認爲應該廣修仁義的一些基本觀點：「古來帝王以仁義爲治者，國祚延長」，「林深則鳥棲，水廣則魚游，仁義積則物自歸之」。並總結歷史教訓說：「隋煬帝豈爲甲仗不足，以至滅亡，正由仁義不修，而群下怨叛故也」。「人無常俗，但政有治亂」，「任法御人者，雖救弊於一時，敗亡亦促」。甚至認爲「行仁義則災害不生」。這些議論雖也圍繞李唐王室的長治久安這個中心，但顯得比較空泛。

貞觀二年，太宗謂侍臣曰：「朕謂亂離之後，風俗難移，比觀百姓漸知廉恥，官民奉法，盜賊日稀，故知人無常俗，但政有治亂耳。是以為國之道，必須撫之以仁義，示之以威信，因人之心，去其苛刻，不作**異端**，自然安靜。公等宜共行斯事也！」

【譯文】

貞觀二年，唐太宗對侍從的大臣們說：「我原來認為在亂離以後，民間風俗習慣很難改變，近來觀察到百姓逐漸懂得廉潔和羞恥，官員庶民都能遵守法紀，盜賊一天比一天稀少，因而知道民間沒有不變的風俗習慣，只是在施政方面有治和亂的區別而已。所以治理國家的辦法，必須用仁義來撫慰百姓，同時還要顯示出威信，順應民心，廢除苛刻的法令，不搞背離正道的東西，社會自然會平定安靜。你們應該共同來做好這件事。」

【異端】背離正道的叫異端。

【武庫】貯備軍用器械的地方。甲：鎧甲。仗：兵仗。
【飭】音斥，整頓，修整。

貞觀四年，房玄齡奏言：「今閱**武庫**甲仗，勝隋日遠矣。」太宗曰：「**飭**兵備寇雖是要事，然朕唯欲卿等存心理道，務盡忠貞，使百姓安樂，便是朕之甲仗。隋煬帝豈為甲仗不足，以至滅亡，正由仁義不修，而群下怨叛故也。宜識此心。」

【譯文】

貞觀四年，房玄齡上奏說：「最近檢查武器庫裡的鎧甲兵仗，已遠遠勝過隋朝時候了。」唐太宗就說：「整修兵器防禦寇亂，雖然是緊要的事情，但我主要要求你們用心於治國之道，務必各自竭盡忠貞，使老百姓安居樂業，這就是我的鎧甲兵仗。隋煬帝哪裡是因為鎧甲兵仗不足，以至於滅亡，正是由於不修仁義，而下邊的人們怨恨叛離的結果。你們應該理解我這個心意。」

貞觀十三年，太宗謂侍臣曰：「林深則鳥cheap，水廣則魚游，仁義積則**物**自歸之。人皆知畏避菑害，不知行仁義則災害不生，夫仁義之道，當思之在心，常令相繼，若**斯須**懈怠，去之已遠。猶如飲食資身，恆令腹飽，乃可存其性命。」王珪頓首曰：「陛下能知此言，天下幸甚！」

【物】在這裡指百姓。
【斯須】須臾，片刻。

【譯文】

貞觀十三年，唐太宗對侍從的大臣們說：「樹大林深就有鳥飛來棲集，水域深廣就會有魚來游息，施仁行義的事多做些百姓就會自動歸順。人們都知道害怕而逃避災害，卻不知道施行仁義災害就不會產生。這種仁義之道，應該經常放在心上考慮；要不間斷地相繼推行下去，如果片刻懈怠，就會遠離仁義之道。這好比用飲食來滋養身體，要讓肚子經常吃飽，才能維持生命。」王珪叩頭說：「陛下能知道這些道理，真是天下的大幸啊！」

忠義

《忠義》篇凡十四章，這裡選譯一章。本篇與下篇《孝友》是作爲對臣下百姓提出的兩條最重要的傳統道德要求。在本篇中，唐太宗立意要表彰宣傳一切對君王愚忠的言行。如馮立之對於隱太子、姚思廉之對於隋代王，都被認爲是值得嘉許的。就連唐太宗貞觀十九年久攻遼東安市城不下，也要裝腔作勢地「嘉安市城主堅守臣節，賜絹三百匹，以勸勵事君者」。同時還一再下令表彰歷代那些「固守忠義，克終臣節」的官吏及其子孫，以此鼓勵當代和後世一切臣民誓死效忠君王。當然，封建君臣在對忠義涵義的理解上還是有出入的，如唐太宗十分欣賞春秋戰國時衛懿公的臣子弘演，此人竟忠義到「自出其肝，而內懿公之肝於其腹中」的程度。他感慨地說：「今覓此人，恐不可得。」而魏徵則認爲忠義應是君臣雙方面的事，他以當年豫讓之語對之：「臣昔事范中行，范中行以眾人遇我，我以眾人報之。智伯以國士遇我，我以國士報之。」所以「在君禮之而已，亦何謂無人焉。」這是魏徵替唐太宗設計的培育忠臣的出路。

貞觀十二年，太宗謂中書侍郎岑文本曰：「梁、陳名臣，有誰可稱？復有子弟堪招引否？」文本奏言：「**隋師入陳**，百司奔散，莫有留者，惟尚書僕射袁憲獨在其主之傍。**王世充將受隋禪**，群僚表請勸進，憲子**國子司業**承家托疾獨不署名。此之父子，足稱忠烈。承家弟承序今為**建昌令**，清貞雅操，實繼先風。」由是召拜**晉王友**，兼令侍讀，尋授**弘文館學士**。

【譯文】

貞觀十二年，唐太宗對中書侍郎岑文本說：「梁、陳兩朝有名望的大臣，有誰可以值得稱道？他們還有子弟可以推薦任用嗎？」岑文本啓奏道：「隋軍攻入

【隋師入陳】西元588年隋文帝派晉王楊廣為統帥，南下進攻陳朝。次年滅陳，全國統一。

【王世充將受隋禪】隋煬帝楊廣在江都被殺，王世充在洛陽擁立楊廣的孫子越王楊侗為皇帝，第二年脅迫楊侗禪位，讓他自己做皇帝。

【國子司業】國子監的副主管官員。

【建昌令】今江西永修的縣令。
【晉王】李治在成為皇太子前曾被封為晉王。
【友】王府的高級輔佐官。
【弘文館學士】弘文館是屬於門下省的文化機構，學士是館裡的高級官員。

陳朝時，陳朝百官逃奔散離，沒有留下來的，只有尚書僕射袁憲獨自留在他的主子身邊。王世充將要接受隋越王楊侗的禪讓，百官紛紛上表勸他當皇帝，只有袁憲的兒子國子司業袁承家藉口有病未在勸進表上簽名。這樣的父子，足可稱為忠烈。袁承家的弟弟袁承序，現在做建昌縣令，為官清廉，情操雅正，真能繼承父兄的風骨。」於是召進袁承序任命為晉王友，並叫他陪侍指導晉王讀書，不久又升他為弘文館學士。

孝友

《孝友》篇凡五章，這裡選譯其中三章。它與《忠義》篇是姊妹篇，忠、孝兩條，歷來被視爲傳統道德中的最高標準，而孝順父母則又是完全爲忠於君王打基礎、作準備。這裡唐太宗嘉獎房玄齡事繼母、虞世南友其兄世甚、韓王元嘉爲母太妃發喪哀毀過禮、霍王元軌爲高祖崩毀瘠過禮，示終身之戚，以至所謂「仁孝之性，豈隔華夷？」表彰突厥史行昌等，都是爲了倡導傳統倫理道德，以維護傳統秩序，鞏固專制統治，如果把這種提倡愚忠、愚孝的說教與他們在爭奪專制統治最高權力時，赤裸裸地不顧一切地互相拼殺的情景對照一下，正是一幅絕妙的諷刺畫。

司空房玄齡事繼母，能以**色養**，恭謹過人。其母病，請醫人至門，必迎拜垂泣。及**居喪**，尤甚**柴毀**。太宗命散騎常侍劉洎

【色養】服侍父母能順承臉色。
【居喪】在直系親長喪期之中叫居喪。
【柴毀】言瘦得像柴一樣。

就加寬譬，遺寢床、粥食、鹽菜。

【譯文】

司空房玄齡侍奉繼母，能夠順承臉色，恭敬謙謹超過一般人。繼母生病時，請醫生上門，他每次都流淚迎拜。到居喪期間，更是悲傷過度骨瘦如柴。太宗叫散騎常侍劉洎前往寬慰勸解，並送去寢床、粥食和鹽菜。

虞世南，初仕隋，歷**起居舍人**。**宇文化及殺逆**之際，其兄世基時為**內史侍郎**，將被誅，世南抱持號泣，請以身代死，化及竟不納。世南自此哀毀骨立者數載，時人稱重焉。

【譯文】

虞世南，起初在隋朝做官，做到起居舍人。宇文化及殺死隋煬帝的時候，他的哥哥虞世基任內史侍郎，將被誅殺，虞世南抱著哥哥號啕痛哭，請求自己代替

【起居舍人】記錄皇帝言行的官員。
【宇文化及殺逆】指宇文化及殺死隋煬帝。
【內史侍郎】隋改中書省為內史省，內史侍郎就是中書侍郎，是內史省的副長官。

哥哥去死，宇文化及卻不同意。虞世南從此悲痛毀傷，瘦得只剩骨架有好幾年，被當時人所尊重推崇。

貞觀中，有突厥**史行昌**直玄武門，食而舍肉，人問其故，曰：「歸以奉母。」太宗聞而嘆曰：「仁孝之性，豈隔華夷？」賜**尚乘**馬一匹，詔令給其母肉料。

【譯文】

貞觀年間，有個突厥人史行昌在玄武門當值，吃飯時留下肉不吃，別人問他什麼原因，他說：「帶回家去奉獻給母親。」唐太宗聽到這事後感嘆地說：「仁孝之本性，哪會因漢人和少數民族而不同呢？」於是賜他一匹尚乘局的馬，還下令供給他母親肉食。

【史行昌】突厥族人，姓阿史那，進入中原後改用漢姓稱史，行昌是他的漢名。

【尚乘】尚乘局，管理皇室用馬的機構。

公平

《公平》篇凡八章，這裡選譯五章。本篇所講的內容，不同於忠、孝之類主要針對臣下百姓的臣道，主要講的是君道。所謂公平，當然離不開傳統道德的標準，不過還有一定的積極意義。比如唐太宗宣稱：「君人者，以天下爲公，無私於物。用人但問堪否，豈以新故異情？」具體在處理上封事者請秦府舊兵並授以武職時，能堅持「惟有才行是任」的原則。在處理長孫無忌佩刀入閤問題時，認爲「法者非朕一人之法，乃天下之法，何得以無忌國之親戚，便欲撓法耶？」甚至在牽涉內宮太后、公主的時候，也能接受魏徵「若令公主之禮有過長公主，理恐不可」的意見。這種不徇私情的言行，對一個專制君王來說確是難能可貴的。

太宗初即位，中書令房玄齡奏言：「奏府舊左右未得官者，並怨**前宮及齊府**左右**處分**之先己。」太宗曰：「古稱至公者，蓋謂平恕無私。**丹朱、商均，子也，而堯、舜廢之。管叔、蔡叔，兄弟也，而周公誅之**。故知君人者，以天下為公，無私於物。昔諸葛孔明，小國之相，猶曰『吾心如**稱**，不能為人作輕重』，況我今理大國乎？朕與公等衣食出於百姓，此則人力已奉於上，而上恩未被於下，今所以擇賢才者，蓋為求安百姓也。用人但問堪否，豈以新故異情？凡一面尚且相親，況舊人而頓忘也！才若不堪，亦豈以舊人而先用？今不論其能不能，而直言其嗟怨，豈是至公之道耶？」

【前宮及齊府】前宮指前太子建成的東宮和前齊王元吉的齊府。
【處分】用在這裡是處理、安排的意思。
【「丹朱」句】傳說堯知道兒子丹朱不肖，把天下傳給舜；舜知道兒子商均不肖，把天下傳給禹。
【「管叔」句】管叔、蔡叔都是周公的兄弟，周成王即位年幼，管叔，蔡叔聯合

【譯文】

唐太宗剛即位，中書令房玄齡上奏說：「秦王府老部下沒有做上官的，都埋怨前太子宮和齊王府的部下比自己先安排了官職。」太宗說：「古時候所謂的大

殷紂王的兒子武庚作亂，被周公誅殺流放。
【稱】同「秤」。
【宿衛】到宮城直宿警衛。

公無私，是指寬容公正而無私心。丹朱、商均，分別是堯和舜的兒子，而堯、舜卻把他們廢掉；管叔、蔡叔，都是周公的兄弟，而周公卻把他們殺掉。由此可知做治理百姓的君主，要以天下為公，不偏私個人。從前諸葛孔明，只是小國的丞相，還說：『我的心好像一桿秤那樣公平，不能因人而言輕重』，何況我如今治理一個大國？我與你們的衣食出自百姓，這就是說百姓的人力已奉獻給上邊，而上邊的恩澤還沒有遍及下邊，如今所以要選擇賢才，就是要求能安撫百姓。用人只問是否有能力勝任，怎能以新舊人事關係而不一樣對待？凡是見過一面的人尚且感到親近，何況對舊的下屬怎會一下子忘掉！如果才能不堪勝任，也怎能因為是舊的下屬而先任用？如今不論他們能不能勝任，而直說他們有怨言，這難道是最公平的嗎？」

貞觀元年，有上封事者，請秦府舊兵並授以武職，追入**宿衛**。太宗謂曰：「朕以天下為家，不能私於一物，惟有才行是

【戢】音及，收斂、止息。
【監門校尉】當時有左右監門衛，掌管宮城門禁，校尉是次於將軍的武散官。
【大理少卿】主管刑獄的大理寺的副長官。

任，豈以新舊為差？況古人云：『兵猶火也，弗**戢**將自焚。』汝之此意，非益政理。」

【譯文】

貞觀元年，有上封事的，請把秦府舊兵都授予武官，調進宮城來值宿警衛。太宗對他說：「我以天下為家，不能偏私於一人。只要有才能德行就任用，怎能按新舊來分別？況且古人說過：『兵，就像火一樣，不收斂會把自己燒死。』你說的這層意思，對治理國家沒有好處。」

貞觀元年，吏部尚書長孫無忌嘗被召，不解佩刀入東上閤門，出閤門後，**監門校尉**始覺。尚書右僕射封德彝議，以監門校尉不覺，罪當死；無忌誤帶刀入，徒二年，罰銅二十斤。太宗從之。**大理少卿**戴胄駁曰：「校尉不覺、無忌帶刀入內，同

【選舉】選用薦舉人才，和今天的選舉不是一個意思。
【流】流刑，俗稱充軍，是五刑之一，指流放到邊遠地區。

為誤耳。夫臣子之於尊極，不得稱誤，準律云：『供御湯藥、飲食、舟船，誤不如法者，皆死。』陛下若錄其功，非憲司所決；若當據法，罰銅未為得理。」太宗曰：「法者非朕一人之法，乃天下之法，何得以無忌國之親戚，更欲撓法耶？」更令定議。德彝執議如初，太宗將從其議，胄又駁奏曰：「校尉緣無忌以致罪，於法當輕，若論其過誤，則為情一也，而生死頓殊，敢以固請。」太宗乃免校尉之死。

是時，朝廷大開**選舉**，或有詐偽階資者，太宗令其自首，不首，罪至於死。俄有詐偽者事泄，胄據法斷**流**以奏之。太宗曰：「朕初下敕，不首者死，今斷從法，是示天下以不信矣。」胄曰：「陛下當即殺之，非臣所及，既付所司，臣不敢虧法。」太宗曰：「卿自守法，而令朕失信耶？」胄曰：「法者國家所以布大信於天下，言者當時喜怒之所發耳！陛下發一朝之忿，而許殺之，既知不可，而置之以法，此乃忍小忿而存大信，臣竊為陛下惜之。」太宗曰：「朕法有所失，卿能正之，朕復何憂也？」

【譯文】

貞觀元年，吏部尚書長孫無忌有一次被召見時，沒有解下佩刀就進入了東上閤門。出閤門後，監門校尉方才發覺。尚書右僕射封德彝擬議論罪，以監門校尉沒有發覺，罪當處死；長孫無忌誤帶刀入內，應處徒刑二年，並罰銅二十斤。唐太宗同意這樣處置。大理少卿戴胄反駁說：「校尉沒有發覺與長孫無忌帶刀入內，同屬錯誤。臣子對於皇上，是不能有過失，按照律文所說：『供皇上用的湯藥、飲食、舟船，因錯誤而不符合規定的，都處死刑。』陛下如果按照長孫無忌的功勞，就不是司法部門所能判決的；如果根據法律，他罰銅就不算合理。」太宗說：「法不是我一個人的法，是天下人的法，怎能因長孫無忌是皇親國戚，就要曲解法律呢？」命令重新擬議論罪。封德彝堅持原議，太宗準備同意，戴冑又上奏反駁道：「校尉因長孫無忌而獲罪，從法律上講應當從輕處理，如果論他們的過錯，那情節是一樣的，而一生一死差得那麼大，為此堅決請求考慮我的意見。」太宗終於免除了監門校尉的死罪。

這時候，朝廷大力開展選拔薦舉人才，有偽造官階資歷的人被發覺，太宗命令他們自首，若不自首，便要判處死罪。不久有人偽造官階資歷的事情洩漏了，戴冑根據法律判處流刑並上奏太宗。太宗說：「我當初下令，不自首的要處死刑，如今你依法律判處，這是向天下表示我的話不算數了。」戴冑說：「陛下當時把他殺掉，就不是臣所能管得到的，既然交付主管部門，臣就不敢違反法律。」太宗說：「你自己守法，卻叫我失信嗎？」戴冑說：「法律是國家用來向天下頒佈最高信用的，而陛下的話只是憑當時喜怒發出來的。陛下一旦發怒而准許殺他，已經知道不行，而用法律斷處，這是克制小怒而存大信。我私下為陛下珍惜這點。」太宗說：「我在法律上有所失誤，你能糾正，這還有什麼可以擔憂的呢？」

貞觀二年，太宗謂房玄齡等曰：「朕比見隋代**遺老**，咸稱**高熲**善為相者，遂觀其本傳，可謂公平正直，尤識治體，隋室安危，繫其存沒。煬帝無道，枉見誅夷。何嘗不想見此人，廢書欽嘆！又漢、魏已來，諸葛亮為丞相，亦甚平直，嘗表廢廖立、李嚴於**南中**，立聞亮卒，泣曰：『吾其**左衽**矣！』嚴聞亮卒，發病而死。故**陳壽**稱『亮之為政，開誠心，布公道，盡忠益時者，雖仇必賞；犯法怠慢者，雖親必罰。』卿等豈可不企慕及之？朕今每慕前代帝王之善者，卿等亦可慕宰相之賢者，若如是，則榮名高位，可以長守。」玄齡對曰：「臣聞理國要道，在於公平正直，故《尚書》云：『**無偏無黨，王道蕩蕩**。

【遺老】前一個朝代留下的舊臣。
【高熲】在隋代有賢相之稱，因忠諫而被煬帝冤殺。熲，音窘。
【南中】今四川南部和雲南、貴州等地，當時是少數民族生活的地方。
【左衽】衽，音認，是衣襟，據說有的少數民族衣衽開在左邊，所以常把左衽作為被異族統治，意為亡國。

無黨無偏，王道平平。』又孔子稱『**舉直錯諸枉，則民服。**』今聖慮所尚，誠足以極政教之源，盡至公之要，囊括**區宇**，化成天下。」太宗曰：「此直朕之所懷，豈有與卿等言之而不行也？」

【譯文】

貞觀二年，唐太宗對房玄齡等人說：「我近來見到隋代的舊臣遺老，都稱讚高熲是善於做宰相的人，於是就去翻閱他的本傳，此人真可說是公平正直，尤其在治國上能識大體，隋室的安危，跟他的生死很有關係。遇到隋煬帝這樣的無道昏君，被冤枉誅殺。我何嘗不想見到這樣的人，不覺放下書來對他欽仰而嘆息。再者，漢、魏以來，諸葛亮做丞相，也非常公平正直，他曾經上表把廖立、李嚴罷官放逐到南中，後來廖立聽到諸葛亮逝世，哭著說：『我們大概要亡國了！』李嚴聽到諸葛亮逝世，也發病而死。所以陳壽稱，『諸葛亮執政，開誠心、布公

【陳壽】《三國志》的作者，此話見於《三國志・蜀書・諸葛亮傳》。
【「無偏無黨」句】見於《尚書・洪範》。
【「舉直」句】見於《論語・為政》。
【區宇】區是疆域，宇是上下四方。

道，盡忠國家，在當時做了不少有益於國的事，雖是仇人該賞的也必須獎賞；對違犯法紀怠忽職守的人，雖是最親近的人也必須懲罰。』你們難道不仰慕學習他們？我如今常仰慕前代那些賢德的帝王，你們也可仰慕那些賢德的宰相，如果這樣，那麼榮耀的名聲和高貴的地位，就可以長久保持。」房玄齡對答道：「曾聽說治理國家的關鍵，在於公平正直，所以《尚書》說：『不結黨營私，王道就浩浩蕩蕩，不結黨營私，王道就平平坦坦。』還有孔子說『舉用正直的人而廢棄邪惡的人，百姓就心服歸順』。如今聖上所推崇的，確實能夠找到政教的根本，極盡至公的要義，可以囊括宇內，教化天下。」太宗說：「這正是我所想的，哪能只跟你們說說而不去實行呢？」

刑部尚書張亮坐謀反下獄，詔令百官議之，多言亮當誅，惟**殿中少監**李道裕奏亮**反形未具**，明其無罪。太宗既盛怒，竟殺之。俄而刑部侍郎有闕，令宰相妙擇其人，累奏不可。太宗

【殿中少監】殿中省主管皇帝的飲食、醫藥、衣服、車馬等事務，監是長官，少監是副長官。

【反形未具】謀反的跡象不齊備，也就是證據不充分。

曰：「吾已得其人矣，往者李道裕議張亮云『反形未具』，可謂公平矣。當時雖不用其言，至今追悔。」遂授道裕刑部侍郎。

【譯文】

刑部尚書張亮犯謀反罪被關進監獄，下詔叫百官擬議怎樣懲辦，許多人說張亮應該殺頭，只有殿中少監李道裕上奏說張亮謀反的證據不足，表白他無罪。唐太宗既已大怒，竟把張亮殺掉。不久刑部侍郎空缺，叫宰相精心選擇稱職的人，但多次奏上都沒被同意。太宗說：「我已找到合適的人了，先前李道裕擬議處置張亮時說他『謀反證據不足』，可說是公平了。我當時沒有採用他的意見，至今仍追悔莫及。」於是就任命李道裕為刑部侍郎。

【佞臣】用花言巧語諂媚討好皇帝的臣子。佞，音擰。

誠信

《誠信》篇凡四章，這裡選譯二章。本篇著重論述應以誠信來調整君臣之間和其他各方面的關係。首先是說君對臣要誠信，唐太宗駁斥了那種「佯怒以試群臣」的意見，說：「君自爲詐，欲臣下行直，是猶源濁而望水清，理不可得。」魏徵上疏也強調說：「君能盡禮，臣得竭忠，必在於內外無私，上下相信。」「若欲令君子小人是非不雜，必懷之以德，得之以信，厲之以義，節之以禮，然後善善而惡惡，審罰而明賞。」不過這只是他們的理想，魏徵也指出在貞觀十年左右時，「由乎待下之情，未盡於誠信，雖有善始之勤，未睹克終之美故也。」這是無法掩飾的實情，專制社會中統治集權間到處可見的則是相互間的爾虞我詐，以謀取狹隘的私利。

貞觀初，有上書請去**佞臣**者，太宗謂曰：「朕之所任，皆以為賢，卿知佞者誰耶？」對曰：「臣居**草澤**，不的知佞者。請陛下佯怒以試群臣，若能不畏雷霆，直言進諫，則是正人，順情阿旨，則是佞人。」太宗謂封德彝曰：「流水清濁，在其源也，君者政源，人庶猶水，君自為詐，欲臣下行直，是猶源濁而望水清，理不可得。朕常以魏武帝多詭詐，深鄙其為人，如此，豈可堪為教令？」謂上書人曰：「朕欲使大信行於天下，不欲以詐道訓俗，卿言雖善，朕所不取也。」

【譯文】

貞觀初年，有人上書請求斥退皇帝身邊那些佞邪的人，唐太宗對上書人說：「我所任用的，都認為是賢臣，你知道佞臣是誰嗎？」那人回答說：「我住在民間，的確不知道誰是佞臣。請陛下假裝發怒來試一試身邊的大臣們，如果不怕雷霆之怒，直言進諫，那就是正直的人；依順心情迎合旨意，那就是佞邪的人。」

【草澤】草野山澤。此藉指民間。

太宗回頭對封德彝說：「流水是否清濁，關鍵在於源頭。君主是施政的源頭，臣民就好比流水，君主自行欺詐妄為，要想臣下行為正直，那就好比是水源渾濁而希望流水清澈，照理講是辦不到的。我常常以為魏武帝曹操言行多詭詐，很看不起他的為人，現在讓我也這麼做，還能作為施行教化的辦法嗎？」太宗又對上書的人說：「我要使大信行於天下，不想用詐騙的辦法去淳正風俗，你說的話雖然出自好意，但我不能採納。」

貞觀七十年，太宗謂侍臣曰：「**傳稱『去食存信』，孔子曰『民無信不立。』**昔項羽既入**咸陽**，已制天下，向能力行仁信，誰奪耶？」房玄齡對曰：「仁、義、禮、智、信，謂之五常，廢一不可。能勤行之，甚有裨益。殷紂狎侮五常，武王奪之，項氏以無信為漢高祖所奪，誠如聖旨。」

【「傳稱」句】都是《論語・顏淵》裡孔子回答子貢的話。
【咸陽】秦朝的都城，在今陝西西安附近。

【譯文】

貞觀十七年，唐太宗對侍從的大臣們說：「古書上說：『寧可去掉糧食也要保持百姓對國家的信任』，孔子說：『百姓不信任國家，便不能立國。』從前楚霸王項羽攻入咸陽，已經控制天下，如果能夠努力推行仁信，誰能和他爭奪天下啊？」房玄齡對答說：「仁、義、禮、智、信，稱為五常，廢棄任何一項都不成，能夠認真推行，很有好處。殷紂王違反五常，被周武王奪了天下，項羽因為無信，被漢高祖奪了天下，這真像陛下所說的那樣。」

儉約

《儉約》篇凡八章，這裡選譯六章。該篇爲第六卷之首篇，第六卷包括篇目最多，計有九篇：《儉約》、《謙讓》、《仁惻》、《愼所好》、《愼言語》、《杜讒邪》、《悔過》、《奢縱》、《貪鄙》。雖也可稱爲貞觀期間的一些嘉言懿行，實際上主要是以唐太宗爲首的唐代君臣較爲清醒地處理和調節一些統治階級內部衝突和權力分配方面的一些問題。如儉約、謙讓等都有其特定的含義和限制，不同於一般意義上的勤儉節約、謙虛謹愼等品質。《儉約》篇各章，完全是針對王室揮霍無度，以致「危亡之期可立待」的嚴重問題而展開討論的，認爲貞觀以來二十年間，風俗簡樸、衣無錦繡、財帛富饒，無饑寒之弊，這是由於貫徹了唐太宗「固知見可欲，其心必亂」，自王公已下，第宅、車服、婚嫁、喪葬，準品秩不合服用者，宜一切禁斷」的主張。認爲這也是處理「帝王所欲者放逸，百姓所不欲者勞弊」這一矛盾的妥善辦法，魏徵也認爲皇室的指導思想應當是「陛下若以爲足，今日不啻足矣。若以爲不足，更萬倍過此亦不足」。貞觀君臣能夠這樣認識，並時常考慮到「勞弊之事，誠不可施於百姓」。這無疑是有進步意義的。

貞觀元年，太宗謂侍臣曰：「自古帝王凡有興造，必須貴順物情。昔大禹鑿**九山**，通九江，用人力極廣，而無怨讟者，物情所欲，而衆所共有故也。秦始皇營建宮室，而人多謗議者，為徇其私慾，不與衆共故也。朕今欲造一殿，材木已具，遠想秦皇之事，遂不復作也。古人云：『**不作無益害有益**。』『**不見可欲，使民心不亂**』。固知見可欲，其心必亂矣。至如雕鏤器物，珠玉服玩，若恣其驕奢，則危亡之期可立待也。自王公已下，第宅、車服、婚嫁、喪葬，準品秩不合服用者，宜一切禁斷。」由是二十年間，風俗簡樸，衣無錦繡，財帛富饒，無饑

【九山】和下面的九江都見於《尚書・禹貢》，九本只是多數的意思，非特指哪九座山、九條江。
【不作無益害有益】見於《偽古文尚書・旅獒》。
【「不見」句】見於《老子》。

寒之弊。

【譯文】

貞觀元年，唐太宗對侍從的大臣們說：「自古以來帝王凡有興建營造，必須重在依順民心。當年大禹開鑿九山、疏通九江，使用人力極多，而沒有怨言，是因為民心希望這麼做，而為大家共同享有的緣故。秦始皇興建宮室，而百姓多咒罵議論，是為了滿足自己的私慾不和大家共同享有的緣故。我近來想建造一座宮殿，木料已經齊備，但想到過去秦始皇的事情，就不再營建了。古人說：『不要做無益的事來損害有益的事。』『不尋求那些滿足私慾的東西，使民心不亂』。可知見到那些能滿足私慾的東西，心就一定會亂了。至於精雕細刻的器物，珠寶玉器和服飾珍玩，如果任意驕奢下去，那麼國家危亡的日子就會立即到來。從王公以下，住宅府第、車服、婚嫁、喪葬，都得按照品級，不應服用的應一概禁絕。」這樣二十年間，社會風俗崇尚簡樸，衣無錦繡，財帛富饒，沒有饑寒之苦。

貞觀二年，公卿奏曰：「依《禮》，季夏之月，可以居臺榭，今夏暑未退，秋霖方始，宮中卑濕，請營一閣以居之。」太宗曰：「朕有氣疾，豈宜下濕？若遂來請，糜費良多，昔漢文將起露臺，而惜十家之產。朕德不逮於漢帝，而所費過之，豈為人父母之道也？」固請至於再三，竟不許。

【譯文】

貞觀二年，公卿大臣上奏說：「依照《禮記》所說，夏季最後一個月，可以居住在臺上的樓榭裡，如今夏暑尚未消退，秋季綿綿細雨剛剛開始，宮裡低下潮濕，請營建一座樓閣來居住。」唐太宗說：「我有氣息不順的毛病，怎適宜於住在低下潮濕的地方？如果同意奏請，就會花費很多錢財。從前漢文帝準備興建露

【禮】指《禮記》，當時的《五經》之一。
【季夏之月】農曆六月。

臺，因為不願用掉相當於十戶人家家產的經費而作罷。我的德行比不上漢文帝，而興建的費用要超過他，難道是作為百姓父母的君主所該做的嗎？」公卿大臣們再三懇請，太宗始終沒有同意。

貞觀四年，太宗謂侍臣曰：「崇飾宮宇，遊賞池臺，帝王之所欲，百姓之所不欲。帝王所欲者放逸，百姓所不欲者勞弊。孔子云：『**有一言可以終身行之者，其恕乎！己所不欲，勿施於人。**』勞弊之事，誠不可施於百姓。朕尊為帝王，富有四海，每事由己，誠能自節，若百姓不欲，必能順其情也。」魏徵曰：「陛下本憐百姓，每節己以順人。臣聞『**以欲從人者昌，以人樂己者亡**』。隋煬帝志在無厭，惟好奢侈，所司每有供奉營造，小不稱意，則有峻罰嚴刑。上之所好，下必有甚，競為無限，遂至滅亡，此非書籍所傳，亦陛下目所親見。為其無

【「有一言」句】見於《論語・衛靈公》。
【「以欲」句】見於《左傳》僖公二十年。

道，故天命陛下代之。陛下若以為足，今日不啻足矣。若以為不足，更萬倍過此亦不足。」太宗曰：「公所奏對甚善！非公，朕安得聞此言？」

【譯文】

貞觀四年，唐太宗對侍從的大臣們說：「宮室殿宇蓋得宏偉、裝飾得華麗，遊覽玩賞水池樓臺，是帝王所希望，而百姓所不希望的。帝王之所以希望這樣，是為了放縱逸樂，百姓之所以不希望，是因為勞苦疲累。孔子說：『有一句可以終身奉行的話，就是恕啊！自己所不願做的，切記不要強加給別人。』勞苦疲累的事情，實在不該強加給百姓。我被為尊帝王，富有四海，什麼事情都憑我一句話，但我確實能做到自我節制，如果百姓不想那麼做，就一定順應民情。」魏徵說：「陛下本來愛憐百姓，經常節制自己而順應民情。我聽說過：『使自己的欲望順就民情的就會昌盛，勞苦百姓來博取自己歡樂的就會滅亡。』隋煬帝一心貪

【不啻】不僅，不止。啻，音翅。

得無厭，專門喜歡奢侈，主管部門每有供奉營造，稍微不稱心，就要施加嚴刑峻罰。上邊有所喜好，下邊必然做得厲害，大家爭相無限制地放縱淫逸，很快就會導致滅亡。這不是書上寫的，而是陛下所親眼看到的事實。正因為他無道，所以上天才讓陛下來取代他。陛下如果認為已滿足欲望，那麼今天就不僅僅是滿足了，如果認為不滿足，再超過現在萬倍也不會滿足。」太宗說：「你的奏對很好！不是你，我怎能聽到這些話呢？」

貞觀十六年，太宗謂侍臣曰：「朕近讀《**劉聰傳**》，聰將為劉后起凰儀殿，**廷尉**陳元達切諫，聰大怒，命斬之。劉后手疏啓請，辭情甚切，聰怒乃解，而甚愧之。人之讀書，欲廣聞見以自益耳，朕見此事，可以為深誡。比者欲造一殿，仍構重閣，今於**藍田**採木，並已備具，遠想聰事，斯作遂止。」

【劉聰傳】劉聰是東晉南匈奴劉淵第四子，繼劉淵做前趙的皇帝，這《劉聰傳》是舊《晉書》裡的。
【廷尉】主管刑獄的官員。
【藍田】主管刑獄的官員。

【「死者終也」句】見於《列子・天瑞》。
【「葬者藏也」句】見於《大戴禮記・保傅》。
【封樹】封，堆土。樹，做標記。
【椁】音果，棺的外層叫椁。　【通樹】四周種上樹作為標記。
【橐泉】秦穆公葬於橐泉宮，在今陝西鳳翔南。橐，音駝。

【譯文】

貞觀十六年，唐太宗對侍從的大臣們說：「我近來讀《劉聰傳》，劉聰準備給他的劉皇后建造凰儀殿，廷尉陳元達痛切陳辭竭力勸諫，劉聰大怒，命令把陳元達斬首。劉后親手寫了奏疏替陳元達求情，在文辭上道理上都很懇切，劉聰才息怒，而且感到很慚愧。人們讀書，是要增長見識使自己獲得好處，我看這件事，可以作為鑒誡。近來想營建一座營殿，並加造層樓，現在從藍田採辦的木料，都已齊備。遙想起劉聰這件事，這項營建工程就停止了。」

貞觀十一年，詔曰：「朕聞**死者終也，欲物之反真也；葬者藏也，欲令人之不得見也**。上古垂風，未聞於**封樹**；後世貽則，乃備於**棺椁**。譏僭侈者，非愛其厚費；美儉薄者，實貴其無危。是以唐堯，聖帝也，穀林有**通樹**之說；秦穆，明君也，

【防】孔子父親葬地，在今山東費縣東北。　【墳】土堆起來叫墳。
【嬴博可隱】嬴與博都是春秋時齊邑，在今山東萊蕪西北。吳延陵季札使齊回國，兒子死在中途，就葬於嬴、博之間，不歸死鄉裡。隱：埋藏。
【九泉】地下，死者所葬之處。　【闔閭】春秋時吳王。
【鳧】音扶，野鴨。　【斂】這裡是把屍體放進棺木裡的意思。

槖泉無丘隴之處。仲尼，孝子也，**防**墓不**墳**；延陵，慈父也，**嬴、博可隱**。斯皆懷無窮之慮，成獨決之明，乃便體於**九泉**，非徇名於百代也。洎乎**闔閭**違禮，珠玉為**鳧**雁；始皇無度，水銀為江海；季孫擅魯，**斂**以**璵璠**；**桓魋**專宋，葬以石椁；莫不因多藏以速禍，由有利而招辱。**玄廬**既發，致焚如於**夜臺**；**黃腸**再開，同暴骸於中野。詳思**曩**事，豈不悲哉！由此觀之，奢侈者可以為戒，節儉者可以為師矣。朕居四海之尊，承百王之弊，未明思化，中宵戰惕。雖**送往**之典詳諸儀制，失禮之禁，著在刑書，而勛戚之家多流遁於習俗，**閭閻**之內或侈靡而傷風，以厚葬為奉終，以高墳為行孝，遂使衣**衾**棺椁，極雕刻之華，**靈輀冥器**，窮金玉之飾。富者越法度以相尚，貧者破資產而不逮，徒傷教義，無益**泉壤**，為害既深，宜為懲革。其王公

【璵璠】音於煩，都是美玉的名稱。　【桓魋】春秋時宋國的貴族。魋，音頹。
【玄廬】玄宮，墓室，也就是在墓裡開個地下室放棺木的地方。
【夜臺】墓穴，因封閉後黑暗，所以叫夜臺。
【黃腸】用黃心的柏木為槨，叫黃腸。　【曩】音ㄋㄤˇ，以往。

已下，爰及黎庶，自今已後，送葬之具有不依**令**、**式**者，仰州府縣官明加檢察，隨狀科罪。在京五品已上及勳戚家，仍錄奏聞。」

【譯文】

貞觀十一年，唐太宗下令說：「我聽說死就是人生的終結，要人回歸到自然；葬就是收藏，要讓別人不再看到。上古的風俗，沒有聽說堆墳樹立標記，後世的辦法，才在棺槨上做功夫。譏刺僭越奢侈，並非吝惜花費太多；提倡節儉薄葬，是為了埋葬後免遭危害。所以唐堯是聖帝，葬在穀林，僅栽樹作為標記；秦穆公是明君，葬在橐泉，並沒有堆土成為丘隴。孔子是孝子，把雙親合葬在叫做防的地方，只有墓穴而不堆墳；延陵是慈父，嬴、博兩地之間可以埋葬他的兒子。這都是懷著長遠的考慮，作出英明的決斷，是使屍體能夠安然地葬在地下，並不是為了在百世之後獲得美名。到了吳王闔閭時違背禮制，用珠玉做墓裡的野鴨大雁；秦始皇荒淫無度，用水銀做墓裡的江河大海；季孫在魯國擅政，斂屍體用璵璠之類的美玉；桓魋在宋國專權，墓葬建造石槨，這都是因為在墓裡多藏財物而加速了災禍，由於墓裡有利可圖而招致折辱。有的墳墓既經發掘，葬器都被焚燒在墓穴中；有的棺槨再被打開，同屍骸暴露在曠野。仔細思量往事，豈不悲哀！由此看來，奢侈的人可以為鑒戒，節儉的人可以為人師。我位居四海之尊，承接百王之弊，不明白如何教化，睡到半夜裡都為之恐懼憂慮。雖然喪葬的法規，已在儀制中詳載，違禮的處分，也在刑書中寫明，但是勳戚之家多隨同陳舊習俗。民間百姓也有奢侈靡費而傷風敗俗，用厚葬來供奉死者，用高墳來表示孝道，因而使衣衾棺槨，力求雕刻華麗，靈車冥器，也盡用金玉裝飾，富貴人家超越法度而相互炫耀，貧窮之家傾家蕩產還無從攀比，徒然有傷教義，無益泉壤，為害既已很深，應予懲治革除。凡王公以下，直至百姓，從今以後，送葬的東西有不遵照律、令、格、式的，希望各州、府、縣官認真檢察，根據情節定罪。在京城裡的五品以上官員和勳戚之家有違反的，並要錄罪上奏。」

【送往】送死者，喪葬。
【閭閻】古代居民區叫里，閻是里的中門。閭閻借指民間。
【衾】音欽，被子、大被，這裡是指殮屍的被子。
【靈輀冥器】靈輀（音而）指載棺的車；冥器也作明器，用木材或陶土做成小型的婢僕、侍從和其他東西，埋進墓穴，侍奉死者或供死者使用，叫冥器。宋以後逐漸改用紙札，不埋進墓穴而焚化。
【泉壤】地下，死者所埋之處。
【令式】令是法規，式是有關細則，當時令裡有喪葬令，式裡也有相應細則。
【布衣】指平民百姓。

岑文本為中書令，宅卑濕，無帷帳之飾，有勸其營產業者，文本嘆曰：「吾本漢南一**布衣**耳，竟無汗馬之勞，徒以文墨，致位中書令，斯亦極矣。荷俸祿之重，為懼已多，更得言產業乎？」言者嘆息而退。

【譯文】

岑文本任中書令，房宅低下潮濕，沒有帷帳裝飾，有人勸他買房置地，文本嘆息說道：「我本來只是漢水南邊的一位平民百姓，畢竟沒有什麼汗馬功勞，只是憑藉文墨，當上了中書令，這也可算滿足了，承受這麼重的俸祿，已很感愧懼，還能再說什麼買房置地嗎？」勸他的人，嘆息而退。

謙讓

《謙讓》篇凡三章，這裡選譯一章。這裡所說的謙讓，主要是針對帝王而言的，其含義如唐太宗所說：「朕每思出一言，行一事，必上畏皇天，下懼群臣。……常謙常懼，猶恐不稱天心及百姓意也。」而這種謙讓的目的，則如魏徵所言：是使「宗社永固，無傾覆矣。」同時，本篇也包含一些一般意義上的謙讓，如謂「己之雖有，其狀若無，己之雖實，其容若虛。非惟匹庶，帝王之德，亦當如此」。但這是附帶的內容，而且也有針對帝王的特殊要求；「帝王內蘊神明，外須玄默，使深不可知」，要求「位居尊極」而能不「炫耀聰明，以才陵人，飾非拒諫，上下情隔，君臣道乖」，不至於重走「自古滅亡」的老路。此外，本篇還包含一些對一般臣僚的謙讓要求，如這裡提到的河間王孝恭、江夏王道宗，「無矜驕自伐之色」、「動修禮讓」等等。

【「汝惟」句】見於《偽古文尚書‧大禹謨》。伐，在這裡是誇耀功勞的意思。
【人道惡盈而好謙】這句話是《易‧謙卦》的彖辭。
【儻】同「倘」。倘若，倘使。
【「靡不」兩句】見於《詩經‧大雅‧蕩》。

貞觀二年，太宗謂侍臣曰：「人言作天子則得自尊崇，無所畏懼，朕則以為正合自守謙恭，常懷畏懼。昔舜誡禹曰：『**汝惟不矜，天下莫與汝爭能；汝惟不伐，天下莫與汝爭功。**』又《易》曰：『**人道惡盈而好謙。**』凡為天子，若惟自尊崇，不守謙恭者，在身**儻**有不是之事，誰肯犯顏諫奏？朕每思出一言，行一事，必上畏皇天，下懼群臣。天高聽卑，何得不畏？群公卿士，皆見瞻仰，何得不懼？以此思之，但知常謙常懼，猶恐不稱天心及百姓意也。」魏徵曰：「古人云『**靡不有初，鮮克有終。**』願陛下守此常謙常懼之道，日慎一日，則宗社永固，無傾覆矣。唐、虞所以太平，實用此法。」

【譯文】

貞觀二年，唐太宗對侍從的大臣們說：「人們說做天子的人就可以自認為尊貴崇高，無所畏懼，我則以為這正應自己保持謙遜恭謹，經常心懷畏懼。從前舜告誡禹說：『你只要不驕傲，天下就沒有人和你爭能；你只要不自誇，天下就沒有人和你爭功。』再者《易經》說：『君子的準則是厭惡自滿而貴謙遜。』凡是做了天子，如果只認為尊貴崇高，不保持謙遜恭謹的，自身儻若有不對事情，誰肯冒犯尊顏諫奏？我常思考講一句話，做一件事，必定上畏皇天、下懼群臣。天雖高卻能聽得地面上的議論，怎能不畏懼？公卿百官，都在瞻仰著我，怎能不畏懼？這樣想來，就知道即使常謙常懼，還怕不能稱上天之心和百姓之意。」魏徵說：「古人講：『做事情無不有個開始，但很少能夠保持到結束。』希望陛下保持這個常謙常懼的準則，一天比一天謹慎，那麼國家就會永遠鞏固，而不會傾覆。唐堯、虞舜之世之所以呈現太平，實際上用的就是這個方法。」

貞觀三年，太宗問給事中孔穎達曰：「《論語》云：『**以能問於不能，以多問於寡，有若無，實若虛。**』何謂也？」穎達

【「以能」句】見於《論語・泰伯》。

對曰：「聖人設教，欲人**謙光**。己雖有能，不自矜大，仍就不能之人，求訪能事。己之才藝雖多，猶病以為少，仍就寡少之人更求所益。己之雖有，其狀若無，己之雖實，其容若虛。非惟匹庶，帝王之德，亦當如此。夫帝王內蘊神明，外須**玄默**，使深不可知。故《易》稱『**以蒙養正，以明夷蒞眾**』，若其位居尊極，炫耀聰明，以才陵人，飾非拒諫，則上下情隔，君臣道乖，自古滅亡，莫不由此也。」太宗曰：「《易》云：『**勞謙，君子有終，吉**。』誠如卿言。」詔賜物二百段。

【謙光】這個詞語見於《易・謙卦》，本意是說謙而更加光明，後來都作為謙退來用。

【玄默】沉靜寡言。

【以蒙養正】見於《易・蒙卦》彖辭。

【以明夷蒞眾】見於《易・象傳》。明夷也是卦名，是說暗主在上，明臣在下不敢顯露明智。

【譯文】

貞觀三年，唐太宗問給事中孔穎達：「《論語》裡講：『有才能的人去向沒才能的人請教，知識多的人去向知識少的人請教，有才能好像顯得沒有，知識充實好像顯得空虛。』是什麼意思呢？」孔穎達對答說：「聖人實行教化，要人謙遜退讓，有才能不驕傲自大，仍舊找沒才能的人力求瞭解他所知道的事。自己雖多才多藝，還害怕懂得太少，仍舊找才藝寡少的人討教求得更多的知識。自己雖然有知識，表面上好像沒有，自己雖然已充實，表面上好像空虛。這不僅指庶民百姓，帝王的德行，也應當如此。帝王內裡蘊藏神明，外表必須沉默，使人感到高深莫測。所以《周易》上講『要表現得蒙昧無知自養正道，不顯露明智來盛氣凌人。』如果身居於最高的尊位，炫耀自己的聰明，憑藉才能欺凌別人，掩飾過錯，拒絕諫諍，那麼上下之間的情感被隔斷，君臣之間的原則會背離，自古以來國家滅亡，沒有不是由此而造成的。」太宗說：「《周易》上講：『勤勞謙遜，君子對此保持到底，就吉利。』確實像你所說。」下詔賞賜給孔穎達絹帛二百段。

【「勞謙」句】見於《易·謙卦》爻辭。愍，同「憫」。

仁惻

《仁惻》篇凡四章，這裡選譯一章。本篇內容，幾乎都是針對唐太宗言行說的，通過一些具體事實來說明唐太宗的所謂仁惻之心，如後宮及掖庭前後所出三千餘人，出御府金寶贖鬻男女者還其父母、不避辰口嗟悼襄州都督張公謹之卒、親臨太牢致祭陣亡將士並親爲流矢所中的右衛大將軍李思摩吮血。今天看來，這些事情並無多大實際意義，倒可看出貞觀盛世時，也還是有天災人禍，致使窮苦百姓賣兒鬻女，家破人亡的慘狀及貞觀晚年唐太宗窮兵黷武征戰高麗的情景。而後宮三千之類，更是專制王室中的通例，並無大的變化，貞觀後期唐太宗更日益奢侈了，仁惻之類多半是空洞不實的說教。

貞觀初，太宗謂侍臣曰：「婦人幽閉深宮，情實可愍。隋氏末年，求採無已，至於離宮別館，非幸御之所，多聚宮人。此皆竭人財力，朕所不取。且灑掃之餘，更何所用？今將出之，任求**伉儷**，非獨以省費，兼以息人，亦各得遂其情性。」於是後宮及**掖庭**前後所出三千餘人。

【譯文】

貞觀初年，唐太宗對侍從的大臣們說：「婦女被禁閉在深宮裡，實在很可憐憫。隋代末年，不停地去挑選宮女，離宮別館，並非君主去住宿的地方，也聚集了許多宮女。這都是耗竭百姓財力的行為，我從不效法。況且她們除了灑掃宮室之外，還有什麼用處呢？現在準備放她們出去，任憑她們去選擇配偶，這樣不僅可以節省費用，而且可以使百姓減輕負擔，還讓宮女各自滿足心願。」於是從後宮和掖庭宮先後放出宮女三千多人。

【伉儷】夫婦、配偶。
【掖庭】妃嬪等所居住的地方。隋唐時在大內的西邊有掖庭宮。

【釋氏】指佛教，因佛教創始人釋迦牟尼的漢譯而有此稱。
【老氏】一般多指道教，因為東漢末創始的道教假託老子為創始人，但這裡僅指東晉南朝盛行玄學而喜讀《老子》。
【苦空】苦和空都是佛教的常談。
【簡文】梁武帝第三子蕭綱，武帝為侯景拘囚餓死，他即位，不久也為侯景所

愼所好

《愼所好》篇凡四章，這裡選譯二章，本篇也是針對唐太宗的個人品質問題來討論君王應當有什麼愛好。這裡唐太宗自己提出的命題是「下之所行，皆從上之所好。」因而得出結論說：「朕今所好者，惟在堯、舜之道，周、孔之教，以爲如鳥有翼，如魚依水，失之必死，不可暫無耳」。唐太宗總結歷史經驗，認爲自己絕不能像隋煬帝那樣「性好猜防，專信邪道」；也不能像秦始皇、漢武帝那樣「非分愛好，爲方士所詐」，認爲「君天下者，惟須正身修德而已。此外虛事，不足在懷」。同時也反對工部尚書段綸遺巧人楊思齊造傀儡戲具。在貞觀年間唐太宗對自己的行爲比較檢點，能夠有所警惕，經常總結一些這方面的歷史教訓，還是有一定積極意義的。

貞觀二年，太宗謂侍臣曰：「古人云：『君猶器也，人猶水

殺。簡文是他死後的諡號。

【孝元帝】梁武帝第七子蕭繹。在江陵（今屬湖北）即位，後為西魏所滅，被殺，孝元是他的諡號。

【萬紐于謹】攻下江陵的西魏統帥，萬紐于是胡姓，有些史書裡也稱于謹。

【縶】音執，拘囚。

也，方圓在於器，不在於水。』故堯、舜率天下以仁。而人從之；桀、紂率天下以暴，而人從之。下之所行，皆從上之所好。至如梁武帝父子志尚浮華，惟好**釋氏**、**老氏**之教，武帝末年，頻幸同泰寺，親講佛經，百僚皆大冠高履，乘車扈從，終日談論**苦空**，未嘗以軍國典章為意。及侯景率兵向闕，尚書郎已下多不解乘馬，狼狽步走，死者相繼於道路。武帝及**簡文**卒被侯景幽逼而死。**孝元帝**在於江陵，為**萬紐于謹**所圍，帝猶講《老子》不輟，百僚皆戎服以聽，俄而城陷，君臣俱被囚**縶**。**庾信**亦嘆其如此，及作《哀江南賦》，乃云：『**宰衡**以干戈為兒戲，**縉紳**以清談為**廟略**。』此事亦足為鑒戒。朕今所好者，惟在堯、舜之道，周、孔之教，以為如鳥有翼，如魚依水，失之必死，不可暫無耳。」

【譯文】

【庾信】文學家，初仕梁，後入西魏，到北周時去世，《哀江南賦》是他哀悼梁的滅亡並慨嘆個人身世的著名作品。

【宰衡】宰相。

【搢紳】也作搢紳，本指過去官員的裝束，搢（音晉）是插，紳是大帶，搢紳是把笏插進大帶，但一般直接用做官員的代稱。

貞觀二年，唐太宗對侍從的大臣們說：「古人說：『君主好比是器具，百姓好比是水，水是方是圓在於器具，不在於水。』所以堯、舜用仁義來統率天下，百姓跟著行仁義；桀、紂用暴力統率天下，百姓跟著行暴力。下邊所做，都跟從上邊的喜好。至於像梁武帝父子，一心崇尚浮華，只喜好佛教道教，武帝末年，多次去同泰寺，觀自講說佛經，百官都戴大帽著高底鞋，乘車跟隨，整天談論佛經，從沒有把軍國大事制度法令放在心上。到侯景領兵圍攻宮廷時，尚書郎以下的官僚有許多人不會騎馬，狼狽步行出逃，一個接一個地死在路上。武帝和簡文帝終於被侯景所囚禁迫害致死。孝元帝在江陵，被萬紐于謹所圍困，仍講說《老子》而不中止，百官都穿著軍服在靜聽，不一會兒城被攻陷，君臣都被拘囚。庾信對他們這些行為也很嘆息，他寫的《哀江南賦》，就說：『宰相把軍事作戰作為兒戲，百官把清談作為朝廷的要略。』這事也很可作為鑒戒。我如今所喜好的，只在堯、舜的準則，周公、孔子的教化，我認為這好像鳥有翅膀，像魚依水而游一樣，失掉這些必然死去，不能一刻沒有。」

貞觀二年，太宗謂侍臣曰：「神仙事本是虛妄，空有其名。秦始皇非分愛好，為方士所詐，乃遣童男童女數千人，隨其入海求神仙。方士避秦苛虐，因留不歸，始皇猶海側**踟躕**以待之，還至**沙丘**而死。漢武帝為求神仙，乃將女嫁**道術之人**，事既無驗，便行誅戮。據此二事，神仙不煩妄求也。」

【廟略】廟指宗廟，也就是朝廷，廟略是朝廷採取的辦法。
【踟躕】音池除，猶豫，要走不走的樣子。
【沙丘】在今河北廣宗西北大平臺。
【道術之人】指方士欒大，後為漢武帝所殺。

【譯文】

貞觀二年，唐太宗對侍從的大臣們說：「神仙的事本來是荒誕虛妄的，空有其名。秦始皇卻分外愛好仙術，被方士所欺詐，竟派遣童男童女幾千人，跟隨方士入海去求神仙。方士逃避秦的苛政暴虐，因此留居海中不再回來，始皇還在海邊徘徊等待他們，結果在返回的路上病死沙丘。漢武帝為了要求神仙，竟將女兒嫁給賣弄道術的人，事情不靈驗，就把方士殺掉。從這兩件事情來看，神仙是不能亂求的。」

「敬賢懷鷂」的唐太宗

唐太宗是一個嚴以律己的好皇帝，深知「玩物喪志」的道理，因此把心思都放在治理國事上。但他畢竟也是個普通人，多少有些個人嗜好，比如說他就很喜歡鷂子。鷂是鷹的一種，《資治通鑑》上記載，有一次太宗得到了一隻很不錯的鷂子，內心十分歡喜，於是把牠架在自己的肩上玩耍。不過他也知道這樣的行爲與一個勵精圖治的君主身分不大相稱，所以當他遠遠看到善諫的大臣魏徵前來奏事，因爲怕被他看見，便將鷂子藏入懷中。魏徵心思細密，又懂得察言觀色，看太宗臉色不對，聯想到近日的一些事情，就猜到太宗懷中之物爲何，但他沒有停止奏事。而這隻鷂子就這樣活活被太宗悶死在懷裡。

太宗雖然貴爲天子，但是見到正直的臣子，還是懂得自我反省掩飾。他知道鷂子不比國家大事重要，所以將鷂子藏於懷中，顯示他的自律態度，也是他令人稱道的長處。正因如此，唐太宗「敬賢懷鷂」這件正面事例才會被廣爲流傳。

愼言語

《愼言語》篇爲《愼所好》的姊妹篇，凡三章，這裡選譯二章。本篇也是討論唐太宗的個人品質問題。唐太宗認爲：「萬乘之主，不可出言有所乖失。」「朕每日坐朝，欲出一言，即思此一言於百姓有利益否，所以不敢多言。」魏徵等認爲：「人君居四海之尊，若有虧失，古人以爲如日月之蝕，人皆見之，實如陛下所戒愼。」杜正倫也說：「陛下若一言乖於道理，則千載累於聖德，非止當今損於百姓，願陛下愼之。」這裡把於百姓有利益否作爲愼言語的標準，無疑是有積極意義的。但往往流於空話，實際上更多是以李唐皇室的利益作爲言行標準的。至於謊稱「皇天以無言爲貴，聖人以不言爲德」、「多記甚損心」、「多語則損氣」之類，當然就更荒謬了。

貞觀二年，太宗謂侍臣曰：「朕每日坐朝，欲出一言，即思

【給事中】門下省的重要官員，詔敕有失當之處，給事中可以駁正。
【知起居事】唐初設置起居郎，逐日記錄皇帝的言行。行是所處理的國家大事，言是所發的詔令，並依此撰修皇帝的《起居注》。
【言存左史】據說周代史官有左史、右史之分，左史記言，右史記行。

此一言於百姓有利益否，所以不敢多言。」**給事中**兼**知起居事**杜正倫進曰：「君舉必書，**言存左史**。臣職當兼修起居注，不敢不盡愚直。陛下若一言乖於道理，則千載累於聖德，非止當今損於百姓。願陛下慎之。」太宗大悅，賜彩百段。

【譯文】

貞觀二年，唐太宗對侍從的大臣們說：「我每天坐朝理政，要想講一句話，就得想想這句話是否對百姓有好處，所以不敢多說話。」給事中兼任起居郎的杜正倫進言道：「君主辦什麼事都得記錄，講什麼話就記錄在起居注裡。我的職務要兼修起居注，不敢不盡我的忠直。陛下如果有一句話違背道理，那麼到千年以後都會損害聖德，不僅在當今對百姓造成損害。希望陛下慎重。」太宗非常高興，賞賜他彩色絹帛一百段。

貞觀八年，太宗謂侍臣曰：「言語者君子之**樞機**，談何容易？凡在眾庶，一言不善，則人記之，成其恥累。況是**萬乘之主**，不可出言有所乖失。其所虧損至大，豈同匹夫？我常以此為戒。隋煬帝初幸**甘泉宮**，泉石稱意，而怪無螢火，敕云：『捉取多少於宮中照夜。』所司遽遣數千人採拾，送五百輿於宮側。小事尚爾，況其大乎！」魏徵對曰：「人君居四海之尊，若有虧失，古人以為如日月之蝕，人皆見之，實如陛下所戒慎。」

【樞機】樞本是門户的轉軸，樞機是比喻事物運動的關鍵。《易·繫辭》說：「言行，君子之樞機。」
【萬乘之主】據說周代的天子有一萬乘兵車，後來就稱皇帝為萬乘之主。
【甘泉宮】在今陝西淳化甘泉山上。

【譯文】

貞觀八年，唐太宗對侍從的大臣們說：「言語是涉及君子德行的關鍵，講起話來怎能草率隨便？凡是庶民百姓，一句話講得不好，就會被人家記住，使他受到恥笑損害。何況是作為萬乘之主的君主，絕不能講出不妥當的話來。這樣損害極大，豈能和普通人相比？我常以此為戒。隋煬帝剛到甘泉宮，那秀麗的山水泉石都使他稱心如意，卻責怪沒有螢火蟲，便下令說：『捕捉一些螢火蟲到宮裡來供晚上照明。』主管部門馬上派幾千人去捕捉，送來五百車螢火蟲到宮旁。小事尚且如此，更何況大事？」魏徵對答說：「人君位居四海之尊的高位，如果有所虧失，古人認為如同日食和月食那樣，人人都能看到，確實應像陛下這樣有所警戒謹慎。」

杜讒邪

《杜讒邪》篇凡七章，這裡選譯二章。本篇也是貞觀君臣討論君王應當具備什麼樣的品質。杜讒邪是任賢納諫的另一種提法，是歷代專制王朝中遇到的普遍性問題。唐太宗通過總結歷史教訓，認爲讒譖之事爲逆亂之源，讒佞之徒，皆國之蝨賊，因而「每防微杜漸，用絕讒構之端，猶恐心力所不至，或不能覺悟」，並要求滿朝大臣牢記「直臣立朝廷，奸邪爲之寢謀。」大臣魏徵等也一再提醒唐太宗說：「臣嘗觀自古有國有家者，若曲受讒譖，妄害忠良，必宗廟丘墟，市朝霜露矣。願陛下深慎之。」篇中舉出的一些實例，如唐太宗指斥趙元楷在迎謁過程中耗資求媚的活動是「亡隋弊俗」；以妄事毀謗、離間君臣罪而流放監察御史陳師合於嶺外；下令「自今已後，有上書訐人小惡者，當以讒人之罪罪之」；堅信魏徵「忠於所事」，遽斬誣告魏徵謀反的人等等。說明唐太宗確在貞觀年間力求做到「杜讒邪」。

貞觀七年，太宗幸**蒲州**。刺史趙元楷**課**父老服**黃紗單衣**，迎謁路左，盛飾**廨宇**，修營**樓雉**以求媚。又潛飼羊百餘口，魚數千頭，將饋貴戚。太宗知，召而數之曰：「朕巡省**河洛**，經歷數州，凡有所須，皆資官物。卿為飼羊養魚，雕飾院宇，此乃亡隋弊俗，今不可復行。當識朕心，改舊態也。」以元楷在隋邪佞，故太宗發此言以戒之。元楷慚懼，數日不食而卒。

【蒲州】治所在今山西永濟西。
【課】本是課稅，即收稅或徵發勞役的意思，這裡指徵發這些用來歡迎皇上。
【黃紗單衣】唐初規定百姓穿黃色衣服，後來才改成白色衣服。
【廨宇】官署。廨，音械。
【樓雉】樓是城樓，雉是雉堞，即城上齒形的矮墻，作為守城時的掩體。
【河洛】指今河南的黃河、洛水之間地區。

【譯文】

貞觀七年，唐太宗巡幸蒲州。刺史趙元楷規定父老一律穿上黃紗單衣，在路邊迎接拜謁，並大肆裝飾官署，營建城樓雉堞用來獻媚討好。又偷偷地飼養了百多頭羊、幾千條魚，準備饋送朝廷貴戚。太宗知道這事後，把他召來訓斥道：「我巡察黃河、洛水一帶。經歷數州，大凡有什麼需要，都由官府供給。你為此養羊養魚，雕飾院宇，這是過去隋朝的壞習慣，如今不能再這麼做了。你應該體會我的心意，把這套壞的作風改掉。」因為趙元楷在隋朝時就是奸邪諂佞的人，所以太宗講這一番話來警戒他。趙元楷既羞愧又害怕，幾天吃不下東西就死了。

貞觀十六年，太宗謂諫議大夫褚遂良曰：「卿知起居，比來記我行事善惡？」遂良曰：「史官之設，君舉必書。善既必書，過亦無隱。」太宗曰：「朕今勤行三事，亦望史官不書吾惡。一則鑒前代成敗事，以為**元龜**；二則進用善人，共成政道；三則斥棄群小，不聽讒言。吾能守之，終不轉也。」

【譯文】

貞觀十六年，唐太宗對諫議大夫褚遂良說：「你負責起居工作，近來記錄我所做的事情是善是惡？」褚遂良說：「設置史官，君主一舉一動都得記錄。善的既然必須記，過失也不加隱瞞。」太宗說：「我現在認真辦三件事情，也是希望

【元龜】大龜，殷商時就有龜卜，並認為用的龜越大越靈驗，後來引申把歷史上可作借鑒的事情也叫元龜。

史官不寫我的過惡。一是要對照前代成功、失敗的事實，作為鑒戒；二是要進用品德良好的人，共同辦好政事；三是要廢棄斥退那些小人，不聽信讒言。我能夠堅持下去，始終不會改變。」

悔過

《悔過》篇凡四章，這裡選譯一章。本篇提出了一個對於專制帝王來說，是十分難得的特質：悔過。因爲專制帝王的基本政策總是「朕即眞理」，無過可悔的。唐太宗雖是一位以任賢納諫名世的好皇帝，並在貞觀年間一再宣稱「朕今欲聞己過，卿等皆可直言」，但實際聞過、悔過的例子則舉不出幾個，本篇所列者，也不過一些雞毛蒜皮的小事，如稱「卻思少小時行事，大覺非也」，也是指過去的「不暇讀書」等等，如此而已。對於眞正涉及王朝根本利益的要害問題，那是不敢觸及的，比如玄武門之變、宗室分封等問題，都是聽不得不同意見的，更談不上悔過了。

貞觀二年，太宗謂房玄齡曰：「為人大須學問。朕往為**群凶**未定，東西征討，躬親戎事，不暇讀書。比來四海安靜，身處

【群凶】此指各路隋末農民起兵的武裝勢力以及眾多的割據勢力。

殿堂，不能自執書卷，使人讀而聽之。君臣父子、政教之道，共在書內。古人云：『**不學，墻面，莅事惟煩。**』不徒言也。卻思少小時行事，大覺非也。」

【譯文】

貞觀二年，唐太宗對房玄齡說：「做人非常需要學問。我當年因為群兇沒有平定，東西征討，親自帶兵打仗，沒有時間讀書。近來四海安寧，身為君主，不能自己手拿書卷閱讀，就叫人讀來聽。群臣父子的倫常、政治教化的種種通理，都在書裡。古人說：『不學，等於面對墻壁，臨事就遇到麻煩。』這確實不是句空話，再想起小時侯做的事情，就覺得很不對頭了。」

【「不學」句】見於《偽古文尚書・周官》。莅（音利）：臨。

奢縱

《奢縱》篇只有一章，這裡選譯某中的一部分。本篇記錄了貞觀十一年時侍御史馬周論述時政的一篇較長的上疏，指出了在貞觀中期社會上存在著的一些比較嚴重的問題，希望引起唐太宗的注意，並提出了解決的辦法。如上疏指出當時徭役的狀況是：「今百姓承喪亂之後，比於隋時才十分之一，而供官徭役，道路相繼，兄去弟還，首尾不絕，遠者往來五六千里，春秋冬夏，略無休時。陛下雖每有恩詔，令其減省，而有司作既不廢，自然須人，徒行文書，役之如故。臣每訪問，四五年來，百姓頗有怨嗟之言，以陛下不存養之。」提出的解決辦法是：「若以陛下之聖明，誠欲勵精為政，不煩遠求上古之術，但及貞觀之初，則天下幸甚。」這是馬周上疏中認為判斷一個皇朝的政績主要要看「以節儉於身、恩加於人二者是務」的實際表現。唐太宗只是輕描淡寫地說了一句：「近令造小隨身器物，不意百姓遂有嗟怨，此則朕之過誤。」乃命停之。

【**率土霜儉**】率土：普天下，全國；霜儉：霜災歉收。
【**稔**】莊稼成熟。稔：音忍。
【**又今所營為者**】在這篇奏疏的前面還說到當時徭役太重，引起百姓怨嗟，所以這裡要用個「又」字。
【**洛口倉**】在今河南鞏縣東南，當洛水入黃河之口，隋煬帝在此築興洛倉，號洛口倉城。

貞觀十一年，侍御史馬周上疏陳時政曰：「……往者貞觀之初，**率土霜儉**，一匹絹才得粟一斗，而天下帖然。百姓知陛下甚憂憐之，故人人自安，曾無謗讟。自五六年來，頻歲豐**稔**，一匹絹得十餘石粟，而百姓皆以陛下不憂憐之，咸有怨言，**又今所營為者**，頗多不急之務故也。自古以來，國之興亡，不由蓄積多少，唯有百姓苦樂。且以近事驗之，隋家貯**洛口倉**，而李密因之；東京積布帛，王世充據之；西京府庫亦為國家之用，至今未盡。向使洛口、東都無粟帛，即世充、李密未必能聚大眾。但貯積者固是國之常事，要當人有餘力，而後收之。若人勞而強斂之，竟以資寇，積之無益也。然儉以息人，貞觀之初，陛下已躬為之，故今行之不難也。為之一日，則天下知之，**式**歌且舞矣。若人既勞矣，而用之不息，儻中國被水旱之冓。邊方有**風塵之警**，**狂狡**因之竊發，則有不可測之事，非徒聖躬**旰食晏寢**而已。若以陛下之聖明，誠欲勵精為政，不煩遠求上古之術，但及貞觀之初，則天下幸甚。」

太宗曰：「近令造小隨身器物，不意百姓遂有嗟怨，此則朕之過誤。」乃命停之。

【式】語助詞。
【風塵之警】指敵人侵犯，傳來警報。
【狂狡】狂悖狡黠之人，這裡是對起兵的農民所加的貶詞。
【旰食晏寢】旰，音幹，晚；晏，遲。指君主勤理朝政，晚食遲寢。

【譯文】

貞觀十一年，侍御史馬周上奏疏陳述時政得失說：「……從前貞觀初年，普天下霜災歉收，一匹絹只能換得粟一斗，但天下平靜。百姓知道陛下非常關心愛憐他們，所以人人自安，從無訕謗抱怨之詞。近五、六年來，連年豐收，一匹絹可以換十幾石粟，然而百姓認為陛下不關心愛憐他們，都有怨言，這是由於徭役過重，加以如今所興辦的事務，許多都是不關緊要的緣故。從古以來，國家興亡不是由於積蓄的多少，只在於百姓的苦樂。再就近代的事情來看，隋朝在洛口倉貯粟，而為李密所用；在東京堆積布帛，結果被王世充佔有；西京的府庫的財物也被大唐所用，至今還未用完。當時如果洛口、東京沒有粟帛，那王世充、李密就不可能招聚大衆。當然貯積錢糧財物本是國家的常事，總得百姓衣食有餘，然後去徵收。如果百姓勞苦而強行收刮，最後還是幫助了賊寇，所積聚的財物並沒什麼好處。不過用節儉來與民休息，在貞觀初年，陛下已經親自實行過，所以如今實行起來也不會困難。只要實行一天，天下都會知道，大家就會載歌載舞。如果百姓已經勞苦，還用個不停，一旦中國受水旱之災，邊境有風塵之警，狂悖狡黠的人就會乘機作亂，就將有不可預測的事情發生，不僅僅是使聖上晚進餐遲睡覺而已。如果以陛下之聖明，真要勵精圖治，不用遠求上古的辦法，只要做到像貞觀初年那樣，那麼天下就很幸運了。」

唐太宗說：「最近命令營造隨身的小器物，沒想到百姓因此而不滿，這是我的過錯。」於是命令停止製造。

【刑網】也就是法網，人犯了法就等於鳥獸自投羅網，所以叫刑網、法網。

貪鄙

《貪鄙》篇凡六章，這裡選譯四章。本章內容爲告誡君臣不可貪得無厭。唐太宗是從防止皇室敗亡的角度提出這個問題的，他說：「作爲帝王如果『恣情放逸』勞役無度，信任群小，疏遠忠正，有一於此，豈不滅亡？」他又規勸百官不要過分貪財：「今人臣受任，居高位，食厚祿，當須履忠正，蹈公清，則無災害，長守富貴矣。」就是要他們在「居高位，食厚祿」的前提下，不再貪求，這樣才能「長守富貴」，不陷其身。這對於統治集團的利益分配來說，算是一種比較實事求是的提法。他在處理權萬紀、陳萬福等人的具體問題時，基本體現了反對貪鄙的精神。

貞觀初，太宗謂侍臣曰：「人有明珠，莫不貴重，若以彈雀，豈非可惜？況人之性命甚於明珠，見金錢財帛不懼**刑網**，徑即受納，乃是不惜性命。明珠是身外之物，尚不可彈雀，何況性命之重，乃以**博**財物耶？群臣若能備盡忠直，益國利人，則官爵立至。皆不能以此道求榮，遂妄受財物，贓賄既露，其身亦殞，實為可笑。帝王亦然，恣情放逸，勞役無度，信任群小，疏遠忠正，有一於此，豈不滅亡？隋煬帝奢侈自賢，身死匹夫之手，亦為可笑。」

【博】博取。

【譯文】

貞觀初年，唐太宗對侍從的大臣們說：「人有了明珠，沒有不珍貴重視的，如果用它去彈雀，豈不可惜？何況人的性命比明珠更為貴重，看到了金銀錢帛，就不怕法網，立即收受，這就是不愛惜性命。明珠是身外之物，尚且不能用來彈雀，何況性命貴重，能用它來換取財物嗎？臣下們如能竭盡忠直，有益於國有利於民，那麼官爵馬上就會到來，如都不能用這種辦法來求榮，而亂受錢物，贓賄一旦暴露，自身也就損傷，實在可笑。帝王也是這樣，盡情放縱取樂、無限度徵發勞役，信任小人，疏遠忠正，只要做了一件這樣的壞事，豈能不遭致滅亡？隋煬帝奢侈無度還自以為賢明，身死於匹夫之手，也很可笑。」

貞觀四年，太宗謂公卿曰：「朕終日孜孜，非但憂憐百姓，亦欲使卿等長守富貴。天非不高，地非不厚，朕常**兢兢業業**，以畏天地。卿尊若能小心奉法，常如朕畏天地，非但百姓安寧，自身常得歡樂。古人云：『賢者多財損其志，愚者多財生其過。』此言可為深誡。若徇私貪濁，非止壞公法，損百姓，縱事未發聞，中心豈不常懼？恐懼既多，亦有因而致死。大丈夫豈得苟貪財物，以害及身命，使子孫每懷愧恥耶？卿等宜深思此言。」

【兢兢業業】謹慎小心的模樣。

【右衛將軍】左、右衛是擔任京城警衛的，長官叫左、右衛大將軍，下面有將軍，也已是高級武官。
【驛】古代的交通設施，由政府設置，派低階級小官管理，備有馬匹，還可住宿，供傳遞公文的人和外出官員換馬、歇宿。

【譯文】

貞觀四年，唐太宗對公卿大臣們說：「我整天孜孜不倦，不僅是對百姓愛憐操心，也是想使你們長久保持富貴。天不是不高，地不是不厚，我仍經常兢兢業業，畏懼天地。你們如能小心謹慎奉公守法，常像我畏懼大地那樣，不但百姓安寧，你們自身也經常得到歡樂。古人說：『賢明的人多財會損傷志趣，愚蠢的人多財會產生過錯。』這話可以作為深刻的警惕。如果徇私貪贓，不止破壞國法，損害百姓，即使事情尚未敗露，內心裡豈能不老是恐懼？恐懼過度，也會因此喪命。大丈夫怎能隨便貪圖財物，來危害身命，使得子孫常感到羞愧恥辱。你們應該好好深思這些話。」

貞觀六年，**右衛將軍**陳萬福自九成宮赴京。違法取**驛**家麩數石。太宗賜其麩，令自負出以恥之。

【譯文】

貞觀六年，右衛將軍陳萬福從九成宮去京城，從驛站人家處違法取得幾石麥麩。唐太宗就把這些麥麩賜給他，讓他自己背出去來羞辱他。

貞觀十六年，太宗謂侍臣曰：「古人云：『鳥棲於林，猶恐其不高，復巢於木末；魚藏於水，猶恐其不深，復穴於窟下。然而為人所獲者，皆由食餌故也。』今大臣受任，居高位，食厚祿，當須履忠正，蹈公清，則無菑害，長守富貴矣。古人云：『**禍福無門，惟人所召**。』然陷其身者，皆為貪冒財利，與夫魚鳥何以異哉？卿等宜思此語為鑒誡。」

【譯文】

貞觀十六年，唐太宗對侍從的大臣說：「古人說：『鳥兒住在樹林裡，還擔

【「禍福」句】見於《左傳・襄公二十三年》。意思是禍福無定，由人自取。

心不夠高，又把窩築在樹梢上；魚兒藏在泉水裡，還擔心不夠深，又鑽到水底的洞窟裡。然而牠們仍然不免被人捕獲，那都是因為貪吃誘餌的緣故啊！』現在人臣接受任命，居於高位，享有厚祿，應當竭誠盡忠，廉潔奉公，這樣才能沒有災難而長保富貴啊。古人說：『禍福無定，由人自取。』然而身遭災禍的人，都是因為貪財求利，這和那些魚兒鳥兒有什麼不同呢？你們應該思考這些話，作為鑒誡。」

崇儒學

《崇儒學》篇凡六章，這裡選譯五章。本篇與《文史》、《禮樂》篇合爲第七卷，內容是尊崇儒學、制禮作樂。自漢武帝獨尊儒術後，中國歷代專制王朝一直以此爲統治思想，用以處理人際關係，調整各種衝突，維護專制統治。本篇所反映的便是「儒學之興，古昔未有也」的唐貞觀年間崇儒盛況，包括確定仲尼、顏子爲先聖、先師；置弘文館，精選天下文儒；詔崇大儒左丘明等二十一人，並用其書；詔顏師古考定《五經》、孔穎達等撰定《五經正義》等等。這裡貞觀君臣雖也討論到諸如「爲政之要，惟在得人，用非其才，必難致治」、「人性含靈、待學成而爲美」、「古人勤於學問，謂之懿德」等含義較廣泛的命題，但大體都圍繞崇儒角度進行討論。

太宗初**踐阼**，即於正殿之左，置弘文館，精選天下文儒，令

【踐阼】君主即位。踐是用腳踏，作為殿堂的主階，走上去就是主位，所以把君主即位叫踐阼（音做）。

【墳典】《左傳》昭公十二年有「三墳、五典、八索、九丘」的話，杜預注解說「皆古書名」。因而後來把墳與作為古代典籍的代稱。
【國學】國子監，當時的最高學府。　【顏子】孔子最得意的學生顏淵。
【俎豆】都是古代裝食物用的器皿，這裡用來裝食物以祭享。俎，音阻。
【干戚】干是盾，戚是斧，本是古代兵器。祭享時要伴以歌舞，文舞手持羽旄，武舞手持干戚。　【給傳】傳是驛傳。給傳是允許乘驛馬到京城。

以本官兼署學士，給以五品珍膳，更日宿直。以聽朝之隙引入內殿，討論**墳典**，商略政事，或至夜分乃罷。又詔勳賢三品已上子孫為弘文學生。

【譯文】

唐太宗剛即位，就在正殿左邊，設置了弘文館，精心挑選天下通曉儒學的人士，叫他們以本來的官職兼任弘文館學士，供給五品官員才能享用的好飲食，排好日子在宮內當值歇宿。太宗在上朝聽政的間隙時間把他們召引進內殿，討論古代典籍，商議謀劃政事，有時到半夜才停歇。又下詔讓三品已上勳貴、賢臣的子孫充任弘文館學生。

貞觀二年，詔停周公為先聖，始立孔子廟堂於**國學**，稽式舊典，以仲尼為先聖，**顏子**為先師，兩邊**俎豆干戚**之容，始備於茲矣。是歲大收天下儒士，賜帛**給傳**，令詣京師，擢以不次，布在**廊廟**者甚眾。學生通一**大經**已上，咸得署吏。國學增築學舍四百餘間，**國子**、**太學**、**四門**、**廣文**亦增置生員，其**書**、**算**各置**博士**、學生、**以備眾藝**。太宗又數幸國學，令**祭酒**、司業、博士講論，畢，各賜以**束帛**。四方儒生負書而至者，蓋以千數。俄而吐蕃及**高昌**、高麗、新羅等諸夷酋長，亦遣子弟請入於學。於是國學之內，鼓**篋**升**講筵**者，幾至萬人，儒學之興，古昔未有也。

【譯文】

貞觀二年，唐太宗下令停止稱周公為先聖，開始在國子監裡建立孔子廟堂，查考並依照過去的規定，稱孔子為先聖，顏子為先師，兩邊的俎豆、干戚，這時也開始齊備。這年大批招收天下儒士，賞賜布帛，供給車馬食宿，命令他們到京

【廊廟】朝廷。　【大經】唐代推行科舉制，按經文字數多少分為大中小經，《禮紀》、《左傳》為大經，《詩》、《周禮》、《儀禮》為中經，《易》、《書》、《公羊傳》、《穀梁傳》為小經。

【國子、太學、四門、廣文】國子：國子學，教三品以上等官員的子孫。太學：教五品以上等官員子孫。四門：四門學，教七品以上等官員子弟和非官員人家的子弟當上俊士生的。廣文：廣文館，教國子監中修進士業的。

【書】書學，教八品官員以下子弟和非官員子弟，專學文字訓詁學和書法。
【算】算學，學生對象和書學相同，專學數學。
【博士】國子、太學、四門、廣文、書、算諸學的主講教師都叫博士。
【以備眾藝】先秦時以禮、樂、射、御、書、數為六藝，所以設了書學、算學可稱「以備眾藝」。
【祭酒】國子監的長官。

師，破格陞用，在朝廷做上官的很多。學生讀通一種大經以上的，都可以入仕做官。國子監增蓋學舍四百多間，國子學、太學、四門學、廣文館也增加了學生名額，書學、算學分別設置博士和學生，使各種技藝都設置齊備，太宗又幾次親臨國子監，叫祭酒、司業、博士講說，講畢，每人賜給帛一束。全國各地的儒生帶了書前來的，數以千計。不久，吐蕃和高昌、高麗、新羅等族的首領，也派遣子弟來長安請求入學。於是國子監之內，帶著書篋和登上講席的，幾乎有上萬人，如此大興儒學，古時候不曾有過。

貞觀二年，太宗謂侍臣曰：「為政之要，惟在得人，用非其才，必難致治。今所任用，必須以德行、學**識**為本。」諫議大夫王珪曰：「大臣若無學業，不能識前言往行，豈堪大任。漢昭帝時，有人詐稱衛太子，聚觀者數萬人，眾皆致惑。雋不疑斷以**蒯聵之事**。昭帝曰：『公卿大臣，當用經術明於古義者，

【束帛】帛五匹為一束。
【高昌】在今新疆吐魯番，當時曾是個小國，後為太宗所滅。當時建立在朝鮮半島東南部的國家。
【篋】音怯，小方竹器，用來放書。
【講筵】講席，講座。
【識】通「志」，記住。

此則固非刀筆俗史所可比擬。』」上曰：「信如卿言。」

【譯文】

貞觀二年，唐太宗對侍從的大臣們說：「掌管政事的關鍵，就在於得到合適的人才來使用，用非其才，就必然難於治理好國政。如今所要任用的人才，必須以德行、學識為本。」諫議大夫王珪說：「大臣如果沒有學問，不能記住前人的言行，怎能擔當大任。漢昭帝時，有人冒充衛太子，圍觀的有好幾萬人，大家都感到困惑不好辦，雋不疑用蒯聵的先例來斷然處理。漢昭帝說：『公卿大臣，應當任用通曉經術懂得古義的人，這本不是文墨俗吏之輩所能相比的。』」太宗說：「確實像你所說的。」

貞觀四年，太宗以**經籍去聖久遠**，文字訛謬，詔前中書侍郎顏師古於秘書省考定《五經》。及功畢，復詔尚書左僕射房玄齡集諸儒重加詳議。時諸儒傳習師說，**舛**謬已久，皆共非之，異

【蒯聵之事】是春秋時衛靈公的世子，因得罪父親靈公而出奔宋國，靈公死後，孫子也就是蒯聵的兒子出公即位，蒯聵回到衛國來爭做國君，出公抗拒他，《春秋》認為是對的，因為蒯聵得罪了父親靈公。

【經籍去聖久遠】過去認為《詩》、《書》、《禮》、《易》、《春秋》等經籍都經孔子這位聖人所審定，唐初離開孔子的時代已有一千一百多年，所以說去聖久遠。

唐太宗與《蘭亭序》

在中國書法界裡，王羲之的《蘭亭序》是無人不曉的。《蘭亭序》一文是大書法家王羲之在微醺之下，邊吟邊書的即興文稿。當時王羲之興致極高，恣意揮灑，一氣呵成，筆致遒媚勁健，被後世譽爲「天下第一行書」！

《蘭亭序》眞跡流傳到王羲之的七世孫智永手中；而智永再傳於其弟子辨才。據稱唐太宗曾三次向辨才索取，但都被他一再矢口否認，讓太宗無計可施。後來有個足智多謀的蕭翼運用巧計才誘使辨才出示《蘭亭序》眞跡，得手後便獻與太宗。

太宗對《蘭亭序》愛不釋手，下令當代各大書法家一同前來臨摹，他把拓本分賜諸王近臣，而自己則將眞跡密藏起來，死後陪葬於昭陵，王羲之的不世之作從此成爲絕響。這便是有名的「蕭翼智賺《蘭亭序》」（也稱「蕭翼賺辨才」）的故事。

《蘭亭序》固然書、文俱佳，但令唐太宗神馳心醉，到死都捨不得放手的，當然是王羲之的墨筆眞跡。也難怪一代盛朝君王唐太宗要擁抱這一紙墨跡伴隨長眠了。

端蜂起。而師古輒引晉、宋已來古本，隨方曉答，援據詳明，皆出其意表，諸儒莫不嘆服。太宗稱善者久之，賜帛五百匹，加授**通直散騎常侍**，頒其所定書於天下，令學者習焉。太宗又以**文學**多門，**章句**繁雜，詔師古與國子祭酒孔穎達等諸儒，撰定《五經》疏義，凡一百八十卷，名曰《**五經正義**》，付國學施行。

【舛】音喘，錯亂。
【通直散騎常侍】是虛銜性質的教官。
【文學】這裡是指傳授儒學的博士。
【章句】給經籍所作的注解。
【五經正義】是《周易正義》、《尚書正義》、《毛詩正義》、《禮記正義》和《春秋左傳正義》，宋以後都收入《十三經注疏》中。

【譯文】

貞觀四年，唐太宗以為經籍離開聖人已經久遠，文字訛誤，便下令叫前中書侍郎顏師古在秘書省考定《五經》。到完工後，又下令叫尚書左僕射房玄齡召集許多儒者再詳細討論。當時這些儒者沿襲舊說，錯亂訛誤相沿已久，都不同意顏師古的考定，各種異說蜂起。而顏師古引用晉、宋以來古本，對他們提出的問題清楚地回答，引經據典一一說明，都出人意料，使得這些儒者無不嘆服。太宗也稱讚了好一會兒，賞賜他帛五百匹，加授他為通直散騎常侍，把他所考定的本子頒布天下，叫讀書人都學習。太宗又因為博士師承傳授不同，章句繁雜，下令叫顏師古和國子祭酒孔穎達等大儒，撰定《五經》的疏義，共一百八十卷，總稱《五經正義》，交付國子監作教材使用。

太宗嘗謂中書令岑文本曰：「夫人雖稟定性，必須博學以成其道。亦猶**蜃**性含水，待月光而水垂；木性懷火，待**燧**動而焰發；人性含靈，待學成而為美。是以**蘇秦刺股**，**董生垂帷**。不勤道藝，則其名不立。」文本對曰：「夫人性相近，情則遷移，必須以學飭情以成其性。《禮》云：『**玉不琢，不成器，人不學，不知道**。』所以古人勤於學問。謂之懿德。」

【蜃】大蛤，古人說它見了月光就會吐水。
【燧】燧石，用鐵器敲打後迸發出火星能把草木點著。古人用這種方法取火。
【蘇秦刺股】蘇秦為戰國時縱橫家，讀書困倦時，就用利錐刺股，使自己驚醒。
【董生垂帷】董生就是西漢大儒董仲舒，放下帷帳專心講學。
【「玉不琢」句】見於《禮記・學記》。

【譯文】

唐太宗曾對中書令岑文本說：「人雖然秉有一定的天性，必須博學才能有所成就。也好比蜃的本性含有水，要見上月光才能吐水；木的本性含有火，燧石敲打才能發火，人的本性含有精靈，要學習成功才能美善。所以蘇秦刺股讀書，董仲舒放下帷帳講學。不勤奮於道藝，功名就不會樹立。」岑文本對答說：「人的本性都很相近，情趣卻可有所遷移，必須用學習來整飭情趣使本性完善。《禮記》說：『玉石不經雕琢就不成為器具，人不學習就不懂道理。』所以古人勤於學問，這就叫做美德。」

文史

《文史》篇凡四章，這裡選譯一章是貞觀君臣討論唐太宗應該怎樣對待自己言行的起居注。唐太宗認爲：「朕每觀前代史書，彰善癉惡，足爲將來規誡。」轉而又提出「今欲自看國史者，若有不善，亦欲以爲鑒誡，使得自修改耳」。這種所謂鼓勵史官直筆的理由，顯然沒人相信。故褚遂良認爲：「今之起居，古之左、右史，以記人君言行，善惡畢分，庶幾人主不爲非法，不聞帝王躬自觀史。」不過唐太宗還能要求史官對「其有上書論事，詞理切直，可裨於政理者，朕從與不從皆須備載」，這是應當肯定的。

貞觀十四年，太宗謂房玄齡曰：「朕每觀前代史書，彰善癉惡，是為將來規誡。不知自古當代國史，何因不令帝王親見

【癉】音旦，憎恨，抨擊。
【六月四日事】指武德九年六月四日玄武門之變，秦王李世民襲殺太子建成、齊王元吉這件事。
【微文】意思含蓄不明白講出來。
【季友鴆叔牙而魯國寧】鴆（音震）是毒酒。春秋時魯莊公有三個弟弟，長慶

之？」對曰：「國史既善惡必書，庶幾人主不為非法。止應畏有忤旨，故不得見也。」太宗曰：「朕意殊不同古人。今欲自看國史者，蓋有善事，固不須論；若有不善，亦欲以為鑒誡，使得自修改耳。卿可撰錄進來。」玄齡等遂刪略國史為編年體，撰高祖、太宗實錄各二十卷，表上之。大宗見**六月四日事**，語多**微文**，乃謂玄齡曰：「昔周公誅管、蔡而周室安，**季友鴆叔牙而魯國寧**，朕之所為，義同此類，蓋所以安社稷，利萬民耳。史官執筆，何煩有隱？宜即改削浮詞，直書其事。」侍中魏徵奏曰：「臣聞人主位居尊極，無所忌憚，惟有國史，用為懲惡勸善，書不以實，後嗣何觀？陛下今遣史官正其辭，雅合至公之道。」

父、次叔牙、次季友，莊公病重，要讓兒子班即位，而叔牙主張立慶父，季友支持莊公，主張立班，派人用鴆酒把叔牙毒死。

【譯文】

貞觀十四年，唐太宗對房玄齡說：「我每看前代史書，表彰好的抨擊惡的，是以規勸警戒後人。不知道自古以來當代的國史，為什麼不讓帝王親自看到？」房玄齡回答說：「國史既然善惡必書，可以使君主不做非法的事情。只是怕有觸犯旨意的地方，所以不讓君主本人看到。」太宗說：「我的想法不同於古人。現在要親自看國史，是因為如記有好事，自不必說；如記有不好的事，也想引為鑒誡，使自己得以改正。你們可撰寫抄錄好送來。」房玄齡等人就把國史加以刪簡整理成按年月順序記事的編年體，撰寫成高祖和太宗的《實錄》各二十卷，上表呈獻。太宗看到六月四日所記玄武門之變的事情說得很含蓄，就對房玄齡說：「從前周公東征誅殺管叔、蔡叔而使周室得以安定，季友鴆死叔牙而使魯國得以寧靜，我所做的，在道理上同這類事情，是用來安定社稷，以利萬民。史官執筆，何需隱晦？應當立即改削虛飾之詞，直接把這件事寫清楚。」侍中魏徵上奏說：「我聽說君主身居最高的尊位，無所顧忌懼怕，只有國史，用來懲惡勸善，如果寫的不真實，讓後代看什麼？陛下如今叫史官改正《實錄》裡的寫法，很符合公正的道理。」

禮樂

《禮樂》篇凡十二章，這裡選譯一章。本篇是這一卷的中心內容，封建儒學的理論，是要通過制禮作樂來保證實施的。制定和修正各種禮樂制度，是封建朝廷一件具體的大事情。正如本篇所述：「禮所以決嫌疑，定猶豫，別同異，明是非者也。」處理的原則是「人道所先，在乎敦睦九族」，「由乎親異，以近及遠」。然後再去處理統治階級內部的各種複雜關係，如篇中提到的皇親與大臣，帝子與諸叔，父母之喪與巫書之言，儒道之尊與父母之尊等，而最爲近代史家所重視的例子則是唐太宗貞觀六年令撰《氏族志》一事，對於傳統的山東崔、盧、李、鄭四姓大族的態度，是專制統治集團中權力再分配的一件大事，以「禮」的面貌出現的《氏族志》在處理這個尖銳衝突中的態度是頗有典型意義的。

【山東】華山、崤山以東廣大地區，主要包括今河南、山東、河北等省。
【累葉陵遲】葉：世，代。陵遲：衰頹。
【禮經】本指《儀禮》，但這時《禮記》也已陞格為經。
【偃仰】仰臥，這裡是悠然自得的意思。
【販鬻松檟】檟（音甲）就是楸，和松常種在墳墓前，販鬻松檟就是炫耀死去的闊祖先。

貞觀六年，太宗謂尚書左僕射房玄齡曰：「比有**山東**崔、盧、李、鄭四姓，雖**累葉陵遲**，猶恃其舊地，好自矜大，稱為士大夫。每嫁女他族，必廣索聘財，以多為貴，論數定約，同於市賈，甚損風俗，有紊《**禮經**》，既輕重失宜，理須改革。」乃詔吏部尚書高士廉、御史大夫韋挺、中書侍郎岑文本、禮部侍郎令狐德棻等，刊正姓氏、普責天下譜諜，兼據憑史、傳，剪其浮華，定其真偽，忠賢者褒進，悖逆者貶黜，撰為《氏族志》。士廉等及進定氏族等第，遂以崔幹為第一等。太宗謂曰：「我與山東崔、盧、李、鄭，舊既無嫌，為其世代衰微，全無官宦，猶自云士大夫。婚姻之際，則多索財物。或才識庸下，而**偃仰**自高，**販鬻松檟**，依托富貴，我不解人間何為重之？且士大夫有能立功，爵位崇重；善事君父，忠孝可稱；或道義清

【衣冠】古代士以上才戴冠，衣冠就是指累代做官的人。
【冠冕】泛指士大夫和官宦。
【市朝】古代大城裡的商業區叫市，朝就是朝廷，市朝就是朝野的意思。
【「燕、趙」二句】這是戰國時的燕、趙、齊、韓，燕在今河北，趙在今山西，齊在今山東，韓在今河南。在當時都是山東地區，這兩句話也就是指山東舊族。

素，學藝通博；此亦足為門戶，可謂天下士大夫。今崔、盧之屬，唯矜遠葉**衣冠**，寧比當朝之貴？公卿已下，何暇多輸錢物，兼與他氣勢，向聲背實，以得為榮。我今定氏族者，誠欲崇樹今朝**冠冕**，何因崔幹猶為第一等，只看卿等不貴我官爵耶！不論數代已前，只取今日官品、人才作等級，宜一量定，用為永則。」遂以崔幹為第三等。至十二年書成，凡百卷，頒天下。又詔曰：「氏族之美，實繫於冠冕，婚姻之道，莫先於仁義。自有魏失御，齊氏云亡，**市朝**既遷，風俗陵替。**燕、趙古姓，多失衣冠之緒，齊、韓舊族**，或乖禮義之風。名不著於**州閭**，身未免於貧賤，自號高門之**冑**，**不敦匹嫡**之儀，**問名**唯在於竊貲，**結褵**必歸於富室。乃有新官之輩，豐財之家，慕其祖宗，競結婚姻，多納貨賄，有如販鬻。或自貶家門，受辱於**姻婭**；或矜其舊望，行無禮於**舅姑**。積習威俗，迄今未已，既紊人倫，實虧名教。朕夙夜兢惕，憂勤政道，往代蠹害，咸已懲革，唯此弊風，未能盡變。自今已後，明加告示，使識嫁娶之序，務合禮典，稱朕意焉。」

【譯文】

貞觀六年，唐太宗對尚書左僕射房玄齡說：「近來有山東的崔、盧、李、鄭四姓，雖然在前面幾代已經敗落，仍然依仗舊有的地望，喜歡自誇自大，號稱士大夫。每當把女兒嫁給其他家族，總要大肆索取聘禮財物，以多為貴，講數目定婚約，如同市裡的商販，敗壞了風俗，打亂了《禮經》的規定。輕重既然如此失當，理應有所改革。」於是就下詔叫吏部尚書高士廉、御史大夫韋挺、中書侍郎岑文本、禮部侍郎令狐德棻等人訂正姓氏，普遍收集全國譜諜，並根據史書傳記，刪除浮華，考定真假，上代出了忠賢提陞等級，出了叛逆的加以貶黜，從而撰寫一部《氏族志》。高士廉等人在進呈所定的氏族等第時，仍把崔幹列為第一

【州閭】古代民户編制，二千五百家為州，二十五家為閭，州閭也就是鄉里的意思。　　【冑】後裔，但專指皇室或貴族後裔。
【不敦匹嫡】敦：講究，重視。匹：配偶。嫡：正妻。
【問名】古代婚禮中的「六禮」之一，由媒人問女方的名字和生年月日。
【結褵】褵同「縭」，是古代女性出嫁時所繫的佩巾。由女方母親把褵結在女兒身上，叫結褵，後來用做結婚或嫁女兒的代稱。

【姻婭】婿父稱姻，兩婿互稱為婭。後來泛指有婚姻關係的親戚。
【舅姑】妻稱夫的父親叫舅，夫的母親叫姑。
【紊】亂。

等。太宗說：「我和山東的崔、盧、李、鄭，並無宿怨，只是因為他們世代衰微，已全無人做官，卻還自稱是士大夫，婚嫁的時候，就大量索取財物。有的人才能見識平庸低劣，卻還悠然自得地誇張高門，炫耀死去的祖先，依附於富貴之列，我真不明白社會上為什麼會看重他們。而且士大夫如能建立功業，爵位隆重，善於侍奉君主和父親，忠孝都值得稱讚；或者道德仁義高尚，學藝通博；這樣也足以自立門戶，稱得上是天下的士大夫。如今崔、盧之類，只是自恃遠祖的高官厚爵，這怎能和當朝的顯貴相比？公卿以下的人，何苦給他們多送財物，助長他們的氣勢，只圖虛名不顧實際，想藉此使自己光彩。我如今所以要重定氏族，為的是樹立當今顯貴的地位，為什麼還把崔幹列在第一等，這不是你們看輕我朝的官爵？不管幾代以前，只按照今天的官品、人才來定等級，應該在這次量定後，永遠作為準則。」於是把崔幹定為第三等。到貞觀十二年全書完成，共計一百卷，頒行天下。並下令說：「氏族高下，要以官爵相聯繫，婚姻的正道，要以仁義為先。自從北魏失國，北齊滅亡，朝野變化，風俗衰敗。早先的燕、趙古姓，後人多失去官爵；以前齊、韓舊族，行為也有背禮義。他們名不聞於鄉里，身不免於貧賤，卻自稱高門後裔，而不講究嫁娶禮儀，問名只在於勒索財物，女兒必嫁給富貴之家。於是也有新做官的人，和錢財多的人家，羨慕人家的祖宗，搶著和人家攀親，多送財物，如同賣買。雙方有的自願貶低家門，受辱於姻親，有的誇耀過去的地望，在公婆面前行為無禮。這種做法已積久成了習俗，至今還未改變，既紊亂了人倫，也有虧於名教。我日夜謹慎小心，操勞政事。歷代的弊端禍害，都已制止革除，唯有這項壞風氣，還沒有完全轉變。從今以後，給大家講清楚，要懂得嫁娶的規矩，務必合乎禮法，使我稱心如意。」

務農

《務農》篇凡四章，這裡選譯二章。第八卷包括《務農》與《刑法》、《赦令》、《貢賦》、《辯興亡》等五篇，是貞觀年間有關方面政策的討論。《務農》與《貢賦》爲一組，討論封建社會中務本的問題。唐太宗認爲「凡事皆須務本。國以人爲本，人以衣食爲本，凡營衣食，以不失時爲本」。而到貞觀十六年時，他宣稱「朕常欲賜天下之人，皆使富貴。今省傜賦，不奪其時，使比屋之人，恣其耕稼，此則富矣。敦行禮讓，使鄉閭之間，少敬長，妻敬夫，此則貴矣。但令天下皆然，朕不聽管弦，不從畋獵，樂在其中矣。」確實在一定程度上實現了禾黍豐登的局面。這跟唐太宗在貞觀年間實行重農政策，主張「農時甚要，不可暫失」，反對「動靜必依陰陽，不顧理義」等是分不開的。

貞觀二年，太宗謂侍臣曰：「凡事皆須務本。國以人為本，人以衣食為本，凡營衣食，以不失時為本。夫不失時者，在人君簡靜乃可致耳。若兵戈屢動，土木不息，而欲不奪農時，其可得乎？」王珪曰：「昔秦皇、漢武，外則窮極兵戈，內則崇侈宮室，人力既竭，禍難遂興，彼豈不欲安人乎？失所以安人之道也。亡隋之轍，**殷鑒**不遠，陛下親承其弊，知所以易之，然在初則易，終之實難。伏願慎終如始，方盡其美。」太宗曰：「公言是也。夫安人寧國，惟在於君，君無為則人樂，君多慾則人苦，朕所以抑情損慾、克己自勵耳。」

【譯文】

貞觀二年，唐太宗對侍從的大臣們說：「任何事情都必須抓緊根本。國家以人民為根本，人民以衣食為根本，凡經營農桑衣食，以不失時機為根本。要不失

【殷鑒】《詩・大雅・蕩》說：「殷鑒不遠，在夏后之世。」是說殷商滅夏，殷商後人應以夏的滅亡為鑒戒，後來把鑒戒往事都稱殷鑒。

【冠禮】古代男子成年時舉行加冠的禮儀，行了冠禮後就享受成年人的權利並承擔相應的義務。
【東作】春耕。
【陰陽家】本為先秦的一個學派。後來則把擇日、星相、占卜、風水等搞迷信活動的也稱陰陽家。

時機，只有君主不生事勞民才能做到。假若連年打仗，營建不停，而想不佔用農時，能辦得到嗎？」王珪說：「從前秦始皇、漢武帝，對外窮兵黷武，對內大建宮室，人力既已用盡，災禍也就發生，他們難道不想安定百姓嗎？只是失去了安定百姓的正當辦法。隋代滅亡的事情，就是眼前的鑒戒，陛下親身承受隋朝遺留下來的弊病，懂得怎樣去改變，不過剛開始還比較容易，要堅持到底就很難。我真希望陛下自始至終小心謹慎，才能把好事做到頭。」太宗說：「你講的很對。安定百姓寧靜國家，關鍵在於君主，君主能與民休息百姓就歡樂，君主多私慾百姓就痛苦，這就是我所以要不任情縱慾、克制砥勵自己的原因。」

貞觀五年，有司上書言：「皇太子將行**冠禮**，宜用二月為吉，請追兵以備儀注。」太宗曰：「今**東作**方興，恐妨農事。」令改用十月。太子少保蕭瑀奏言：「準**陰陽家**，用二月為勝。」太宗曰：「陰陽拘忌，朕所不行。若動靜必依陰陽，不顧祐理義，欲求福祐，其可得乎？若所行皆遵正道，自然常與吉會。且吉凶在人，豈假陰陽拘忌？農時甚要，不可暫失。」

【譯文】

貞觀五年，主管部門上書說：「皇太子即將舉行加冠禮，應當在二月裡舉行才吉祥，請增加兵衛儀仗使禮節齊備。」太宗說：「如今春耕生產剛開始，怕要妨農事。」下令改在十月裡。太子少保蕭瑀上奏說：「按照陰陽家推算，在二月裡最好。」太宗說：「陰陽講究禁忌，我從不信那一套。如果一舉一動都必須依照陰陽家去辦，不顧通理，而想求得福祐吉祥，這難道行得通嗎？如果所做的都遵照正道，自然經常吉祥。而且吉凶取決於人，怎會靠陰陽禁忌？農時很要緊，不能一刻耽誤。」

刑法

《刑法》篇凡八章，這裡選譯三章。本篇與《赦令》篇是一組討論法治的文章。貞觀君臣頗有一些可取的觀點。如魏徵上疏曰：「夫刑賞之本，在乎勸善而懲惡。刑濫，則小人道長，賞謬，則君子道消。小人之惡不懲，君子之善不勸，而望治安刑措，非所聞也。」張蘊古表上《大寶箴》中講到「大明無偏照，至公無私親；故以一人治天下，不以天下奉一人。」唐太宗在法治方面，對於死刑重罪的判處比較審慎，一再下詔：「凡有死刑，雖令即決，皆須五覆奏。」認爲「理國守法，事須劃一」，不能「開僥倖之路」，反對大加誅連，使「遞相掩蔽，罪人使失」，而各主管部門「各有司存，利在稱職」等。當然也有一些主張是荒謬的，如稱「自今奴告主者，不須受，盡令斬決。」這也是封建統治利益所決定的。

【覈】同「核」。
【考課】考覈官員的功過善惡，按照標準，評定等級，好的提醒，壞的罷黜。
【三槐、九棘之官】據説周天子的朝堂上有三株槐樹，三公朝見時站在下面，左右又各有九株槐樹，卿、大夫和諸侯等分別站在下面。
【三公九卿】唐代的太尉、司徒、司空為三公；太常寺卿、光祿寺卿、衛尉寺卿、宗正寺卿、太僕寺卿、大理寺卿、鴻臚寺卿、司農寺卿、太府寺卿為九卿。

貞觀元年，太宗謂侍臣曰：「死者不可再生，用法務在寬簡。古人云，鬻棺者，欲歲之疫，非疾於人，利於棺售故耳。今法司**覈**理一獄，必求深刻，欲成其**考課**。今作何法，得使平允？」諫議大夫王珪進曰：「但選公直良善人，斷獄允當者，增秩賜金，即奸偽自息。」詔從之。太宗又曰：「古者斷獄，必訊於**三槐**、**九棘之官**，今**三公**、**九卿**，即其職也。自今以後，**大辟**罪，皆令中書、門下四品已上及尚書九卿議之，如此，庶免冤濫。」由是至四年，斷死刑天下二十九人，幾致**刑措**。

【譯文】

貞觀元年，唐太宗對侍從的大臣們說：「人死了不可能再復活，所以執法務必要寬大簡約。古人說賣棺木的人希望年年發生瘟疫，並不是對人仇恨，而是利於棺木出售的緣故。如今執法部門審理每件獄案，總是追求苛嚴，想用來博得好的考覈成績。如今該用什麼辦法，可以做到公平允當？」諫議大夫王珪進言道：「只要選拔公直良善的人，判斷獄案允當，就增加俸祿，賞賜金帛，那麼奸偽邪惡自然止息。」太宗下令按這個辦法實行。太宗又說：「古時候判斷獄案，一定要向三槐、九棘之官詢問，當今的三公、九卿就是這樣的職責。從今以後，遇有死刑，都叫中書、門下兩省四品以上高官以及尚書、九卿來議論，這樣做，才有可能避免冤獄濫刑。」由於這樣，到貞觀四年，判處死刑的人全國只有二十九人，幾乎做到刑法擱置不用。

貞觀五年，張蘊古為大理丞。相州人李好德素有**風疾**，言涉妖妄，詔令**鞫**其獄。蘊古言：「好德癲病有徵，法不當坐。」太宗許將寬宥。蘊古密報其旨，仍引與**博戲**。持書侍御史權萬

【大辟】死刑。
【刑措】措是擱置，刑措是刑法擱置不用。

【風疾】瘋癲病，今通稱精神病。
【鞫】音居，審訊。
【博戲】古代兩個人對下的一種棋，各有六顆棋子，棋局有十二道，兩邊當中叫水，水裡放魚兩枚，先擲采，後行棋，吃掉一魚得兩籌，得籌多的取勝。

紀劾奏之，太宗大怒，令斬於東市。既而悔之，謂房玄齡曰：「公等食人之祿，須憂人之憂，事無巨細，咸當留意。今不問則不言，見事都不諫諍，何所輔弼？如蘊古身為法官，與囚博戲，漏泄朕言，此亦罪狀甚重，若據常律，未至極刑。朕當時盛怒，即令處置，公等竟無一言，所司又不覆奏，遂即決之，豈是道理？」因詔曰：「凡有死刑，雖令即決，皆須五覆奏。」五覆奏，自蘊古始也。又曰：「守文定罪，或恐有冤。自今以後，門下省覆，有據法令合死而情可矜者，宜錄奏聞。」……

【譯文】

貞觀五年，張蘊古任大理丞。相州人李好德，一向有瘋癲病，講了些荒謬狂妄的話，唐太宗叫張蘊古審訊。張蘊古說：「李好德患瘋癲病證據確鑿，按照法律不應坐罪。」太宗答應準備予以從寬處理。張蘊古私下把太宗的旨意告訴李好

【鹽澤道行軍總管】鹽澤是古湖泊，即今新疆羅布泊。唐初出兵，設置某某道大總管為統帥，下面有某某等道幾個總管。這次是打吐谷（讀玉）渾，李靖為西海道行軍大總管，高甑（音贈）生是他下面的鹽澤道行軍總管。這西海、鹽澤是指大體方向，並非真的劃分戰區。
【岷州】治所在今甘肅岷縣。

德，並和他一起博戲。持書侍御史權萬紀彈劾張蘊古，太宗聽了大怒，下令把張蘊古在東市斬首。不久後悔，對房玄齡說：「你們吃了君主的俸祿，就要替君主分憂，事無大小，都得留心。如今不問到就不說，看到事情都不諫諍，這怎麼能叫輔弼？如張蘊古身為法官，和獄囚一起博戲，還洩漏我的話，這也應說罪狀很重，但如果按照正常的法律量罪，不至於判處死刑。我當時盛怒，立即下令處死，你們竟不說一句話，主管部門又不覆奏，就把他處決，難道合乎道理？」於是下詔說：「凡有死刑，雖下令立即處決，都還得五次覆奏。」五覆奏的規定，就是從張蘊古這件事情開始的。詔令中又說：「遵照律文定罪，也可能有冤。從今以後，由門下省覆審，有按照法令應當處死而情有可原的，應將案情抄錄奏報。」……

貞觀九年，**鹽澤道行軍總管**、**岷州**都督高甑生坐違李靖節度，又誣告靖謀逆，減死徙邊。時有上言者曰：「甑生舊秦府功臣，請寬其過。」太宗曰：「雖是**藩邸**舊勞，誠不可忘，然理國守法，事須畫一，今若赦之，使開僥倖之路。且國家建義太原，元從及征戰有功者甚眾，若甑生獲免，誰不**覬覦**，有功之人，皆須犯法。我所以必不赦者，正為此也。」

【藩邸】藩是藩王，邸是府第，即指太宗為秦王時的王府。

【覬覦】音季俞，非分想望。

【譯文】

貞觀九年，鹽澤道行軍總管、岷州都督高甑生由於違抗李靖的節制調度，還誣告李靖謀反，減免死罪流放到邊遠地方。當時有人上書說：「高甑生是當年秦王府的功臣，請求寬免他的過錯。」唐太宗說：「他是在藩邸出過力的人，確實不應該忘記，但是治國守法，必須畫一，今天如果赦免他，就開了僥倖之路。而且國家起兵太原，一開始就參加的和作戰的人很多，如果高甑生得以免罪，誰不存僥倖之想，那麼有功的人，都會犯法。我所以決定不予赦免，正是為了這個緣故。」

赦令

《赦令》篇凡四章，這裡選譯一章。本篇爲《刑法》的姊妹篇，顯然，刑法是主要的，赦令只是一點補充。唐太宗明確認爲：「國家法令，惟須簡約，不可一罪作數種條。格式既多，官人不能盡記，更生奸詐，若欲出罪即引輕條，若欲入罪即引重條。」注意防止偏差。對於赦令，唐太宗認爲：「凡養稂莠者傷禾稼，惠奸宄者賊良人。……故諸葛亮治蜀十年不赦，而蜀大化。梁武帝每年數赦，卒至傾敗。……故我有天下已來，絕不放赦。」這是比較正確的。推而廣之，認爲「詔令格式，若不常定，則人心多惑，奸詐益生。」力求法治的穩定。

貞觀七年，太宗謂侍臣曰：「天下愚人者多，智人者少，智者不肯為惡，愚人好犯**憲**章。凡赦宥之恩，惟及不軌之輩。古

【憲】法令。
【喑啞】喑（音陰）也是啞，這裡用喑啞是不想說話的意思。
【稂莠】音郎有，樣子像苗的惡草。

語云：『小人之幸，群子之不幸。』『一歲再赦，善人喑啞。』凡養**稂莠**者傷禾稼，惠**奸宄**者賊良人。昔『**文王作罰，刑茲無赦**。』又**蜀先主**嘗謂諸葛亮曰：『吾周旋**陳元方**、**鄭康成**之間，每見啓告治亂之道備矣，曾不語赦。』故諸葛亮治蜀十年不赦，而蜀大化。梁武帝每年數赦，卒至傾敗。夫謀小仁者，大仁之賊，故我有天下已來，絕不放赦。今四海安寧，禮義興行，非常之恩，彌不可數。將恐愚人常冀僥倖，惟欲犯法，不能改過。」

【奸宄】指犯法作亂的人。宄，音軌。
【「文王」句】見於《尚書·康誥》。
【蜀先主】劉備。
【陳元方】名紀，東漢末名士。
【鄭康成】名玄，東漢末經學家。

【譯文】

貞觀七年，唐太宗對侍從的大臣們說：「天下無知的人多，聰明的人少，聰明人不肯做壞事，無知的人卻喜歡觸犯法律。凡是赦免寬宥的恩典，只能給那些不軌之徒。古話說：『小人的幸運，就是君子的不幸。』『一年再次赦宥，好人就不想說話。』凡是保養稂莠之類的雜草，就會傷害田中禾苗，將恩惠施給奸宄的人就會傷害好人。從前周文王制定刑罰，對觸犯刑罰的一概不予赦宥。還有蜀先主劉備曾對諸葛亮說：『我曾和陳元方、鄭康成往來，常見他們講說治亂之道，已講得很齊全，但從來不曾講到要赦宥。』因此諸葛亮治理蜀國，十年不赦，而蜀國大治。梁武帝每年幾次赦宥，終於導致傾覆敗亡。這種謀求小仁做法，實際上是對大仁損害，所以我取得天下以來，絕不頒發赦令。如今四海安寧，禮義盛行，特殊的恩典，數不勝數。否則怕無知的人常存僥倖之心，只想犯法，而不能改正過錯。」

貢賦

《貢賦》篇凡五章，這裡選譯一章。本篇所說的貢賦，不是指對一般百姓的「省徭賦，不奪其時，使比屋之人，恣其耕稼。」而是專門指「任土作貢，布在前典，當州所產，則充庭實。」即唐代諸州的朝集使入京所奉貢物以及方外各國的遺使進貢。本篇五章所反映的內容，說明唐太宗在這個問題上頭腦還比較清醒，他說：「比聞都督、刺史邀射聲名，厥土所賦，或嫌其不善，逾意外求，更相仿效，遂以成俗，極爲勞擾。宜改此弊，不得更然。」對於高麗、疏勒、林邑等方外各國遣使貢物，也表示「朕何德以堪之！睹此翻懷危懼。」云令將美女卻還，鸚鵡放林，要求在朝王公大臣，對此類事也要「直言正諫，以相匡弼」。

貞觀二年，太宗謂**朝集使**曰：「任土作貢，布在前典，當州

【朝集使】各州派到京城向中央彙報工作的人。

所產，則充**庭實**。比聞都督、刺史邀射聲名，厥土所賦，或嫌其不善，逾意外求，更相仿效，遂以成俗，極為勞擾。宜改此弊，不得更然。」

【譯文】

貞觀二年，唐太宗對各地來朝廷進貢的使者說：「根據土地物產確定貢賦，以前已發布典章制度，本州所產，就充貢品。近來聽到都督、刺史追求聲名，本地貢賦，有的嫌它不好，就越境到外地尋求，互相仿效，成為習俗，極其勞煩。應該改掉這種弊病，不得再這麼做。」

【庭實】朝見天子時把貢品陳列在中庭，叫庭實。

辯興亡

《辯興亡》篇凡五章，這裡選譯三章。該篇在這一卷內有它的相對獨立性，事實上辯興亡的問題可以看作《貞觀政要》全書的要旨。貞觀君臣討論種種政綱國策，最後都歸結爲辨明王朝興亡的道理，吸取歷史經驗教訓，以求唐王朝的永存。本篇各章的內容，不少已散見於其他各篇，如煬帝「奢華無道，遂致滅亡」、「周既克殷，務弘仁義；秦既得志，專行詐力」等，並記述了唐太宗這樣的觀點：「頃讀周、齊史，末代亡國之主，爲惡多相類也。……朕常謂此猶如饞人自食其肉，肉盡必死。人君賦斂不已，百姓既弊，其君亦亡，齊主即是也。」對歷代王朝的興亡原因，理解比較深刻。

貞觀初，太宗從容謂侍臣曰：「周武平紂之亂，以有天下，秦皇因周之衰，遂吞六國，其得天下不殊，祚運長短若此之相懸也？」尚書右僕射蕭瑀進曰：「紂為無道，天下苦之，故**八百諸侯，不期而會**。周室微，六國無罪，秦氏專任智力，蠶食諸侯。平定雖同，人情則異。」太宗曰：「不然，周既克殷，務弘仁義；秦既得志，專行詐力。非但取之有異，抑亦守之不同。祚之修短，意在茲乎！」

【譯文】

貞觀初年，唐太宗在閑談時對侍從的大臣們說：「周武王平定了殷紂王之亂，取得了天下，秦始皇乘周王室之衰微，就吞併了六國。他們取得天下沒有什麼不同，為什麼國運長短如此相懸殊？」尚書右僕射蕭瑀進言說：「殷紂王無道，天下都為他受苦，所以八百諸侯，不約而會師。周室衰微，六國無罪，秦國完全是倚仗智詐暴力，蠶食諸侯。雖然同是平定天下，人們對待他們的態度卻不

【「八百」句】相傳周武王伐紂，八百諸侯不約而會師盟津（今河南孟津）東北黃河渡口。

【影響】影響兩字在這裡的用法始見於《偽古文尚書．大禹謨》，意思是做了好事得到好結果，做了壞事得到壞結果，就像有了形就有影，有了聲音會有迴響，快得很。

一樣。」太宗說：「不對，周滅殷以後，一心推行仁義；秦得志以後，專門玩弄智詐暴力。這不僅取得天下有差別，而且保持天下也不相同。國運之所以有長有短，道理大概就在這裡！」

貞觀五年，太宗謂侍臣曰：「天道福善禍淫，事猶**影響**。昔**啓民亡國來奔**，隋文帝不吝粟帛，大興士眾，營衛安置，乃得存立。既而強富，子孫不思念報德，才至**始畢**，即起兵圍煬帝於**雁門**。及隋國亂，又恃強深入，遂使昔安立其國家者，身及子孫為並**頡利兄弟之所屠戮**。**今頡利破亡**，豈非背恩忘義所至也？」群臣咸曰：「誠如聖旨。」

【譯文】

貞觀五年，唐太宗對侍從的大臣們說：「天道給善人降福、給壞人降禍，快

【啟民亡國來奔】啓民可汗原稱突利可汗，東突厥內亂，突利可汗受到大可汗都藍可汗攻擊，南逃投隋，隋立他為啓民可汗，成為統治東突厥的大可汗。

【始畢】始畢可汗，啓民可汗的兒子。　【雁門】雁門關，在今山西代縣北。

【頡利兄弟之所屠戮】這九個字原書幾個本子都脫漏掉，根據《舊唐書·突厥傳》補足。頡利可汗：啓民可汗第三兒子。始畢可汗死，弟處羅可汗即位，處羅可汗死，弟頡利可汗即位；頡利兄弟：指始畢、處羅、頡利等可汗，他們都

是兄弟關係。
【今頡利破亡】指貞觀四年（西元630年）李靖大破東突厥，俘獲頡利可汗這件事。
【齊主】齊後主高緯。
【天元】後周宣帝宇文贇（音氳），自稱天元皇帝。

得像影子隨形、迴響隨聲一樣。當年突厥的啓民可汗失國南奔，隋文帝不惜粟帛錢財，動員了大批兵衆守衛安置，使他們能夠生存下來。不久突厥富強了，啓民可汗的子孫不想報答恩德，到始畢可汗時，就起兵把隋煬帝圍困在雁門關。等到隋朝大亂，又恃強深入，致使當年幫助啓民可汗安家立國的隋朝官員，自身和子孫都遭到頡利可汗兄弟的屠殺。如今頡利可汗破滅，難道不是忘恩負義所得到的結果嗎？」大臣們都說：「確實像陛下所說的那樣。」

貞觀九年，太宗謂魏徵曰：「頃讀周、齊史，末代亡國之主，為惡多相類也。**齊主**深好奢侈，所有府庫，用之略盡，乃至關市無不稅斂。朕常謂此猶如饞人自食其肉，肉盡必死。人君賦斂不已，百姓既弊，其君亦亡，齊主即是也。然**天元**、齊主，若為優劣？」徵對曰：「二主亡國雖同，其行則別。齊主懦弱，政出多門，國無綱紀，遂至亡滅，天元性兇而強，威福在己，亡國之事，皆在其身。以此論之，齊主為劣。」

【譯文】

貞觀九年，唐太宗對魏徵說：「近來我讀北周、北齊的史書，發現末代亡國的君主，所幹的壞事多數都相類似。齊王高緯非常愛好奢侈，所有的府地，幾乎都被他用光，直到關隘市集，都沒有不徵收賦稅的。我常說這好像嘴饞的人吃自己身上的肉一樣，肉吃完了自己也就死了。君主不停息地徵斂賦稅，百姓既已疲弊，他們的君主也就滅亡，齊主就是這樣的人。然而後周天元帝宇文贇與齊主相比較，誰優誰劣？」魏徵對答說：「兩個君主雖然同樣亡國，他們的做法還有區別。齊主懦弱，朝廷政令不一，國家沒有綱紀，以至滅亡。天元帝生性兇悍好強，作威作福獨斷專行，導致亡國的事情，都由他自己一手造成。從這方面來看，齊後主要更劣一些。」

【中國】這裡的中國是指以漢族為主的唐朝直接統治地區。
【殆】通「怠」，懈怠。
【勾踐軾蛙】春秋時越王勾踐被吳國打敗，要復仇雪恥。路上有隻發怒的青蛙，勾踐在車上扶著軾站起來向牠致敬，戰士看到青蛙的勇敢都受到敬禮，就更加激勵勇氣。軾，在這裡就作敬禮講。

征伐

《征伐》篇凡十三章，這裡選譯了有關戰爭理論的一章。第九卷包括《征伐》、《安邊》兩篇，內容主要是反映唐太宗比較開明的民族政策，唐朝是中國多民族國家形成的重要歷史階段，貞觀時期是個良好的開端。本篇十三章反映了唐太宗在國勢昌盛的貞觀年間大力推行和親政策，對消除民族隔閡，促使民族融合，加強民族間經濟文化交流等，在歷史上有進步作用。從貞觀初年開始，唐太宗就注意總結「自古以來窮兵極武，未有不亡者也」的經驗教訓，主張「不勞而定，勝於十萬之師。」但到貞觀後期，唐太宗也走上了不聽勸諫，好大喜功，執意多次征討高麗的道路。這裡選譯的是唐太宗在《帝範》一書中論述的用兵之道。

太宗《帝範》曰：「夫兵甲者，國家凶器也。土地雖廣，好戰則民凋；**中國**雖安，忘戰則民**殆**。凋非保全之術，殆非擬寇之方，不可以全除，不可以常用。故農隙講武，習威儀也；三年治兵，辨等列也。是以**勾踐軾蛙**，卒成霸業；**徐偃棄武**，終以喪邦。何也？越習其威，徐忘其備也。孔子曰：『**以不教民戰，是謂棄之。**』故知**弧矢之威，以利天下**。此用兵之職也。」

【譯文】

唐太宗在《帝範》一書裡說：「武器鎧甲是國中的凶器。土地雖然廣大，喜歡打仗百姓就會凋疲；中國雖然平靜，忘掉戰備百姓就會懈怠。百姓凋疲不是保全國家的辦法，百姓懈怠不是對付敵寇的辦法。武裝既不可以完全解除，又不可以經常使用。因此農閑講習武藝，以熟習威儀；三年練兵，以辨別等級位列。所以越王勾踐禮敬怒蛙，終於成其霸業，徐偃王廢棄武備，終於喪失國家。這是為什麼？就因為越習其威儀，徐忘其武備。孔子說：『用未經訓練的百姓去打仗，

【徐偃棄武】傳説西周時徐偃王只講文德，不搞武備，結果周穆王派楚國把他們打敗，終於亡國。
【「以不」句】見於《論語・子路》。
【「弧矢」句】見於《易・大傳》。

實際是拋棄百姓讓他們去送死。』因此知道了弓箭的威力，用它來利濟天下，這才是用兵者的職份。」

唐太宗熱愛的運動(一)

喜弓善射

《出獵》

琱戈夏服箭，羽騎綠沉弓。
怖獸潛幽壑，驚禽散翠空。

這首詩反映了太宗使獸驚鳥飛的嫻熟弓法。太宗出身於北地，長於戎馬，從小就學會弓箭騎射。他所用的箭比平常人大了一倍，命中率高、威力大，有「射洞（即穿）門闔」之能。房玄齡曾讚揚他「箭穿七札，弓貫六鈞」。

登基後，雖然不再操著弓箭馳騁沙場，然而太宗自告奮勇地親自擔任警衛將卒「習射」的教練。這項活動每天有數百人參加，射中的還有弓刀、布帛等獎賞。

太宗不僅善於騎射，對弓箭也有極深的興趣。《詠弓》一詩，光從名稱便表現出他對弓的特殊愛好：

上弦明月半，激箭流星遠。
落雁帶書驚，啼猿映枝轉。

貞觀元年，太宗廣泛搜羅良弓，選擇其中十餘把，與工匠一道研究製作的技巧。太宗虛心聽取，表示要好好學習。

安邊

《安邊》篇凡二章，這裡節譯一章。唐太宗比較注意實行民族團結政策。貞觀四年，平定突厥，使之歸附中國，唐太宗召集群臣討論如何安置，群臣紛呈「安邊之策」，展開熱烈爭論。中書令溫彥博主張安置在河南一帶朔方之地，「全其部落，得爲捍蔽，又不離其土俗，因而撫之，一則實空虛之地，二則示無猜之心，是含育之道也。」唐太宗同意這個方案。而魏徵則激烈反對，提出夷狄非我族類，其心必異的迂腐主張，認爲「遣居河南，所謂養獸自遺患也。」唐太宗此時並不盲從魏徵的意見。但到貞觀後期，反又倒退到魏徵的觀點上來了，悔恨「不納魏徵言，幾失久安之道。」

貞觀四年，李靖擊突厥頡利，敗之，其部落多來歸降者。詔議安邊之策，中書令溫彥博議：「請於**河南**處之。準**漢建武**

【河南】指內蒙古的河套地區，在黃河以南，所以叫河南。
【漢建武】東漢光武帝年號（西元二五—五六年）。
【五原】郡名，治所在今內蒙古包頭西北。
【幽州】治所在今北京。　【靈州】治所在今寧夏靈武西、黃河西岸。
【順、祐、化、長四州都督府】這都是羈縻州，即將歸降突厥部落設置某州都督，由原有的可汗、酋長任都督，如順州即由突利可汗任都督。

【突利可汗】他是始畢可汗的兒子，頡利可汗的侄兒，為頡利所攻擊，貞觀三年就到長安降唐。
【阿史那結社率】阿史那是突厥貴族的姓。結社率是此人的名。
【賀羅鶻】突利的兒子的名字。鶻，音骨。
【河北】黃河以北今內蒙古地區。
【建牙】牙本是大旗，北方少數民族的可汗設營帳叫建牙。

時，置降匈奴於**五原**塞下，全其部落，得為捍蔽，又不離其土俗。因而撫之。一則實空虛之地，二則示無猜之心，是含育之道也。」太宗從之。……自**幽州**至**靈州**置順、祐、化、長四州都督府以處之，其人居長安者近且萬家，……

十三年，太宗幸九成宮，**突利可汗**弟中郎將**阿史那結社率**陰結所部，並擁突利子**賀羅鶻**夜犯御營，事敗，皆捕斬之。太宗自是不直突厥，悔處其部眾於中國，還其舊部於**河北**，**建牙**於故**定襄城**，立**李思摩**為**乙彌泥熟俟利苾**可汗以主之。因謂侍臣曰：「中國百姓，實天下之根本，四夷之人，乃同枝葉，擾其根本以厚枝葉，而求久安，未之有也。……」

【譯文】

貞觀四年，李靖打敗突厥頡利可汗，頡利統屬的部落有很多降服歸附。唐太宗下詔討論安定邊境的政策。中書令溫彥博建議：「請在河南安置他們。仿照東漢建武年間，把降附的匈奴安置在五原郡邊塞附近的辦法，保留原有部落編制，作為我們的屏障，同時又不遠離他們的本土、改變他們的習俗，從而加以撫慰，這樣一來可以充實空虛的邊塞，二來可以體現出沒有猜疑他們的想法，這才是包容養育他們的正當辦法。」太宗同意了溫彥博的建議。……從幽州到靈州之間設置了順、祐、化、長四州都督府來安置降附的突厥部落，當時住在長安的突厥人將近有一萬家，……

貞觀十三年，太宗親臨九成宮，突利可汗的弟弟中郎將阿史那結社率暗地裡結集部眾，並支持突利可汗的兒子賀羅鶻乘夜攻擊太宗的御營。事情敗露，都被捕獲斬首。太宗從此不信任突厥，後悔把他們的部眾安置在內地，便把他們遣送回黃河以北地區，命令在舊定襄城建牙鎮守，立李思摩為乙彌泥熟俟利苾可汗來統率他們。並對侍從的大臣們說：「中國百姓，實是天下的根本，周圍的少數民族，就如同枝葉一樣，損傷根本而想枝繁葉茂，求得長治久安，是絕不可能的。

【定襄城】在今內蒙古北部。
【李思摩】頡利可汗同族人，和頡利同時被俘，後忠於唐朝。
【乙彌泥熟俟利苾】和頡利、突利等一樣都是可汗的稱號。苾，音必。

……」

佛寺的力量

貞觀三年（西元六二九年）的十二月間，唐太宗下詔，要爲過去曾經行陣作戰的地方建立佛寺。他在《行陣所立七寺詔》一書中說：「紀信捐生，丹青著於圖像，猶恐九泉之下，尚論鼎鑊，八維之間，永纏冰炭，所以樹立福田，濟其魂魄。」於是在交兵作戰、死亡慘重的地方，爲敵我雙方的陣亡者各建寺廟，延招僧侶。讓那些死難的亡魂，聞到晨鐘暮鼓之聲，能夠變炎火於青蓮，易苦海爲甘露。由此可知道太宗的慈悲心。

隔年五月間，在七處戰場上建築的佛寺一齊竣工落成，太宗還下詔派遣有道高僧住持。這七所佛寺爲：

破薛舉於豳州，立昭仁寺。

破宋老生於呂州，立普濟寺。

破宋金剛於晉州，立慈雲寺。
破劉武周於汾州，立弘濟寺。
破王世充於邙山，立昭覺寺。
破竇建德於鄭州，立等慈寺。
破劉黑泰於洺州，立昭福寺。

寺建成後，太宗又令虞世南、李伯藥、褚遂良、顏師良、岑文本、許敬崇、朱子奢等七位大臣，爲以上七寺撰新寺碑誌。

貞觀三年的那一年，天下豐收，夜不閉戶，天下大治，除了太宗的賢能統治外，也許佛寺在冥冥之中也有保佑與安定人心的作用。

行幸

《行幸》篇凡四章，這裡選譯一章。最後第十卷共包括《行幸》、《畋獵》、《災祥》、《愼終》四篇，主要是對於帝王奢侈行爲的某些節制和自誡。出發點還是爲了免蹈隋煬帝等亡國之君的覆轍，以求愼終。唐太宗一再與群臣討論這些問題，一方面「深以自誡」，「不敢輕用人力，惟令百姓安靜，不有怨叛而已」；另方面，又多次向大臣提出：「君有違失，臣須極言。朕聞卿等規諫，縱不能當時即從，再三思審，必擇善而用之。」這些應當肯定。然而即使像唐太宗這樣的明君，也有不清醒、胡作非爲的事發生，如貞觀十二年魏徵關於太宗入洛的進言便是指出的一例，唐太宗也不能不承認「非公，朕不聞此言。自今已後，庶幾無如此事。」

貞觀初，太宗謂侍臣曰：「隋煬帝廣造宮室，以肆行幸，自西京至東都，離宮別館，相望道次，乃至**并州**、**涿郡**，無不悉然。**馳道**皆廣數百步，種樹以飾其旁。人力不堪，相聚為**賊**。逮至末年，尺土一人，非復己有。以此觀之，廣宮室，好行幸，竟有何益？此皆朕耳所聞，目所見，深以自誡。故不敢輕用人力，惟令百姓安靜，不有怨叛而已。」

【譯文】

貞觀初年，唐太宗對侍從的大臣們說：「隋煬帝大肆營建宮室，以便縱情遊樂，從西京到東都，離宮別館，沿路都是，以至并州、涿郡，也無不如此。馳道都有幾百步寬，兩邊種上樹作為裝飾。百姓無力承擔，相聚起來反抗。到隋朝末年，一尺土地一個百姓，都不再屬於他所有。這樣看來，多營宮室，喜愛遊樂，到底有什麼好處？這都是我耳聞日見的事，應該深以為誡。因此我不敢隨便動用人力，只讓百姓安靜，不要發生怨叛就行。」

【并州】治所在今山西太原。
【涿郡】治所在今北京西南。
【馳道】專供皇帝行駛車馬的大路。
【賊】盜賊，這是唐太宗對人民反抗的誣稱。

唐太宗熱愛的運動(二)

嗜好良馬

騎射與馬總是分不開的，太宗既然善於騎射，對於馬匹自然也有一番研究。

武德四年虎牢之役中，太宗看中了敵軍將士王琬所騎乘的馬。於是，由將領們衝入敵陣，連人帶馬將之擒了過來。太宗將這匹馬取名爲黃驄驃，直到貞觀晚年還帶牠出征。黃驄驃死時，太宗哀惜不已，命樂工製了一首《黃驄疊曲》以茲紀念。

唐太宗愛馬成癖，留下了一些詠馬的詩，其中以《詠飲馬》最爲傳神：

駿骨飲長涇，奔流灑絡纓；細紋連噴聚，亂荇繞蹄縈。
水光鞍上側，馬影溜中橫；翻似天池裡，騰波龍種生。

這首詩從動態上描寫飲馬的各種態勢，最終以「翻似天池」、「騰波龍種」作結，宛若天馬行空，神妙無比。倘若不是愛馬至深，焉能寫得如此繪聲繪色？

突厥酋長墓葬的習俗中，會把立功的駿馬雕刻在主人的墓側讓人憑弔，表明他們尚武愛馬的風貌。太宗也受其影響，死前遺命雕刻六匹戰馬以裝飾昭陵，號稱「昭陵六駿」。

昭陵六駿出於無名雕刻家之手，造型粗獷，神態生動。六駿形象各有不同，有的原地待命，有的輕步徐行，有的馳騁戰陣，有的騰空飛躍。這些傑作擺脫了北朝以後雕刻的呆板與俗氣，是唐初雕刻藝術的高度成就。

【油衣】雨衣，用油塗過以防濕，但當時技術不精，常會滲漏，所以太宗這麼問。

【「能以」句】意思是如果不外出打獵，在屋子裡，上面有瓦防雨，就不會滲漏。

畋獵

《畋獵》篇凡五章，這裡選譯二章。到野外打獵，爲唐太宗所一向喜愛。而唐太宗尚能聽取大臣們諫諍，適當加以節制，確實是專制帝王中比較突出的。正如魏徵奏稱：「願陛下割私情之娛，罷格獸之樂，上爲宗廟社稷，下慰群僚兆庶」，「割情屈己，從臣下之言者，志存爲國，不爲身也。」篇中反映唐太宗對於虞世南、谷那律等「弗數遊獵」的諫言還能「深嘉其言」、「大被嘉納」。特別是貞觀十四年，太宗將幸櫟陽遊畋，縣丞劉仁軌以收獲未畢，非人君順動之時，詣行所，上表切諫，太宗遂罷獵。

谷那律為諫議大夫，嘗從太宗出獵。在途遇雨，太宗問曰：「**油衣若為得不漏？**」對曰：「**能以瓦為之，必不漏矣！**」意欲太宗弗數遊獵。大被嘉納，賜帛五十段，加以金帶。

【譯文】

谷那律任諫議大夫，曾跟隨唐太宗出外打獵。途中遇上大雨，太宗道：「油衣怎麼做才能不滲漏？」谷那律回答說：「能夠用瓦來做，一定不會滲漏。」意思是希望太宗不要經常遊獵。太宗大為讚賞採納，賜給他帛五十段，還加上一條金帶。

貞觀十四年冬十月，太宗將幸**櫟陽**遊**畋**，縣丞**劉仁軌**以收獲未畢，非人君**順動**之時，詣行所，上表切諫。太宗遂罷獵，擢拜仁軌**新安**令。

【櫟陽】在今陝西臨潼北。櫟，音月。
【畋】音田，打獵。
【劉仁軌】唐初政治家、軍事家，高宗、武則天時位居將相。
【順動】順時而動，按照適宜的時候、季節而有所舉動。
【新安】今屬河南。

【譯文】

貞觀十四年冬十月，唐太宗準備去櫟陽遊獵。櫟陽縣丞劉仁軌認為農村收穫還未完畢，不是君主打獵出遊的時候，便前往太宗一行停駐的地方，上表懇切勸諫。太宗就此停止打獵，並把劉仁軌擢升為新安縣令。

唐太宗熱愛的運動(三)

郊外圍獵

圍獵需有嫻熟的騎射技術，而騎射技術也需藉由圍獵加以鞏固與提高。有著高超騎射技術的唐太宗自然是其中的佼佼者。

唐太宗外出圍獵，左右有獵手陪同，名曰「百騎」。他們穿著畫有獸形的衣衫，持著弓箭在御馬前助帝狩獵，形成一個極爲壯觀的場面。

群臣對於太宗的涉獵多持反對態度，一是顧慮他的安全，且太宗容易一打獵就放縱起來，二是認爲圍獵擾民。但其實太宗的射獵多是選在農暇時，例如

《出獵》一詩所言：

楚天雲夢澤，漢帝長楊宮。
豈若因農暇，閱武出轘嵩。

詩中更進一步闡述圍獵是爲了布陣練兵，不忘武備：

三驅陣銳卒，七萃列材雄。
寒野霜氛白，平原燒火紅。

故貞觀時期，唐太宗儘管頻頻出獵，但由於時間大多安排在十至十二月，所以基本上沒有造成擾民之害。而圍獵一方面可以消除猛獸殘害百姓，一方面也可以收集獸皮與羽毛，充實軍中器械。但許多大臣擔心他過於入迷，經常規勸他，太宗也很能接受群臣的諫言，避免娛樂過頭，衝擊國事。

災祥

《災祥》篇凡四章，這裡節譯一章，封建時代對於自然現象往往不能理解，於是有所謂天人感應的祥瑞與災異。唐太宗對此頭腦還比較清醒，聲稱：「如朕本心，但使天下太平，家給人足，雖無祥瑞，亦可比德於堯、舜。若百姓不足，夷狄內侵，縱有芝草遍街衢，鳳凰巢苑囿，亦何異於桀、紂？」魏徵等大臣亦認爲：「自古帝王未有無災變者，但能修德，災變自銷。」「朝無闕政，百姓安樂，雖有災變，何損於德？」唐太宗聽了虞世南所說「妖不勝德，修德可以銷變」的話後，「因遣使者賑恤饑餒，申理冤訟，多所原宥」。這些認識和作法，還是比較實事求是，應當肯定。

貞觀十一年，大雨，**穀水**溢，沖洛城門，入洛陽宮，平地五尺，毀宮**寺**十九所，漂七百餘家。太宗謂侍臣曰：「朕之不

【穀水】古代水名，山澠池經洛陽入洛水。
【寺】寺是政府機關的名稱之一，佛教傳入中國後稱活動之所為寺是藉用。

德，皇天降冓，將由視聽弗明，刑罰失度，遂使**陰陽舛謬**，雨水乖常。矜物罪己，載懷憂惕，朕又何情，獨甘滋味？可令**尚食**斷肉料，進蔬食。文武百官各上封事，極言得失。」……

【譯文】

貞觀十一年，下大雨。穀水河氾濫，沖毀洛陽城門，淹進洛陽宮，平地水深五尺，毀壞宮寺十九處，漂沒民房七百多家。唐太宗對侍從的大臣們說：「我沒有德行，所以皇天才降災。大概由於我視聽不明，刑罰失當，以致陰陽錯亂，雨水反常。正該撫恤百姓、歸罪自身，憂懼警惕。我又有什麼心情來獨自安享珍饈美味？應令尚食停供肉食之類，只進蔬菜素食。文武百官都上書奏事，暢言政事得失。」……

【陰陽舛謬】古人迷信，認為陰陽舛謬就會鬧水旱災。
【尚食】官名，主管皇帝的飲食，唐設有尚食局。

愼終

《愼終》篇凡七章，這裡選譯四章。這是全書最後一篇，是貞觀群臣論政中強調要善始善終的意思。貞觀五年，唐太宗常提醒自己要「安不忘危，治不忘亂，雖知今日無事，亦須思其終始。」但越到後來，驕傲自滿、忘乎所以的情緒就越增長。如貞觀九年時，他自我吹噓「武勝於古」，「文過於古」，「懷遠勝古」，「既有此功業，何得不善始愼終耶？」針對這種狀況，魏徵在貞觀十三年，上了一篇著名的《十漸不克終疏》，尖銳地指出「頃年已來，稍乖曩志，敦樸之理，漸不克終」。要唐太宗牢記「非知之難，行之惟難；非行之難，終之斯難。」

貞觀五年，太宗謂侍臣曰：「自古帝王亦不能常化，假令內安，必有外擾。當今遠夷率服，百穀豐稔，盜賊不作，內外寧靜。此非朕一人之力，實由公等共相匡輔。然安不忘危，治不忘亂，雖知今日無事，亦須思其終始。常得如此，始是可貴也。」魏徵對曰：「自古已來，**元首、股肱**不能備具，或時君稱聖，臣即不賢；或遇賢臣，即無聖主。今陛下明，所以致治，向若直有賢臣，而君不思化，亦無所益。天下今雖太平，臣等猶未以為喜，惟願陛下居安思危，孜孜不怠耳！」

【元首、股肱】元首指君，股肱指臣。

【譯文】

貞觀五年，唐太宗對周圍侍臣們說：「從古以來的帝王也不能長期教化天下，假若內部安定，必定還有外亂騷擾。如今遠方外族歸順我朝，五穀豐登，盜賊不起，內外寧靜。這不單憑我個人的能力，實在是靠你們共同輔佐。然而居安不能忘危，治平不能忘亂，雖然明知今天無事，也得考慮如何有始有終。要經常這樣，才是可貴。」魏徵對答說：「從古以來，君主和大臣不能兩全其美，有時君主聖明，而臣下不賢；有時遇上賢臣，卻沒有聖明的君主。如今陛下聖明，所以達到治平，假如當時只有賢臣，而君主不想教化，也沒有益處。天下如今雖然太平，臣等還不能為此高興，惟願陛下能居安思危，孜孜不倦！」

貞觀六年，太宗謂侍臣曰：「自古人君為善者，多不能堅守其事。漢高祖，**泗上一亭長**耳，初能拯危誅暴，以成帝業，然更延十數年，縱逸之敗，亦不可保。何以知之？**孝惠**為嫡嗣之重，溫恭仁孝，而**高帝惑於愛姬之子，欲行廢立**；蕭何、韓信，功業既高，**蕭既妄繫**，**韓亦濫黜**，其餘功臣**黥布**之輩，懼而不安，至於反逆。君臣父子之間悖謬若此，豈非難保之明驗也？朕所以不敢恃天下之安，每思危亡以自戒懼，用保其終。」

【泗上一亭長】泗上，即泗水亭，劉邦原先做過泗水亭亭長，亭是秦時農村基層組織。

【孝惠】漢高祖太子劉盈後即位為皇帝，死後謚孝惠。

【「高帝」句】漢高祖喜愛寵姬戚夫人所生的趙王劉如意，想立為太子而廢掉呂后所生的劉盈，結果沒有成功。

【蕭既妄繫】蕭何任丞相，曾因請求讓百姓耕種上林苑的空地，被高祖下獄，幾天後才釋放。
【韓亦濫黜】韓信有大功先封齊王，後改封楚王，有人控告他謀反，被高祖黜為淮陰侯，以後又被呂后誘殺。
【黥布】本姓英名布，因受過黥刑叫黥布，為漢高祖奪天下立有大功，封淮南王，韓信等被殺後，黥布恐懼不安而謀反，為高祖平定，被殺。

【譯文】

貞觀六年，唐太宗對侍從的大臣們說：「從古以來君主想做好事的，往往不能堅持到底，漢高祖，本是泗水亭的一個亭長罷了，起初他能夠救危難誅暴秦，成就了帝王大業，但如果在位時間再延長十幾年，因放縱逸樂而陷於衰敗，也不能保住他當初的功業。根據什麼得知這樣的結局呢？孝惠帝本以嫡長子居太子重位，溫恭仁孝，而高祖迷惑於愛姬之子，想另行廢立；蕭何、韓信，功業已高，而蕭何曾被無端械繫下獄，韓信也被濫施貶黜，其餘功臣像黥布等人恐懼不安，終於謀反叛逆。君臣父子之間悖逆荒謬到這種地步，豈不是難於保全功業的明證嗎？我所以不敢自恃天下安定，而經常思慮危亡來警誡自己，用它來保持到底。」

貞觀十四年，太宗謂侍臣曰：「平定天下，朕雖有其事，守之失圖，功業亦復難保。秦始皇初亦平六國，據有四海，及末

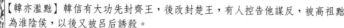

年不能善守，實為可誡。公等宜念公忘私，則榮名高位，可以克終其美。」魏徵對曰：「臣聞之，戰勝易，守勝難。陛下深思遠慮，安不忘危，功業既彰，德教復洽，恆以此為政，宗社無由傾敗矣。」

【譯文】

貞觀十四年，唐太宗對周圍侍臣們說：「平定天下，我雖已做到，如果守天下不得法，功業也難於保住。秦始皇起初也曾平定六國，據有四海，到他晚年卻不能很好地守住，真可作為鑒誡。你們應該念公忘私，那麼已經取得的榮名高位，就能保持到最後。」魏徵對答說：「臣聽說：戰勝容易，保持勝利困難。陛下深思遠慮，安不忘危，功業既已顯赫，德行教化又深入人心，永遠用這種態度來治理天下，國家就無從傾覆了。」

貞觀十六年，太宗問魏徵曰：「觀近古帝王，有傳位十代者，有一代兩代者，亦有身得身失者。朕所以常懷憂懼，或恐撫養生民，不得其所，或恐心生驕逸，喜怒過度。然不自知，卿可為朕言之，當以為楷則。」徵對曰：「嗜慾欲喜怒之情，賢愚皆同，賢者能節之，不使過度，愚者縱之，多至失所。陛下聖德玄遠，居安思危，伏願陛下常能自制，以保克終之美，則萬代永賴。」

【譯文】

貞觀十六年，唐太宗問魏徵說：「看近古代帝王，有傳位十代的，有一代兩代的，也有自己取得天下又自己丟失的。我所以常感到憂慮恐懼，或是怕撫養百姓未能做到各得其所，或是怕自己心生驕逸，喜怒過度。然而自己不能覺察到，你可以講給我聽，我當作為準則。」魏徵對答說：「嗜慾喜怒的情感，無論賢者、愚者都是一樣的，只是賢者能夠有所節制，不讓過度，愚者卻恣意放縱，以至弄到不可收拾。陛下聖德高遠，居安思危，衷心希望陛下能經常節制，來保持完美的結局，那麼萬代以下將永遠得到好處。」

國家圖書館出版品預行編目資料

教你看懂唐太宗與貞觀政要／許麗雯編著．—
臺北市：高談文化，2004〔民93〕
面；　公分
ISBN：986-7542-47-9（平裝）
1. 政治制度 - 中國 - 唐（618-907）

624.11　　93012675

教你看懂唐太宗與貞觀政要

發行人：賴任辰
總編輯：許麗雯
主　編：劉綺文
編　輯：呂婉君　李依蓉
企　劃：張燕宜
行　政：楊伯江
出　版：高談文化事業有限公司
地　址：台北市信義路六段76巷2弄24號1樓
電　話：（02）2726-0677
傳　真：（02）2759-4681
http://www.cultuspeak.com.tw
E-Mail：cultuspeak@cultuspeak.com.tw
郵撥帳號：19282592高談文化事業有限公司
印　刷：卡樂彩色製版印刷有限公司
（02）2883-4213
圖書總經銷：凌域國際股份有限公司
電話：(02)2298-3838
傳眞：(02)2298-1498
行政院新聞局出版事業登記證局版臺省業字第890號

2004年8月出版
定價：新台幣260元整

漢倫道

天馬行空 破格創新

天行者出版
SKYWALKER PRESS

勇者遊戲
陳熲 著

目錄

推薦序

當初收到作者陳煩的邀請，爲《勇者遊戲》作Consultant和寫序，我回覆了她，大家通了30分鐘的電話，發現她爲人很爽快，也熱愛撲克，我認爲這件事有助推動香港的撲克文化，於是一口便答應了。

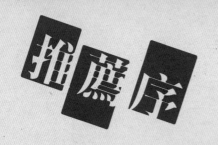

這是一本專爲Texas Hold'em Poker 熱愛者而寫的撲克小說，當中情節寫實，牌局刁鑽有趣，人物性格熱血感人！而且還可以學到很多撲克專用名詞和技術，熱愛撲克的你，絕對不可以錯過！

我在香港推動撲克運動文化，從2007年開始，不知不覺已經15年，都是一步一腳印地走來，從一開始在蘭桂坊酒吧舉辦比賽，到有老闆賞識，與我一起開Poker Club，後來遇到經濟低潮，Poker Club倒閉，然後要自食其力，四處打不同的私局。到後來再擴張，開了間比以前更大的Poker Club，直到現在有兩間分店，接近一萬呎，期間亦有明星幫忙推廣Match Poker，後期開始到外國打比賽，舉辦外國比賽，也成功將Poker帶上電視，令更多人認識Poker文化。我本身也打了Poker 18年，很明白Poker Player的心路歷程，途中高低起伏，只有自己心裏有數，別人是不會明白的。在這裏勉勵在途上奮鬥的Poker Players，和打Tournament一樣，成功必然是難的，我尊敬你們每一位未選擇放棄的Poker Player，就是因爲你們每一位，香港撲克運動文化，才可以發光發亮！

香港撲克教父

Ricky Cheung

香港撲克教父 Ricky Cheung
https://www.facebook.com/rickycheungpoker/

Donkey Hand Club
https://donkeyhandclub.io

Rich Poker 富翁撲克
https://youtube.com/channel/UCtb-2NLP4M6S-8zHM7mmKnA

Hong Kong Game Club - Poker
https://www.facebook.com/HKGC2007/

Match Poker 中國香港電競撲克體育總會
https://www.facebook.com/matchpokerhk/

香港女子撲克運動協會
https://www.facebook.com/HKWomenPoker

推薦序

很榮幸可以爲《勇者遊戲》作序！一直都是替投資書籍寫序居多，想不到竟被陳煩奪去了爲小說寫序的第一次！

談起德州撲克，要數到大學時期的事了。當時我在一家trading firm當intern，大家都知trader尤其喜歡打poker，因爲當中蘊含的元素與投資極其相似，都是透過智力賺取金錢的遊戲。而第一次打poker就是被當時公司同事「導入坑」，自那次起就踏上不歸路，一旦有空就會約朋友、同行、同事打cash game。

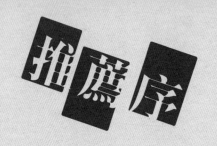

Poker眞會令人上癮。有些人打poker是爲了賺錢，有些人是爲了打發時間，而好勝的我，打poker是爲了勝利的滿足感。曾經懷疑過自己打poker是爲了金錢，但到後來，發現哪怕打的是100/200盲注，還是1/2，勝利的滿足感都不變，我就知道，我爲的不是籌碼。因爲在賭桌上，抑或金融市場上贏錢，彷彿就能證明自己並不是食物鏈底層的「魚」。

爲什麼trader都愛打poker呢？我曾在Patreon中，寫過兩篇文章，探討德州撲克與投資的關係，題爲〈在德州撲克中領略的道理〉，當中提到期望值、零和遊戲、紀律、注碼控制、預測等等元素。首先，打poker每次拿到的手牌都不相同，就像金融市場中無人能有全局認知，每人只得到碎片化資訊，卻需在充滿不確定性的環境中估算期望值下注；然後每一輪也充斥著變數，一張河牌可以讓你由領先變落後，又或者由地獄到天堂。問題在於，由強牌變弱牌時，很多初哥都會眷戀已經投出彩池的注碼而不願棄牌，其實那已是沉沒成本。這亦是大多數投資者常犯錯誤——不願止蝕，認爲止蝕是失敗者行爲。可惜，高手才會明白，生存是最重要。只要有實力，哪怕機會到來時賺不了錢？

在看《勇者遊戲》第一章時，已被陳煩文筆深深吸引。作者筆下的牌局栩栩如生，當中描繪到的人物表情、對話、微動作，令讀者彷彿置身於賭桌上，大腦不其然地代入角色，心情隨牌面而起伏。作者更細心地拆解德州撲克的每個細節，相信未曾打過poker的讀者也會被「導入坑」！

最後，必不能少的，當然是祝《勇者遊戲》一紙風行！

量化交易員兼Poker愛好者

蔡嘉民 Calvin

自序

我與德州撲克結緣，時乃2020年中，朋友來訪時教會我這個遊戲，自那晚之後，我就迷上了撲克。

雖然牌齡只有短短一年多的時間，但我依然斗膽寫《勇者遊戲》這個故事，是希望可以盡一己綿力，將德州撲克推而廣之，讓更多人認識這項競技。是的，德州撲克是一門競技，當中涉及概率計算和心理博弈，而不是純粹比併運氣的賭博。

故事會沿著主角的成長，簡單講解德州撲克的玩法與及各種基礎技巧，因此就算是從未接觸過撲克的讀者，也無須擔心有閱讀門檻。

由於我牌齡尚淺，在創作這個故事的時候，特意去報讀了一個撲克課程，雖然版稅未必足夠支付課程費用，但只要能夠將故事內容提升多那麼一點，那就已經值得了，而且可以將寫作和撲克這兩種興趣結合，於我而言，是一件無比幸福的事。不過我自知愚鈍，所以在故事中描述的牌局，或許會有可以打得更好的地方，我只能盡量描寫出該個角色當下的心理活動，以解釋他們何以會選擇作出這樣的舉動，但我亦希望各路高手如有指教，歡迎到Facebook專頁私訊與我討論。

如果是把撲克視作終身志業的人，我自然沒有資格置喙，但若果大家跟我一樣只是娛樂玩家，容我囉嗦提醒，希望各位在享受撲克帶來的樂趣時，能夠保持分寸，小賭怡情。

另外我要感激Ricky仗義相助，答應擔任這本小說的顧問，得知他在香港推廣撲克已有10餘年時間，如非衷心熱愛撲克，根本不可能有這份魄力和堅持，在此向他致意。

最後，我要感謝天行者出版的Zeny、Penny和其他出版社同事，他們給予我不少意見，豐富了故事的內容和架構。

《勇者遊戲》的主題是勇氣，在我看來，真正的勇氣，並不是心中無畏無懼，而是縱然懼怕，依然選擇勇敢面對。

出版業艱難並不是新鮮事，他們在我這個作者也沒有足夠信心的情況下，仍然願意出版德州撲克這個冷門題材的小說，在我心目中，他們都是值得敬重的勇者。

德州撲克牌局位置

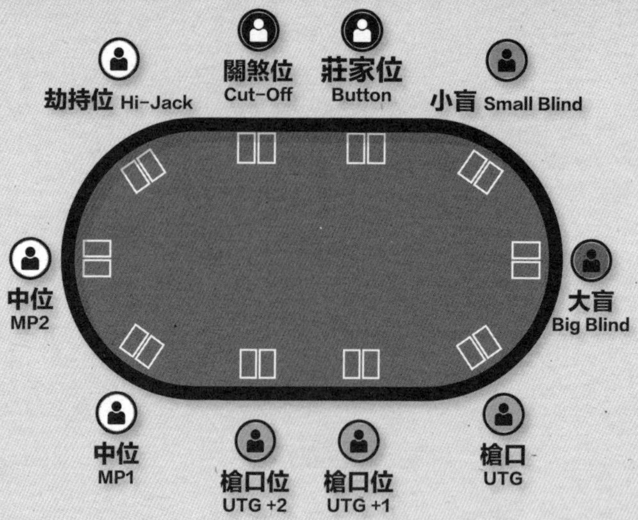

盲注（Blinds）	在每手牌局開始之前，都會強制其中兩名玩家提前下注，這兩名玩家的位置分別是小盲位（Small Blind）和大盲位（Big Blind），其下注的額度就叫小盲注和大盲注。「盲注50／100」即是小盲要付$50，大盲要付$100。
莊家位（Button）	又稱按鈕位，是所有位置中最好的一個，原因是Button位置的玩家在翻牌圈、轉牌圈，以及河牌圈，都是最後一個行動的玩家，可以掌握更多其他玩家的資訊。
槍口位（Under The Gun）	簡稱UTG，乃翻牌前最先行動者，在德州撲克裡位置愈後愈有利，因此槍口位的玩家最為被動，起手牌要求相對地比其他位置都要高，多數在翻牌前被迫棄牌，所以稱作槍口位。
前位（Early Position）	簡稱EP
中位（Middle Position）	簡稱MP
劫持位（Hi-Jack）	簡稱HJ，劫持位相對較後，由這個位置開始比較多詐唬偷盲的情況出現，因此稱作劫持
後位（Late Position）	簡稱LP
關煞位（Cut-Off）	簡稱CO，是Button位前一個位置，如果CO位的玩家率先詐唬，就會阻擋了Button位玩家詐唬的機會，因此稱為關煞位。

玩法用語

底牌（Hole Cards）	或稱起手牌，即每位玩家獲發的兩張牌面朝下的撲克牌。
公共牌（Board）	或稱Community cards，即牌桌中央位置陸續發出的5張撲克牌，這5張牌每個玩家都可以利用，所以稱公共牌。
過牌（Check）	即不作出任何行動，可理解為下注$0。
棄牌（Fold）	代表玩家退出這一局遊戲
底池（Pot）	是所有玩家下注金額的總和
買入（Buy-in）	即玩家帶上牌桌的籌碼金額
下注（Bet）	即往底池中投入金額，在無限制德州撲克(No Limit Texas Hold'em)中，下注並無上限，但至少要等同盲注的金額。
跟注（Call）	當前面已有玩家選擇下注，後面玩家下注的金額與前位玩家相同，稱為跟注。
加注（Raise）	指下注的金額較前位玩家的下注金額更高。
再加注（Re-raise）	當前面位置已經有人加注(Raise)，後面位置的人下注更高的金額，就叫再加注，也稱作3-Bet。
過牌加（Check-Raise，也叫XR）	先是過牌示弱，待其他玩家下注之後，再反過來加注對手。
持續下注（Continue bet）	又稱C-bet，是指在上一條街做出激進舉動(例如加注或者再加注)的玩家，於下一輪又再首先下注。
翻牌前（Preflop）	顧名思義即是玩家獲派兩張底牌，而翻開的公共牌尚未發出前的押注圈，此圈最先由槍位口開始行動，最後是大盲位。
平進（Limp）	指翻牌前跟注大盲入池，而沒有加注。
翻牌圈（Flop）	即牌桌中央發出三張翻開的公共牌後的押注圈，由此圈開始，最先行動者是小盲位，最後是Button位。
轉牌圈（Turn）	發出第四張公共牌之後的押注圈。
河牌圈（River）	即發出第五張，亦是最後一張公共牌後的押注圈。
銷牌（Burn Card）	在每一次發出公共牌之前，荷官都需要將一副牌中最上面那張牌放到一邊，此動作稱做銷牌，用以防止玩家作弊。
踢腳（Kicker）	例如當雙方都擊中了同一個對子，此時誰勝誰負，就要比雙方底牌中另一張牌的大小，那張牌就叫踢腳。

“ THEY SAY COURAGE IS INVISIBLE, BUT I NEVER KNEW A TOP PLAYER WHO DIDN'T HAVE IT WRITTEN ALL OVER HIS FACE. ”

– *DOYLE BRUNSON'S SUPER SYSTEM* (1979)

傳奇牌手Doyle Brunson著作，全稱*Doyle Brunson's Super System : A Course in Power Poker*。引文意為「人云勇氣是無形的，但我沒見過頂級玩家不把勇氣寫在臉上」。

第一章

天堂與地獄的距離

" If you can't spot the sucker in your first half hour at the table, then you are the sucker. "
– Rounders, Mike McDermott

「當你上桌半小時都還未找到魚，那麼你就是這張牌桌上的魚。」
——出自1998年電影《天才遊戲》男主角Mike McDermott

德州撲克玩的是賭桌上那52張牌，但眞正較量的，卻是牌桌上各人的智慧，還有勇氣。

「All-in ！」當那個鑲著金門牙的大叔喊出這句牌桌上最具威力的說話時，黎家豪不禁替阿洋出了一身的冷汗，他知道以阿洋的個性，是不會輕易放棄手上這把牌的，但他手邊堆起的那疊籌碼，是上星期剛從政府借來的大學學費，那是他輸不起的銀碼。

果然阿洋皺起眉頭，用左手護著前方，右手輕輕拈起自己面前的兩張底牌再次確認牌力，然後將一個金色的1000元籌碼壓在底牌上，似乎不打算輕易投降。「Go big or go home.」阿洋在坐上牌桌前，對黎家豪這樣說。

黎家豪開始回想他們是如何落入這個局面的——黎家豪父親是澳門人，他小時候也在這裡生活了幾年時間，因此合資格領取澳門政府派發的一萬元現金津貼，幾個相熟的大學同學知道之後，嚷著要他請客。

黎家豪的花名是泥膠，除了諧音的緣故，也因爲他個性軟綿綿的，總是像塊泥膠似的任人搓圓按扁，這次被敲竹槓同樣完全沒有招架能力，幸好有阿曼替他擋了下來，幾個同學鬧著鬧著，便演變成趁著暑假，一行六人到澳門來個三日兩夜的旅行。

在前往澳門的船上，黎家豪吐了個半死，他本來就長得又白又瘦，一看就知道是個文弱書生，加上遺傳了母親的精緻五官，個子不高的他霎眼看倒像個蓄短髮的女生似的，而暈船之後一張臉更顯蒼白，同學們早已見慣他弱不禁風的體質，還鬧著玩地拍下他嘔吐時的狼狽模樣，只有阿曼全程為他張羅暈浪丸和嘔吐袋。

甫抵達酒店卸下行李，阿洋就提議到賭場試試手氣。黎家豪本想獨自留在房間休息，但大家嫌他掃興，硬要把面青唇白的他拉到賭廳。

除了留級生阿洋之外，他們這群人其實全都還有幾個月才夠21歲的法定年紀，但是因為暑假期間賭場人流旺盛，他們趁亂成功混了進去。阿洋一馬當先去櫃檯兌了5000元的籌碼，直往德州撲克的賭桌奔去，黎家豪知道他向來有在玩線上德州撲克，平日三不五時就會聽到他抱怨那些手機程式有詐，總是發出冤家牌[1]害他輸錢，所以阿洋早就想親身上現金桌試試自己的技術。

「阿洋，」黎家豪拉住比他高出半個頭的阿洋勸說：「這差不多是你兩個月的生活費了吧？」

◇◇◇◇◇◇◇◇◇◇◇

1　冤家牌（Cooler），意指強牌對上強牌，雖然打法和策略都沒有錯誤，最終卻輸在運氣之上。

阿洋擺擺手笑說：「別緊張嘛，我又不是一坐下來就要All-in，我這是做做樣子而已，要是坐到桌上手邊只有幾個籌碼的話，對手才不會把你看作一回事。」

阿曼剛兌了2000元的籌碼回來，她問兩手空空的黎家豪：「你不玩嗎？分你一半好不好？」

阿曼家境不錯，一兩千元對她來說不是負擔。

黎家豪揉著太陽穴說：「我還是有點暈船，我看你們玩就好。」

雖然他的父親曾經當過荷官，以前也會教他玩玩21點、百家樂之類，但他對甚麼賭博，甚麼概率的，統統興趣不大，就只喜歡低頭看書。

其他同學各自兌了籌碼就興致勃勃地往最容易上手的21點賭桌去了，只有黎家豪和阿曼隨著阿洋來到打德州撲克的牌室。雖然這幾年玩德州撲克的人漸漸多了，但是在澳門設有德州撲克桌子的賭場也並不多，盲注最低從50/100起跳，十人滿員，最多只開三四桌而已。由於現在是旺季，賭場加開了兩桌100/200和300/600，但此刻桌上都坐滿了賭客，他們只好暫時旁觀一下。

「這到底有甚麼好玩的？」阿曼看阿洋從上船開始就心心念

念要玩撲克，卻搞不懂這遊戲有甚麼魔力。

「德州撲克可以說是世界上最易學難精，也是最危險的遊戲。」阿洋煞有介事地說，眼睛始終沒有離開過前面的賭桌。

阿曼噗哧一聲笑了出來：「有沒有那麼誇張呀？」

「我不是開玩笑的！」阿洋搓著手，帶點激動地爲自己的講法辯說：「你看啊，一局德州撲克也就是幾分鐘的時間而已，但在這幾分鐘之內，你可以贏來數不完的錢，也可以從千萬富翁變得一無所有。」

阿曼知道阿洋最討厭自己的說話不被別人當一回事，所以就認眞問他：「那到底是怎麼玩的？」

「這個嘛，簡單而言呢，德州撲克要求玩家拿自己手上的兩張底牌，和桌子中間的5張公共牌，組合出5張最大的牌型來奪得彩池。來，你看那張桌，」阿洋伸手指向其中一張剛發好牌的50/100盲注級別桌子，「一開始的時候，每個玩家都會分配到兩張底牌，只有你自己可以看的，別傻呼呼地被別人看到了，然後各人按照位置順序開始叫注，位置在德州撲克中是至關緊要的。」

「哦？爲甚麼？」阿曼挑起柳葉眉毛問道。

「因爲這是一個猜度人心的遊戲，在愈後的位置，就有愈多機會觀察前面玩家的行動，例如他是過牌還是下注，下注的話會下多大的注碼等等，從而獲得更多資訊去判別對方的牌力。」

阿曼點點頭，續又問道：「那位置又是如何定的？」

「你看到那個鑲了金牙的大叔嗎？他面前有一個寫著『Dealer』的牌子，代表他是這一局的莊家位，也叫Button位，代表他是這一局最後行動的玩家，也就是擁有位置優勢的人。從他左手邊順時針開始數起，是小盲位和大盲位，這兩個位置的人硬性規定要先付出盲注，在這張50/100盲注級別的桌子上，那個小盲位的四眼哥哥要拿出50元，大盲位的禿頭大叔就是100元，明白了嗎？」

阿洋知道黎家豪懂得基本的德州撲克玩法，所以他這番解說只是對阿曼說的。阿曼點點頭，正在消化阿洋的講解。

「沒有問題的話我就繼續說了？那麼從大盲位左手邊開始，順序數過去那3個便是槍口位，分別叫UTG、UTG+1和UTG+2，他們統稱前位；接著是統稱中位的MP1、MP2和HJ位；然後是後位的CO位，以及金牙大叔那個被視爲最有利位置的Button位。每完結一局，大小盲位就會按順時針的方向移動一次。如果你記不住名字的話也不緊要，只要知道愈靠後的位置愈有利就行了。」

「明白，」阿曼的成績一向很好，腦筋靈活的她毫不費力就完全理解了，「那拿到自己的兩張底牌之後呢？」

「拿到兩張底牌的這一輪叫翻牌前，因爲大小盲已經硬性規定下注了嘛，所以翻牌前就從槍口位開始輪流叫注，玩家可以選擇棄牌和下注。如果前面位置已經有人下注，那麼你就可以選擇棄牌、跟注，或者加注，當全部人都完成叫注之後，就會進入下一輪，即是翻牌圈，你看——」

阿曼看見荷官在桌子中間發出3張翻開的牌，分別是K♠ 8♥ 4♥。

阿洋繼續解說：「在翻牌圈，荷官會發出3張翻開的公共牌，然後由小盲位開始行動，按剛才所說順序，最後一個行動者是Button位的玩家。」

在阿洋解說的同時，小盲注的四眼哥哥選擇了過牌，大盲注的禿頭大叔也過牌，中位那個戴著墨鏡的年輕女生在翻牌前是加注者，她選擇在$1200的底池中持續下注了$800，其餘位置的人在翻牌前就已經棄牌了，直接輪到在Button位的金牙大叔。

他用舌尖剔著他那口金牙，不懷好意地上下打量她：「美女當前，我就陪你玩玩吧。」說罷扔出幾個籌碼，加注到$2400。

小盲和大盲紛紛棄牌，話語權又回到中位的墨鏡女生，她思考了很短的時間後決定跟注，現在底池總共有$6000。

阿洋接著爲阿曼聲音導航：「現在進入轉牌圈，荷官會再發一張公共牌。」

荷官用拳頭捶了捶桌子，銷掉最上面的那張牌後，發出一張6♥，現在牌面有K♠ 8♥ 4♥ 6♥。

墨鏡女生先行動，她從自己面前的籌碼堆裡拈起3個金色籌碼，在掌心把玩了一會後，才往底池中下注了$3000。

「我想那個女生似乎不太喜歡這張紅心6，」阿洋分析道：「現在牌面上有3張紅心，如果金牙佬手中拿著兩張紅心底牌買同花的話就已經買中了。我猜她可能是拿著一張K，加一張大踢腳，但是又不想過牌示弱，所以只敢打半個池。」

「甚麼是踢腳？」阿曼問。

「你懂得玩鋤大Dee吧？德州撲克牌型大小跟鋤大Dee相若，但是不論花色，最大的牌型是同花順[2]，然後是四條、葫

◇◇◇◇◇◇◇◇◇◇◇◇

2 同花順(Straight Flush)；四條(Four of a Kind)；葫蘆(Full house)；同花(Flush)；順子(Straight)；三條(Three of a kind)；高牌(High Card)

蘆、同花、順子、三條，再來就是兩對和一對，如果大家甚麼都沒有擊中，就單純比高牌大小，A最大，K次之，然後是Q J T[3] 9 一路到2最小。踢腳就是例如當你擊中了一對時，比方說大家都是有一對A吧，如果你另一張底牌是9，另一個玩家是J，那麼他的踢腳比你大，對方勝。」

金牙大叔用一隻手洗著他面前大把大把的籌碼說：「難得中了同花，我總不能不拿點價值吧？」

阿曼馬上轉頭問阿洋：「可以把自己的底牌說出來嗎？」

「都說了德州撲克是個玩弄人心的遊戲，你當然可以把牌說出來，又或者謊報自己的牌也可以，就看對手信不信而已，事實上有些出名的牌手是靠嘴炮成名的，專門嘩啦嘩啦地說一堆垃圾話來擾亂對手，但我不信這個金牙佬就是了。」阿洋不屑地說。

「那個誰，」金牙大叔對荷官說：「替我算算美女後手[4]還有多少籌碼？」

「嘖！」阿洋從鼻子裡哼了一聲，「還要玩這些把戲。」

◇◇◇◇◇◇◇◇◇◇◇◇

3　T即是10的縮寫

4　後手，即玩家手上所擁有的有效籌碼。

「甚麼意思嘛？」阿曼不知不覺已經被這個遊戲深深吸引了。

「玩家可以要求荷官點算對手的籌碼，有時候是爲了拖延，替自己爭取更多時間思考對策。但這個金牙佬明顯是想用這招來給那個女生心理施壓，意思是準備要打光她所有籌碼。」阿洋搖搖頭說：「打籃球不是有句話叫『屎波多架生』嗎？這個人就是牌技不見得好，牌品更是差。」

荷官點算完墨鏡女生的籌碼，轉頭對金牙大叔說：「總共是10,400。」

「那我就下注10,500。」金牙大叔挑釁地說。

桌上所有人都把目光投到女生身上，只見墨鏡遮擋了她的眼睛，她的表情文風不動，幾隻手指頭輕而快速地在點捏，似是在速算，過了一會，她平靜地吐出一個字：「Call。」

「有戲看了！」阿洋興奮地說。

荷官收起兩人推出的籌碼到桌子中間，那裡已經堆成一座小山了。

金牙大叔首先翻開自己的底牌，居然是２７雜色牌[5]，連一張紅心也沒有，還相當不滿地說：「你是甚麼牌呀？這樣也打不走？」

墨鏡女生默默翻開面前的底牌，那是一對紅色的K。

「原來是中了暗三條[6]！」阿洋亢奮地往自己掌心捶了一拳，似乎並不為自己剛才猜錯她的底牌而不悅。

「暗三條又是甚麼？這麼多名詞……」阿曼搔搔頭問。

「暗三條就是你手中有口袋對子[7]，與公共牌的其中一張組成三條，這種牌很容易隱藏實力，往往可以在對手身上大撈一筆，相對暗三條的就是明三條[8]，那很容易理解，就是你手上只有一張牌和公共牌中的對子組成三條，這種牌就不太好隱藏了。」

阿洋不等阿曼回應，逕自滔滔不絕地說：「這我就明白剛才那個女生在想甚麼了，她在翻牌圈就已經中了暗三條，想要佈

◇◇◇◇◇◇◇◇◇◇◇◇

5　雜色牌（Off-suited）即是指兩張不同花色的底牌，例如金牙大叔這手底牌就會以「27o」來標示。

6　暗三條（Set）

7　口袋對子（Pocket Pair）

8　明三條（Trip）

陷阱讓金牙佬踩，但金牙佬打得那麼激進，居然反過來加注，也許她也有點始料不及，但是中了暗三條K，她也不怕對方是其他的三條或是兩對，沒有可能不跟注的。就算轉牌時公共牌中有三張紅心的同花面，但她手上還有一張紅心K，有望在最後一輪的河牌圈再擊中紅心或是公家對子，變成同花甚至葫蘆，我想她本來不想打光籌碼的，但金牙佬這樣步步進逼也沒有法子，只是沒想到金牙佬居然拿這樣的爛牌來詐唬[9]！呵！」

阿曼也被阿洋的興奮所感染了，她不禁提高了聲音笑說：「即是說那個女生贏了嗎？」

「牌局還未結束的，現在是河牌圈，發完最後這一張公共牌，可以說是塵埃落定，但這張牌往往會帶來最出人意料的結果，落後的玩家可能靠著這一張牌反超前，領先的玩家也可能被這一張牌來個該死的Bad Beat[10]……」

阿洋話音剛落，荷官照樣敲敲桌子，再銷掉一張牌，然後發出了一張階磚5♦，現在牌面是K♠ 8♥ 4 ♥ 6♥ 5♦。

「哈！我本來還不想玩這種50/100的便宜桌子，但其他桌

◇◇◇◇◇◇◇◇◇◇◇

9　詐唬(Bluff)，可分為純詐唬(Pure-Bluff)和半詐唬(Semi-Bluff)。純詐唬是指自己手持沒有攤牌價值的牌型，為了逼迫其他玩家棄牌而下注或加注。半詐唬的玩家則是持有中等牌力或者聽牌。

10　Bad Beat，即爆冷門，又叫河殺。

沒有位置唯有在這邊玩玩，」金牙大叔靠著單張7組成了順子，贏得巨大的彩池，「可是時來運到眞是想送錢給美女也不行！」

「居然拿這種牌入池還能贏……」阿洋無奈地說：「所以我才說吧，德州撲克就是個勇者的遊戲，只能說你有多大的勇氣去冒險，就有多大的收獲吧。」

「但是，」一直沒有說話的黎家豪第一次插話道：「那個大叔看樣子都知道是財大氣粗的人，那幾萬元對他來說根本沒有壓力吧？我想……這好像說不上是勇氣，眞正的勇氣應該是──」

黎家豪話還未說完，那金牙大叔就大聲叫住了正想起身離座的墨鏡女生：「喂喂喂，你還未付錢給我！」

她有氣無力地說：「籌碼都在那裡了，還要給你甚麼錢？」

「我用2 7贏了啊！賭場不是規定用2 7贏的人，桌上的人要額外付他錢嗎？」

阿洋忍不住幫口說道：「大叔，你那些爛規矩就別拿到這裡來撒野吧！」

金牙大叔白了阿洋一眼，轉過頭去問荷官：「這裡沒有這個規定？」

荷官冷漠地搖搖頭。

墨鏡女生出於禮貌朝阿洋點點頭示意，然後就起身離開了。

「眞是的，現在這些賭場還眞不夠意思，又沒有2 7奪池獎勵，還不能買保險[11]，你們到底會不會做生意呀？」

墨鏡女生離開後，桌上空出一個位置來，阿洋馬上坐了上去，回頭還對黎家豪和阿曼神氣地打了個眼色說：「Go big or go home.」

＊＊＊

阿洋拿出剛才兌換的$5000籌碼坐到這張50/100盲注級別的桌子，荷官詢問他是否要等候盲注。在德州撲克現金桌中，新上桌的人可以選擇等待大盲位置輪到自己的時候才參與牌局，這樣可以有更多時間觀察桌上的對手，但阿洋一來覺得剛才自己已經旁觀了一陣子，對桌上衆人的打法有基本認知，二來他實在按捺不住躍躍欲試的心情，所以選擇拿出$100籌碼，直接加入牌局。

◇◇◇◇◇◇◇◇◇◇◇

11. 有些賭場會讓賭客買保險，保護領先玩家防止被Bad Beat。當桌上玩家All-in開牌後，會出現一名玩家領先，而另一名玩家有一些補牌(Outs)反追的情況。這時候，領先的玩家以買保險保證優勢。

「拿個最低買入就趕著入池，看來又多一條小魚給我塞牙縫了。」那個金牙大叔揶揄阿洋。

現金桌設有最低和最高買入，例如在這張50/100盲注級別的桌子，最低買入是$5000，最高是$25000。阿洋拿著最低買入上桌，的確處於劣勢，因爲籌碼愈深，就有愈多的操作空間。

阿洋揪了一眼桌上衆人的籌碼量，金牙大叔在痛宰了墨鏡女生之後，面前的大疊籌碼一看就知道領先於大家，其餘的人都是大約一萬幾千的樣子，除了在他下家的那個酒糟鼻男人，他面前大概只剩2000多元的碼量。「等我先清了那個短碼的男人，再來收拾你這個金牙佬。」阿洋心想。

荷官開始發牌，阿洋前面的3個人棄牌，在中位的他拈起面前兩張底牌，是10♠ 5♣，看到這樣的垃圾牌，阿洋有點後悔太急著入池，畢竟自己就只有$5000買入，這樣等於白白扔了$100出去，不過撲克其中一個有趣的地方，就是只要還未看見出面的5張牌，誰也說不準輸贏，他不動聲色地過牌。

緊接著他後面的那個短碼男人棄牌，阿洋留意到還未輪到他叫注，他就已經開始看牌，這通常是一條魚的表現——急著看自己手上有甚麼，而不去看對手可能有甚麼——這樣阿洋更加有信心宰了這條魚，只希望別人不要比他先下手就好。

在CO位的金牙大叔看了阿洋一眼，也在池裡放下一個$100的籌碼，阿洋還以爲擁有籌碼優勢的他一定會加注來剝削其他玩家。「難道他口裡雖然瞧不起我，但心底還是有點忌諱我嗎？」阿洋想著，心裡頗有點得意。

小盲位的禿頭大叔補了$50盲注，大盲位戴鴨舌帽的男生過牌，阿洋首次披甲上陣的牌局，居然是個平平無奇且未加注過的四人底池。

底池現在有$400，荷官捶了捶桌子，銷掉一張牌，然後發出了5♦ 3♥ 10♣。

阿洋一看這牌面精神就來了，沒想到自己拿著垃圾牌，居然還可以擊中兩對。

小盲位的禿頭大叔過牌，大盲位的鴨舌帽男也過牌，輪到中位的阿洋，他很有信心自己現在是領先的，而且牌面也沒有聽同花的危險，所以他決定埋伏一下，看看在他後面的金牙大叔會不會出手，但是原本應該是鬆凶[12]打法的金牙大叔居然也過牌。

荷官在轉牌圈發出了J♣，現在牌面是5♦ 3♥ 10♣ J♣。

◇◇◇◇◇◇◇◇◇◇◇

12 鬆凶型玩家(LAG，loose aggressive)，鬆凶型玩家會玩很多起手牌，常在翻牌前和翻牌後加注或者詐唬。

這次小盲位的禿頭大叔終於行動了，在$400的底池中率先下注了$300，大盲位的鴨舌帽男想也沒想就蓋了牌，阿洋只是跟注，期望金牙大叔也可以跟注進來把底池弄大，金牙大叔不負阿洋所望，伸手往籌碼堆裡數算著，但是他並非選擇跟注，而是加注到$900！

小盲位的禿頭大叔馬上蓋牌，逃得比兔子還要快，讓阿洋排除了他有J的可能，也許他只是見翻牌圈無人行動，所以轉牌圈就想要偷雞一把，遇到強力反抗便馬上撤兵。這樣問題就來了，到底金牙大叔有甚麼牌？

阿洋重新回想一次過程，金牙大叔在較後的CO位平進，他有可能是拿著一些同花的中等連牌，例如是梅花7 8或8 9之類，現在是同時聽同花和順子，如果金牙大叔真的是鬆凶打法，那麼在抽牌的過程下一個大的注碼，打得走對手直接拿下彩池當然好，打不走的話把底池弄大了，要是在河牌圈擊中了同花或順子，就可以拿取更多價值；就算抽不中，既然他在後面的有利位置，對手下注的話他大可以逃之夭夭，對手不下注呢，他還可以按情況選擇攤牌，或是再開一槍詐唬多一次。更極端地想，金牙大叔就是個會用2 7雜色牌入池，拿空氣牌打到別人全下的肥魚，也許他只是單純中了個頂對[13]J就趾高氣揚地下重注。

13 頂對(Top Pair)，即公共牌面上最強的對子。

想到這裡，阿洋確信以上推測合符金牙大叔的牌桌形象，他有信心自己仍然領先，所以棄牌是不可能的，只是他應該跟注還是加注呢？如果加注的話，至少要打三倍才有可能讓他棄牌，考慮到金牙大叔後手還有很深的籌碼，但自己加注之後只剩下不到$2000，萬一金牙佬死命跟到底，自己就已經套池太深，恐怕河牌就算是危險牌面，自己也必須打光所有籌碼，所以還是控池一下，看看河牌再作打算，於是他決定只是跟注。

底池現在總共有$2500，荷官俐落地發出最後一張河牌，那是一張6♠，可以說是一張不影響牌局的白板[14]，牌面現在是5♦ 3♥ 10♣ J♣ 6♠，這張6讓阿洋完全放下心來，因為橫看豎看也不會是金牙大叔需要的牌，他打得再鬆，也不會拿著2 4或是4 7進池吧？上一局應該是因為他以為賭場有2 7奪池獎勵，所以才會Tom Dwan[15]上身而已。阿洋決定打半個池，下注了$1300。

當阿洋還在擔心對手聽牌不中未必會跟注的時候，金牙大叔幾乎是秒跟，他攤出一對黑色的3來。

阿洋好不容易才抑制住自己失望的神情，但金牙大叔收下了這個5000多元的彩池，嘴上還不肯饒人：「原來只是兩對呀？我還擔心你是不是比我大的三條呢！哈哈！」

◇◇◇◇◇◇◇◇◇◇◇

14 白板(Blank)，指對所有玩家都沒有助益的牌。

15 Tom Dwan是美國著名的職業撲克牌手，以鬆凶激進的風格見稱。

「別擔心，總會發生的，你等著吧。」阿洋數數手邊的籌碼，沒想到出師不利，才第一手牌就輸了$2300，差不多沒了一半的買入，現在他只剩下廿七個大盲，情況有點不妙。

在阿洋整理思緒的同時，牌局已經過了一圈，他一直沒拿到甚麼好牌，所以並沒有入池，但他留意到金牙大叔果然利用籌碼優勢輾壓眾人，經常不必攤牌就贏下彩池，遇著有人像他剛才那樣試圖反抗，攤牌結果也是敗陣居多。

一開始阿洋覺得金牙大叔不知在走甚麼狗屎運，但持續觀察下來，卻覺得他打得還是有點章法的，自己剛才是真的低估了他，要不是他只拿著最小的三條所以有些保留，自己說不定已經被他一鋪清袋了。

這一局他在大盲位，拿到了6♣ 7♣，這種結構牌[16]並不適合短碼去玩，不過在大盲位置則可以試試平進。

在他下家的短碼男依然沒有入池，他面前所餘無幾的籌碼在幾圈盲注消磨過後愈發見底了，看來他是想等一局拿到大牌就直接All-in，這樣也好，要是他現在全下，阿洋自己也很難拿6♣ 7♣去接。大家一路棄牌到Button位一個操普通話的大媽，她加注到$300，小盲位的老伯慢條斯理地數著籌碼跟注。

◇◇◇◇◇◇◇◇◇◇◇◇

16 結構牌，又稱投機牌(Speculative Hand)，指有望與公共牌組合成強牌(一般指同花或順子)的手牌，這種牌型要不需要足夠籌碼去打到河牌，要不就通過詐唬令對手蓋牌，因此短碼並不太適合以結構牌入池。

阿洋觀察到大媽是個典型的娛樂玩家，每隔一陣子就手癢，技術不高卻喜歡操作一下的快感，估計她九成是看前面所有人棄牌，於是不甘寂寞想通過加注來搶盲。反而老伯是個玩得十分緊[17]的玩家，不會輕易入池的他選擇跟注，看來他手上是眞有大牌。

雖然阿洋的牌乍看不怎麼樣，但是他只需要投入$200，就有機會得到$700的底池，而且在幾乎每個玩德州撲克的人都看過的《超級系統》裡，傳奇牌手Doyle Brunson就說過，小同花連牌是他最喜歡玩的手牌，特別是當對手拿著大牌的時候，因爲一旦拿這種牌擊中了同花或順子，就很有可能淸光對手——這一個結果，是阿洋最急切需要的。

阿洋放下兩個100元籌碼之後，他們3個人一起看翻牌：3♦ A♣ J♣。

小盲的老伯過牌，阿洋猜他過牌是因爲拿著K Q，甚麼也沒有擊中嗎？但無論如何，他自己拿著同花聽牌，能夠免費看到轉牌總是好的，所以他也過牌，只是大媽不甘示弱，在$900的底池中下注了$500，一直打得非常緊的老伯仍然跟注。

阿洋幾乎可以肯定，老伯手上一定有一張A，只是不知道

◇◇◇◇◇◇◇◇◇◇◇

17 玩家入池頻率可概括分為緊(Tight)或鬆(Loose)。

大媽是真的有牌抑或只是持續下注，繼續過過她喜歡操作的癮頭。

每一個籌碼對短碼的阿洋來說都很重要，當在牌桌上猶疑要不要跟注的時候，概率是一個很有參考價值的指標，所以他在心裡認真計算起勝率和賠率來，當勝率高於底池賠率，那麼從理論角度，跟注是+EV[18]的舉動，長期來看，跟注是有利可圖的。

首先要計算底池賠率[19]，現在底池總共有$1900，他需要投入$500才有機會拿下這個彩池，賠率是500：1900，用公式計算即是$500/(500+1900) = 0.2$，即大約需要20%的勝率。

阿洋沉住氣，繼續集中精神在腦海中計算勝率[20]，現在牌局已知的牌是自己手上和公共牌面一共5張牌，還有47張未知，在這47張牌裡，有9張牌能令他抽中同花，38張不能，用這個比率計算出38：9，可簡化爲4：1，即勝率相當於25%。

雖然不是非常準確的數字，但也相去不遠，他決定跟注。

◇◇◇◇◇◇◇◇◇◇◇◇

18 期望值(Expected Value)，簡稱EV，指在長期遊戲中，這個舉動平均每次將為玩家帶來多少收益。+EV指收益；-EV則是損失多少籌碼。

19 底池賠率(Pot Odds)，指玩家能從這手牌贏到的籌碼，和要付出多少籌碼才能贏得這手牌之間的比率，相當於投資回報與風險之間的比例。

20 勝率(Odds)，可簡單理解為成功抽中所需牌的概率。

轉牌來了張9♦，阿洋一看到那扎眼的紅色就知道不是自己想要的牌，不禁皺了一下眉頭，但他馬上意識到這不是他平常躲在屏幕後玩的線上遊戲，任何可以透露出蛛絲馬跡的表情或動作都不應該表露，所以他立馬回復一副撲克臉，只希望對手沒有留意到自己。

現在牌面是3♦ A♣ J♣ 9♦，這次小盲位的老伯先發制人，在$2400的底池下注了$2000，阿洋後手只剩下$1900，意味著他若果想看河牌的話，就必須全下了。

他再次在腦海中把剛才的運算重新計算一次：勝率依然是25%沒有改變，但賠率是1900：4400，即需要大約30%勝率，從理性判斷，他知道自己不應該跟注，但心裡有個聲音在抗辯：可能你跟注之後，大媽也會跟注呢？那樣的話，賠率是不是就合適了？

在他猶豫不決的時候，荷官催促他要下決定了，他咬一咬牙，還是服從理性，選擇蓋牌。

然而大媽果然爽快跟注，底池總共有$6300，荷官接著發出河牌，那是一張8♣，現在牌面是3♦ A♣ J♣ 9♦ 8♣，阿洋暗暗在檯面下捶了一下大腿，但更讓他懊惱的是，老伯過牌，大媽打了個半池，拿著A J兩頂對的老伯無可奈何地跟注，大媽攤開底牌，居然是4♣ 5♣，贏下了這個過萬元的彩池。

「我剛才就留意到你看見階磚9之後皺眉，猜到你是在抽同花，所以才下一個重注趕走你，沒想到螳螂捕蟬，黃雀在後！唉！」老伯頗有點怪罪阿洋的意思。

阿洋沒心思理會老伯，何況根本是他自己打得奇奇怪怪。他眼白白看著大媽用比他更小的同花，贏走本該屬於他的巨大彩池，雖然心裡知道她在轉牌時除了聽同花之外，還有四張2可以聽順子，比他純粹聽同花有更多出牌[21]，但是他無法撇下「她的籌碼量比我深，所以才可以玩更多的牌，有更多操作空間」的晦氣想法，一個念頭在他腦中閃過，氣在頭上的他從座位上站起來。

「剛剛不是說要清光我的嗎？怎麼這麼快就滾呀？」金牙大叔不忘調侃阿洋兩句。

「我去抽根煙，還是你想跟過來替老子點煙呀？」阿洋撂下這句就轉身離開。

一直在不遠處旁觀的黎家豪和阿曼本來已經爲阿洋輸掉的兩手牌擔心不已，聽見根本不抽煙的阿洋這樣說，更是摸不著頭腦，急忙尾隨著箭步走遠的阿洋。

◇◇◇◇◇◇◇◇◇◇◇◇

21 出牌（Outs），或稱補牌，指玩家在當前牌面落後對手，但有補牌使玩家反超對手，這些補牌就叫Outs。

在人來人往的賭廳跟丟了阿洋之後，還是眼尖的阿曼首先發現阿洋的身影，只見他從賭場裡的提款機中取出了厚厚一疊鈔票，正往櫃檯兌籌碼。

「阿洋！你這是幹甚麼？」阿曼拉住阿洋問。

「剛剛那手牌——」阿洋氣急敗壞地說：「總之如果我有足夠籌碼，贏的就是我了！」

黎家豪擔憂地說：「你哪裡來這麼多錢？該不會是拿學費來賭吧？」

「擲公字那些才叫賭，我玩撲克靠的是技術，你們給我放一萬個心吧。」阿洋一派輕鬆地說。

「別開玩笑了！」阿曼拉住他的衣角不放：「你要是把學費輸掉了，難道要退學嗎？」

阿洋焦躁地道：「我在線上玩撲克好幾年了，贏的比輸的多，不信你問問泥膠？現在那張桌上還有好幾條魚，我只要等到一把好牌就可以把剛才輸的統統贏回來！」

「我看你是上頭了吧？」阿曼依然不肯放開阿洋。

「好了大小姐，你不要未嫁人就像個師奶似的囉囉嗦嗦，這是我的錢，你阻不了我，不如你去挑間好餐廳，等我痛宰了那班肥魚之後，今晚請大家吃大餐吧。」說罷阿洋一個閃身，甩開了阿曼的手，往賭桌上快步走去。

「這個阿洋眞是！」阿曼回頭對黎家豪說：「早知道會這樣的話，我就不讓他來了……你也幫忙想想辦法呀！」

黎家豪搖搖頭道：「阿洋這人你不是不知道他的脾性，他是不會聽人勸的，你有沒有聽說過他小時候抽閃卡的事？」

阿曼一臉茫然。

「你不知道嗎？以前曾經有一段時間很流行到玩具店和文具鋪抽《龍珠》卡，分為普通卡和閃卡兩種，閃卡的價格比較高，有些特別版更是炒賣到很高價錢——」

阿曼焦急地打斷黎家豪說：「我又不看《龍珠》，怎麼會知道這些……跟阿洋又有甚麼關係？」

「總之那時候阿洋迷上了抽《龍珠》卡，但是很快他就明白就算自己不惜餓肚子將所有飯錢全都拿去抽卡，也很難抽中稀有卡，他研究了好一陣子後發現，閃卡的材質會比普通卡稍微彎曲，因此他就拿著手電筒逐家店逐家鋪去照抽卡機的出卡

槽，看看還要抽多少張普通卡之後才會抽中閃卡，然後每天在那些店門前一站就是好幾個小時，只爲了數算別人抽了多少張普通卡，機會一到他就衝上前去抽，結果眞的讓他抽中不少特別版，可是他這個行爲讓其他人非常不滿，連店舖的老闆也勸他不能再這麼做，但阿洋又怎會理睬他們？」黎家豪頓了一頓之後說：「接下來發生的事你也想像得到，阿洋被其他更高年級的孩子打了一身，連閃卡也被搶走。他這人就是不到黃河心不死，只得一股蠻勁，做事從來都不想後果的……」

「眞的是三歲定八十……」阿曼憂心忡忡：「但難道我們就由著他了？我看他說得信心滿滿，但只怕他才是那條肥魚……」

「不如這樣吧，」還是有點暈船的黎家豪揉著太陽穴說：「我拿剛領到的一萬元上桌玩，盡量礙著他，他不會想贏我錢的，只要等他覺得無趣了，到時候就會放棄吧。」

「你也懂得玩嗎？」

「阿洋有時候會拉著我陪他玩，基本原理我是曉得的。」黎家豪邊走向櫃檯兌籌碼邊說。

「慢著！但如果連你也輸慘了怎麼辦？」

「那……」黎家豪苦笑道：「我輸總好過他輸。」

雖然黎家豪家境並不富裕，但阿曼知道阿洋家裡經濟更加拮据，可是他爲人愛逞強，寧願一個人打幾份兼職也從不向她或黎家豪借一分錢，所以這句話的意思，她自然明白，縱使擔心不已，但此刻她也只能相信黎家豪了。

第二章

因為我自己即是我自己的阻礙

每個曾經坐在賭桌的人，未必記得贏大錢的牌，
卻總會記得，自己是如何輸的。

阿洋拿著一整個學期學費所兌換的籌碼，重新回到那張波譎雲詭的賭桌上。明明是一筆對他來說為數不少的金錢，但換成籌碼之後，竟然只得幾個一手就可以握在掌心的籌碼，輕飄飄的，毫無眞實感可言，也許這就是賭場的用意——把眞金白銀換成一個個塑料玩意，好讓人們對錢的概念變得模糊，讓那些頭腦不淸醒的賭客糊裡糊塗地輸掉自己負擔不來的數字。

金牙大叔看他再買入到$25,000，又找他的麻煩：「以為你去揸水，原來是撲水！」

「你趁有時間不如再和面前的籌碼溫存一下吧，等等你就要跟它們說再見了。」阿洋回敬道。

這次重新上桌後，他乖乖等候大盲注，期間繼續仔細觀察桌上眾人的打法。等到大盲來到他面前時，坐在他下家的短碼男終於All-in了，阿洋不禁抖擻精神坐直了身子，其他人紛紛棄牌，在中位的Regular[22]將兩張底牌在桌子上來回摩擦了幾下，他看了一眼阿洋，又再瞄了一下阿洋後手的籌碼，最後還是把底牌推了出去。

阿洋馬上就明白到自己又露出了馬腳，他的肢體動作太明顯了，只要稍微有點牌桌經驗的人，都能看出來他準備要接這

◇◇◇◇◇◇◇◇◇◇◇

22 Regular即打法穩健的常規玩家。

個All-in，而他剛才補了$25,000的籌碼，所以Regular玩家在沒有十足把握的情況下，不想和深籌硬碰才蓋牌。

後面的玩家也讓路棄牌，阿洋看了一眼自己的底牌：一對黑色的8，很適合和短碼來跑馬，所以他接下了這個All-in。

短碼男翻開自己的底牌，那是A♦和K♠，是阿洋預計中的手牌，雖然面對兩張高牌，但是阿洋的口袋對子勝率有55%，還是略爲領先於對手。

荷官銷牌後，發出了Q♦ 4♦ 9♣，情況沒有改變，阿洋依然領先，底池裡那3000多元的籌碼，阿洋覺得自己很大機會可以袋袋平安了。

轉牌來了張10♦，現在牌面是Q♦ 4♦ 9♣ 10♦，短碼男不僅聽同花[23]，還有4張J可以令他變成順子，加上任何的A或K也可以湊成高對贏過阿洋的口袋對子，他摩拳擦掌地對荷官說：「來！發一張讓我翻倍的牌！」

雖然底池並不是十分巨大，但阿洋急切想要把剛才兩手牌輸掉的3000多元贏回來，所以此刻內心非常煎熬。

◇◇◇◇◇◇◇◇◇◇◇

23 聽同花(Flush Draw)，又分為前門(Front-Door)和後門(Back-Door)，前門聽同花即翻牌出來之後只需再多一張同花牌便可湊成同花，後門聽同花則是還需要兩張同花補牌來完成聽牌。

荷官捶了捶桌子，發出最後一張決定性的河牌：2♠。阿洋成功贏得彩池，他默默舒了一口氣，看著荷官替他把桌子中間的籌碼收歸旗下。

「明明有那麼多出牌也不中，眞是不走運！」短碼男搔著他那一頭鳥窩似的亂髮，站起來悻悻然地離開桌子。

運氣，是玩德州撲克其中一個重要元素，在電影《天才遊戲》(Rounders)中，麥迪文飾演的法律學院高材生Mike歷經女友反對、欠下賭債、被地下賭場的俄國黑幫威嚇等重重波折，終於認淸自己的內心，選擇了退學，投入全職撲克牌手的志業，他在前往參加世界撲克大賽的路上，的士司機聽到他要去拉斯維加斯，頗不以爲然地對他說了句「Good luck」，但是Mike能夠多次從危險牌局中全身而退，甚至將來能不能在賭城存活下來，靠的不僅僅是運氣。大多數人把德州撲克視作單純的賭博，無視當中需要的分析、計算和技術，這是職業牌手的孤獨。Mike欲言又止，最後只是淡淡地回應了一句：「Thanks。」

沒錯，只說剛才那把牌的話，短碼男也許欠了點運氣，但是他一路以來的牌局也毫無表現，單純地有牌就跟注，沒有牌就棄掉。他若能贏錢，那是全憑運氣；他最終輸光，歸根究柢，是因爲技不如人。

阿洋這樣想著的時候，短碼男的位置坐下了一個新人，他轉頭一看，來者居然是黎家豪。

「你來幹甚麼？」阿洋詫異地問。

黎家豪拿出一疊籌碼擺在桌上，用他一貫文縐縐的腔調答道：「捨命陪君子。」

阿洋看他面前的籌碼至少有一萬多元，遂湊到他耳邊低聲罵道：「你瘋了嗎？你平常連我也玩不過！」

「來了個娃娃臉呀？」金牙大叔滿面春風地說：「小子，你夠秤沒有呀？」

黎家豪面上一熱，卻盡量冷靜地道：「生日剛過了。」

「是嗎？」大叔半信半疑：「那就讓我給你上一課，當作是送你的生日禮物吧。」

荷官洗好牌，問黎家豪是否要等待大盲，他點點頭說好，牌局隨即重新開始。

阿洋不知道黎家豪在盤算甚麼，他只感到煩心，畢竟今天

手風不是太順，還要分神來顧及黎家豪，免得他被金牙大叔吃乾抹淨，但是牌局已經開始了，他也只能見步行步。

黎家豪趁著等候盲注期間，爭取時間觀察桌上各人。他雖然對德州撲克沒有多大的興趣，但因爲他是個書蟲，就連外出吃快餐店時，印在餐紙上的字也會不自覺地讀一遍，所以擱在阿洋桌上那幾本關於德州撲克的書，他都從頭到尾看過，隱約記得裡面提到，就算是你沒有參與的牌局，也需要全神貫注去觀察，從中了解對手拿著甚麼手牌會下多少注碼，在不同的牌面又會有怎樣的行動路線等等。

只是一圈過後，黎家豪其實也看不出個所以然來，因爲大部分牌局根本沒有打到攤牌——不同於電影橋段裡每一個玩家都激烈下注，每一局攤牌都是同花順撞四條，眞正的德州撲克，其實是桌上玩家在翻牌前不斷蓋牌，好不容易等到有兩至三個人入池，又總是打不到攤牌，旁觀的人根本不知道他們在糾結甚麼。

大盲位置輪到黎家豪，剛巧前面所有玩家棄牌，只有小盲位的阿洋補上$50籌碼平進，黎家豪看一看自己的手牌，是J6o，他知道這不是甚麼好牌，但是他的任務就是要來掃阿洋的興，好讓他趕快拿著學費離開這張賭桌，所以他加注到$400。

阿洋看了一眼黎家豪，不知他甚麼葫蘆賣甚麼藥。這局他有梅花KT，在大小盲兩家爭牌的時候算是不錯的起手牌，只是看在黎家豪的份上才平進，但既然黎家豪下了四倍的盲注，他也不作多想，很快就蓋了牌。

如是者，黎家豪每每在阿洋入池時就下一個重注，本來只是想阻礙阿洋，但在其他人眼中，他的牌桌形象卻變成不常入池，一出手就下重注的緊凶風格，桌上有的玩家會特別尊重他的加注，因爲覺得緊手的人出手，很大機會是有強牌，自己不是太有把握的話，就索性不去蹚渾水了，於是讓黎家豪輕鬆收下了好幾個底池。與此同時，他這樣來勢洶洶的下注也成了金牙大叔的眼中釘，認爲他必定有詐唬的時候，要等自己有牌時再來狠狠收拾他。

阿洋漸漸看穿黎家豪上桌的用意，在心裡暗罵他多管閒事，覺得九成是阿曼的餿主意，不過他可沒打算輕易就範，他決定不再處處讓著黎家豪，只是他必須打得更緊一些，拿更高質量的底牌來對抗每每被黎家豪撐大的彩池，就算贏了黎家豪的錢，大不了回頭全還給他好了，他只怕黎家豪這樣亂搞一通，稍有差池就會擦槍走火，誤傷了他們兩人，倒讓其他玩家漁人得利。

這一局，阿洋在CO位，拿到了今天第一手A♠ A♦，更值得高興的是，金牙大叔在槍位口下注了$300，他在腦中飛

快盤算：黎家豪一定會在他後面攪局的，如果現在他自己再加注，黎家豪4-Bet，金牙大叔真有大牌的話也許會全下，那麼他用AA去接，一手牌就把金牙佬打得滿地找牙；要是金牙大叔被黎家豪打跑了，那麼他就直接All-in，黎家豪要麼蓋牌，要麼就把所有籌碼送到自己面前，離開這張牌桌別再礙事，等今晚自己凱旋而歸時，再把錢還給他。

如意算盤打好了，他從籌碼堆拿出幾個籌碼，3-Bet到$1000。黎家豪在Button位看了看自己的底牌，果然4-Bet到$3000。大小盲馬上蓋牌抽身，一副看好戲的神情等著看這3個人如何廝殺。

金牙大叔瞇著眼睛若有所思地來回掃視他們兩人：「你們兩個小子是認識的，該不會在『打聾通』吧？」

一直默默發牌的荷官這時卻說話了：「我們賭場有專人在監視鏡頭，如果有任何出老千的行爲，一定會嚴拿，客人你可以放心。」

金牙大叔聽罷從鼻孔哼了一聲：「我不跟你們瘋！」然後把手牌扔回給荷官。

阿洋見狀隨即All-in，黎家豪看了看自己的TJ同花牌，實在沒甚麼信心跟注，只好蓋牌。

「等等！」金牙大叔馬上伸手擋著正要收牌的荷官說：「實在太可疑了，我已經留意很久，這個娃娃臉只在另外那個小子入池時才會跟著下重注，怎麼看他們都像串通的樣子！不行，我要求他們換位置！」

「抱歉先生，」荷官用沒有感情起伏的語調回應道：「玩家不可以強行要求別人換位置。」

大叔正要發難，阿洋說：「沒關係，我跟你換。」

黎家豪當然明白阿洋的用意——跟金牙大叔交換位置之後，阿洋就可以避免每一局都必須在他上家行動，這樣他就較難阻礙阿洋了。

大叔換了位置後還對荷官吩咐道：「剛剛那把牌給我發出來看看。」

荷官用比剛才更冷冰的態度回答：「這裡沒有這個規定。」

大叔拋了個籌碼給他道：「你給我發的話，這1000元就給你。」

只是荷官把籌碼貼著桌子推回大叔面前說：「我們是不可以收小費的。」

「你這是甚麼意思？你要不要去問問你們的經理，看看知不知道我是誰？」大叔咄咄逼人道：「去呀！你去問呀！」

這時巡場經理看見這邊有點騷動，於是走過來了解情況，最後在問清事情始末之後，他先是叫人拿了杯飲品來安撫大叔，另一邊廂則客客氣氣地問阿洋和黎家豪：「請問兩位是否同意派牌呢？」

阿洋雖然看金牙大叔不順眼，但是他不想讓荷官為難，聳聳肩表示沒意見，以黎家豪的個性，自然也不會反對。

被經理訓斥了幾句的荷官，灰頭土臉地把牌發了出來，分別是9♣ A♥ 7♠ 4♠ 7♥。

阿洋看到這牌面，拿口袋對A已經不錯了，竟然還中了葫蘆，本來有機會在金牙大叔身上大賺一筆的！可惜給黎家豪這樣攪局，結果只贏到他那3000多元。誰料金牙大叔從座位上彈起，俯腰伸手到棄牌區翻開他剛才棄掉的手牌，荷官攔也攔不住，阿洋一看，他的底牌居然是7♦ 7♣！

「該死的！早知道就跟你打到全下！」荷官別過頭去看經理的眼色，只見經理輕輕搖頭，示意他不要多嘴，所以他也就沒有開口去警告大叔。

金牙大叔還在罵罵咧咧，阿洋沒有理會他，因爲他內心正在翻騰——原來只差那麼一點，這把牌就害他把全副身家輸掉了，此刻有一股劫後餘生的後怕，慢慢從腳尖鑽上他的心頭，蠶食他的信念。

而坐在他對面的黎家豪卻在想另一件事：金牙大叔願意付1000元去看已經結束的牌局，可見他眞的不怎麼介懷這點錢，他眞正在意的，是自己有沒有打錯牌，有沒有被對手偸雞了。從這兩點看來，金牙大叔無疑是個非常難纏的對手，要讓自己和阿洋毫髮無損地離開這張賭桌，恐怕沒他所想那麼容易。

無論翻起了甚麼風波，牌局還是會繼續，只是阿洋在接下來好幾手牌都無心戀戰，完全沒有入池，因爲他的信心已經被剛才那手死裡逃生的Bad Beat牌動搖了。

來到這一局，他在MP2位拿到了K♦ Q♦，前面所有人，包括黎家豪都棄了牌，在前位沒人加注的情況下拿到了這種起手牌，要是因爲沒有信心而直接棄牌，連他也會看不起自己。

於是他抖擻精神，往底池裡加注了$300。HJ到Button位全棄牌，小盲的那個緊手老伯摸摸鼻子，最後也蓋牌了，只有大盲位的金牙大叔跟注他。

現在底池有$650，翻牌是10♥ 5♠ Q♣。

金牙大叔很快就過牌。阿洋中了頂對Q，還有不錯的踢腳，加上自己也是翻牌前的加注者，理所當然地持續下注了$300，沒想到金牙大叔居然過牌加注，扔了$900出來。

阿洋審慎地在腦海中推敲，金牙大叔到底拿著甚麼牌來Check-Raise他。翻牌前金牙大叔在大盲位置跟注，他的手牌範圍相當闊，從投機的中等同花連張，到中等對子，還有兩張高牌也有可能，加上金牙大叔本身就打得鬆，他拿甚麼手牌入池真的說不準，只能說自己現在很大程度是領先的，沒有理由棄牌，但要說再加注的話，只拿著一個頂對去3-Bet也是激進了一點，所以只能先跟注看看。

阿洋跟注之後，底池總共有$2450，荷官發出了轉牌7♦，現在牌面是紅心10♥ 5♠ Q♣ 7♦。

金牙大叔過牌，阿洋思考了一會，牌面是彩虹面[24]，轉牌的7♦是張白板，如果他在翻牌圈是領先的，現在依然領先於金牙佬，那麼理應再開一槍，可是剛才那手AA還歷歷在目，籠罩在他心頭的陰影使他選擇了過牌控池。

河牌來了張K♠，現在牌面是10♥ 5♠ Q♣ 7♦ K♠。

◇◇◇◇◇◇◇◇◇◇◇◇

24 彩虹面(Rainbow Board)，指牌面像彩虹一樣，全都是不同花色的牌。

阿洋中了頂兩對，還未來得及高興，金牙大叔卻喊出了：「All-in ！」

荷官把一個寫著「ALL IN」的三角形玻璃牌放在金牙大叔面前，阿洋再看了一次自己的手牌，然後把一個金色的1000元籌碼壓在兩張底牌上面，那是向對手宣布自己不會輕易放棄的意思。

桌上的人都屏息靜氣，不去打擾阿洋的思考。

阿洋再次陷入兩難的境地，到底金牙大叔有甚麼牌？現在牌面並無同花，堅果牌[25]便是T J Q K A，難道他的底牌是A J或者9 J？

回想一下，金牙大叔翻牌前在大盲位跟注，拿A J或9 J的話尚算合理，翻牌是10♥ 5♠ Q♣，A J的話卡K成順[26]，9 J的話比較理想，因爲兩頭抽順子[27]，有更多補牌，但還未成牌就選擇了過牌加注？這一點比較可疑。

◇◇◇◇◇◇◇◇◇◇◇◇

25 堅果(Nuts)，即牌面上最大的成牌。

26 卡順聽牌(Gut-Shot Straight Draw)，指尚欠中間一張特定牌才可成順子的牌型。

27 兩頭抽順子(Open-Ended Straight Draw)又稱OESD，即是欠前後兩頭任何一張牌才可成順子的牌型。

再往下推敲，去到轉牌出了7♦之後，兩人都過牌，從金牙大叔的角度看，既然翻牌下重注也打不走對手，自己又抽不中成順子的牌，過牌也許是合理選項。直至河牌中了K，所以就All-in對手……不不不，好像有不對勁的地方，本來底池裡只有不到$2500，金牙大叔超池[28]全下，阿洋剛才贏了幾個不大不小的彩池，現在後手有接近3萬元，也就是說金牙大叔足足下注了十倍的底池，這是個很不尋常的注碼，玩撲克的人都知道這句老話：當對手超池下注的時候，他要麼就是有很強的牌，要麼就是甚麼也沒有！

「喂，想那麼久幹甚麼？跟就攤牌，不跟就蓋牌啦！少少錢在那裡磨磨蹭蹭的！」金牙大叔不耐煩地嚷道。

荷官放輕語調對阿洋說：「不好意思，你要在倒數完結前下決定，否則時間一到就只能算作棄牌了。」然後按下了桌上的計時器。

阿洋感覺自己呼吸開始急速起來，拿著籌碼的掌心已被汗水沾濕。金牙大叔的打法的確有可疑的地方，但就算他不是Nut Straight，他會不會是三條？阿洋又想起他剛坐下來玩的那一手兩對撞三條，對手一樣就是金牙大叔……

◇◇◇◇◇◇◇◇◇◇◇

28 超池(Over Pot)，指下注尺寸超過底池大小。

計時器顯示時間只剩餘10秒。

桌子中間有3萬多元的籌碼，只要他有勇氣跟注，也許那堆紅紅綠綠的籌碼山就會全部屬於他……

8秒。7秒。6秒。

但現在在他手邊的兩萬多元，是一整個學期的學費，還有兩個月的生活費，要是輸光了，他不僅連飯錢也掏不出來，也許還要退學……

4秒。3秒。2秒。

金牙大叔滿臉不在乎地盯著他，彷彿在看一隻喪家之犬……

1秒——

「我……棄牌……」阿洋在倒數歸零時，吐出這3個字。

「哈！我就知道你沒有膽跟注！」金牙大叔亮出了他的底牌，那是不同花的10♣ 9♠。

按照牌桌規定，金牙大叔沒有必要亮牌，他靠詐唬贏下彩

池之後這樣做，無疑是要羞辱阿洋。

「你知道為甚麼我會在河牌All-in你嗎？」金牙大叔邊疊起他那棟高高的籌碼邊說：「因為你在轉牌時露餡了，明明我已經過牌給你，你對著出面那張白板居然也選擇過牌？那時我就知道啦，你要不是沒有大牌，就是怕輸！我猜吧，你頂多就是A Q，所以才想那麼久，我沒說錯吧？」

阿洋沒有回應他，他只感到頭腦嗡嗡作響，全身筋骨發痛，好像被人打了一身似的。讓他大受打擊的不是失去了贏取3萬多元的機會，而是他的懦弱被桌上眾人看穿，他覺得自己就像是沒有穿衣一樣，赤身裸體任人評頭品足。他腦海中只徘徊著一個念頭：要是大家知道他並不是金牙大叔口中說的A Q，而是K Q兩頂對也不敢跟注的話，他還有面目坐在這裡嗎？

＊＊＊

黎家豪本來還在慶幸阿洋沒有因為衝動而全下，但他很快就發現情況急轉直下。

阿洋在沉寂了幾手牌之後，居然開始不理位置地頻繁入池，而且每每多多動作，不是主動領打，就是做了跟注站[29]，非

◇◇◇◇◇◇◇◇◇◇◇

29 跟注站(Calling Station)，指玩家經常過牌或跟注，但很少加注或棄牌。

要跟注到看見河牌爲止。

雖然他用激進的打法收獲到幾個小彩池，但是在剛才那手牌，就連黎家豪也看得出對手中了明三條，但阿洋在連續跟注了兩條街之後，借著公共牌上的同花面竟然在河牌圈超池下注，想用詐唬來趕走對方，可惜對手是個Regular玩家，他看得出阿洋已經有點上頭了，所以稍作思慮之後依然跟注，把阿洋逮個正著。

黎家豪知道個性好逞強的阿洋是因爲被金牙大叔看扁而上了頭，他現在想贏回的不是錢，而是自尊，只是恐怕那個價格他會付不起。

黎家豪轉過頭去搜尋阿曼的身影，只見她急得直皺眉。他覺得不可以再放任阿洋了，要是拿到合適的手牌，他就要豁出去行動。

機會很快就來了。

這手牌他在Button位，拿到了A♠ 4♠。在UTG位的阿洋再次無視位置，率先加注到$400，後面的人全棄牌，只有黎家豪上家的金牙大叔在CO位跟注，他留意到大叔本來往$500的那棟籌碼堆伸手，但結果只是拿了4個白色的$100籌碼跟注，這個稍瞬即逝的猶疑，卻被黎家豪捕捉到了。

「他本來是有打算Re-Raise阿洋的，但是不知道出於甚麼原因，最後只是選擇跟注……」黎家豪在腦海中和自己對話：「會不會是因爲他知道阿洋現在On tilt[30]，所以拿著強手牌來埋伏他？」

黎家豪不像阿洋那麼用心鑽研過撲克技術，但他的優勢就是冷靜和細心，而善於觀察，在牌桌上往往可以救回你一命，只是他現在要救的，是自己還有阿洋兩條命，徒有一點觀察力也許並不足夠。

「Call。」黎家豪也放下$400的籌碼，大小盲棄牌。

底池有$1350，荷官發出了3張黑色的翻牌：4♣ 2♠ 3♠。

首先行動的阿洋在翻牌前用四倍大盲來開局加注[31]，現在面對3張不在他手牌範圍的小牌[32]，也持續下注了半個池，往底池中扔出$700。

金牙大叔由始至終並沒有看阿洋，只是一直盯著黎家豪看，這讓阿洋更加不爽。黎家豪沒有迎向大叔的目光，而是木無表情地看著桌子中央那3張黑色的公共牌。

◇◇◇◇◇◇◇◇◇◇◇◇

30 上頭(On Tilt)，指玩家情緒失控胡亂打牌，一般會在多次被Bad Beat或輸掉大底池後出現。

31 開局加注(Open Raise)，牌局中第一個玩家主動加注。

32 處於不利位置的前位玩家加注的話，理論上是拿著大牌居多。這種位置、動作與底牌的關係，就叫做手牌範圍(Hand Range)。

金牙大叔少有地沉吟了好一會後，推出一疊籌碼，加注到$3000！

在《超級系統》裡有這麼一段說話：「在共同爭奪一個彩池的時候，你必須向對手施壓，令他們感到難受。」而金牙大叔的確精通此道，他幾乎從來不讓對手免費看牌，而下注的金額，也讓對手無法輕易決定跟注。

黎家豪現在雖然中了牌面上的頂對 4，但這種小對子沒有多大作用，轉牌或河牌隨便發一張也有機會被人超越，但是他現在同時在聽同花和順子，甚至可能有同花順，情況也不是太差。

黎家豪是個典型的文科生，數學是他最差的一科，中學時要不是靠阿曼總是在測驗或考試前替他惡補，恐怕他只會和阿洋一樣落得留級的下場。他不懂得用阿洋那種比率計算方式，去決定應否繼續跟注抽牌，幸好阿洋曾經教過他一種更簡單的百分比計算方法，那就是「四二法則」。

他調整了一下坐姿，開始在腦中進行他不擅長的運算：現在他有9張葵扇同花和3張5（已減去了葵扇5）可以組成同花或順子，也就是說總共有12張補牌，他還有轉牌和河牌兩次機會抽牌，用「四二法則」來計算的話，即是說他跟注抽牌的勝率大約是12x4=48%（如果只剩下河牌一次機會抽牌，那就將補牌的數量x2），但是「四二法則」如果超過10張補牌的話，會出

現比較大的誤差，用「所羅門法則」[33]去修正之後，勝率大約是45%。

知道了自己的勝率之後，就要看賠率是多少，將兩者比較後才可以知道跟注是否有利可圖的決定。

現在底池裡有$5050，黎家豪需要用$3000去跟注，底池賠率是3000：5050，不擅數學的黎家豪心算不出準確百分比，但應該是有足夠勝率去跟注的吧……？

無論如何，黎家豪擔心自己棄牌後，阿洋不知道會做出甚麼衝動的決定，二來有一點令他覺得很可疑：一般來說加注的數量會是別人下注的兩倍到三倍，但金牙大叔在阿洋下注了$700之後，盯著黎家豪思考了好一會兒才下注$3000，而這個數目剛好超過了黎家豪應該跟注的賠率……黎家豪覺得大叔已經不把上頭的阿洋放在眼內，他剛才是在估算自己的手牌範圍，然後故意給自己一個不合適的彩池比例，目的是要打走黎家豪，然後和阿洋單挑。

「Call。」黎家豪把$3000籌碼輕輕推出桌面，他決定了要爲老朋友赴死。

◇◇◇◇◇◇◇◇◇◇◇

33 所羅門法則：補牌數x 4 －（補牌數 −9）

阿洋再次看了看自己那手7♥ 8♥，不忿地重重呼了一口氣。本來他從翻牌前就已經決定要從頭詐唬到尾，飾演自己拿著超強的口袋對子，但是如今偷雞不成，牌面上連一隻紅心也沒有，牌力發展非常有限，只好不情不願地蓋牌。他再上頭，也知道這牌局已經沒他的事了。

底池有$8050，荷官在轉牌發出6♦，現在牌面是4♣ 2♠ 3♠ 6♦，金牙大叔這次沒有問荷官，而是直接對黎家豪說：「你還有多少籌碼？」口氣不像面對墨鏡女生時那麼輕佻，但他的如炬目光始終令人難受，更準確地說，是帶著嚴肅的敵意，那不像想對黎家豪心理施壓，更像是透過這個問題，去觀察黎家豪的反應。

黎家豪開始笨拙地數算面前不同金額的籌碼，但數來算去也計不清楚，桌上其他人不禁發出幾聲嘲笑，讓黎家豪更加手忙腳亂。

這時荷官友善地提出替他去數算籌碼，正好可以給黎家豪時間冷靜下來，好好想一想對策。

現在他的勝率很容易計算，依然是12張出牌沒有改變，用「四二法則」計算就是大約只剩下12x2=24%。而阿洋已經蓋牌了，這個計時炸彈可以說是已經暫時解除，如果大叔下注超過他應該跟注的賠率，那麼他大可以選擇棄牌，輸的也只是已經

投入池裡那3000多元而已，雖然對他這個學生來說不算少，但還算是可以承受。

「但是我不甘心呀！」當這個念頭在他腦中冒出來的時候，連黎家豪自己也嚇了一跳，難道自己也上頭了嗎？

「這裡總共是17,000元。」荷官對黎家豪說。

本來黎家豪帶上桌的籌碼只有18,000元，有一萬元是剛領到的澳門現金津貼，6000元是他自己的儲蓄，還有兩千元是阿曼硬要塞給他的——「阿洋不是說過籌碼愈多才愈有操作空間嗎？你把我這裡的籌碼也拿去吧，雖然這樣說有點奇怪，但你一定要打到那個臭阿洋落花流水，拉他下賭桌，等他回來看我怎樣修理他！」想到阿曼鼓起臉頰面紅耳熱的樣子，黎家豪不自覺微微一笑。

金牙大叔還在思考應該下多重的注碼，看見黎家豪微微掀起的嘴角，最終只往$8050的底池裡下注了$5000，大約是半個池多一點。

黎家豪本來想要計算一下賠率，但太多數字已經令他這個書生有點頭昏腦脹，取而代之，有一個大膽的念頭開始萌生——如果我All-in呢……？

假如黎家豪在翻牌前的觀察和推斷沒有出錯，金牙大叔是拿著超強手牌跟注入池，想要埋伏阿洋，但是卻殺出了自己這個程咬金。而大叔在翻牌圈打那麼重注，實在不像是已經中牌，否則他根本不需要急著趕走對手，應該下合適的注碼引誘對手套池[34]才是。

想到這裡，黎家豪大致猜到金牙大叔有機會拿著很強的口袋對子，例如是AA KK之類，那麼現在牌面是4♣ 2♠ 3♠ 6♦，是個很好的詐唬時機……

「我All-in。」黎家豪聽到自己說出這句話時，覺得那把聲音很陌生。

阿洋以不可置信的樣子看著他，黎家豪卻不去看任何人，而是像個雕像似的，定定地看著桌子中間，全身的力氣都花光在控制漸趨急速的呼吸。

金牙大叔死死地盯著黎家豪，想要從他的神情中找到線索。其實區區一萬多元對他來說只是散銀，平常跟兄弟去卡啦OK開幾瓶酒就超過這個數目了，他在意的是不想被這個娃娃臉靠詐唬去贏他的錢。如果娃娃臉真是有張5，那倒是算了，在牌桌上倒楣是人人都嘗過的事。但如果他是詐唬，那麼自己

34 套池是指當玩家在一個相當大的底池中投入大量的籌碼時，就算對手全下加注，該玩家也不可能選擇棄牌了。

拿著這兩張底牌打了兩條街之後棄牌，面子如何掛得住？

而且回想過去的牌局，雖然大多沒有打到攤牌，但這個娃娃臉似乎是有詐唬的先例，不過看他剛才慌手慌腳地數籌碼的樣子，又不像會打得那麼奸詐……思前想後，金牙大叔最終決定：「我跟！」

黎家豪一聽到大叔的話，像個洩氣的乾癟氣球般，整個人窩進椅子裡，他後悔自己實在太衝動了，剛才不是已經知道，大叔是個容不得別人詐唬他的狠角色了嗎？自己為甚麼還要去冒這個險？

「要是你真的有張5，那就算我倒霉！我跟注呢，是要跟桌上所有人說，你可以用比我大的牌來贏我，但是別想詐唬我！」大叔攤開他那兩張底牌，果然是A♥ A♦，「你是甚麼牌呀？」

黎家豪默默地攤開自己的A♠ 4♠，阿洋沮喪地搖了搖頭。

「想不到你這個娃娃臉真是那麼大膽！好了，現在自討苦吃了吧？你剛上桌時我就說了要替你上一課的，怎樣，學到了嗎？」大叔回復他那副輕佻的態度。

「你還有出牌的……」阿洋對黎家豪如此說，但是聽起來，更像是說給自己聽的。

「對呀！牌還沒發完呢，」那個愛操作的大媽似乎看不過眼金牙大叔的跋扈氣焰，「誰輸誰贏還不一定！」

「是呀，快發河牌呀！」桌子上其他人也催促荷官道。

荷官在桌上捶了兩下，發出了河牌：9♠，現在牌面是4♣ 2♠ 3♠ 6♦ 9♠，黎家豪湊成了同花，反勝了金牙大叔的AA！

「Yes！」阿洋不禁大叫了出來，其他人早就受夠了金牙大叔的壓榨，所以看到他被反將一軍，都紛紛笑開了懷。

金牙大叔覺得面上無光，很是晦氣地把手上的AA扔掉，正打算收拾剩餘的籌碼離桌，但黎家豪卻叫住了他：「等等！」

大叔以爲黎家豪要揶揄他，正想開口咒罵，但黎家豪卻怯生生地說：「那個……不是發牌前要銷牌嗎？剛才荷官先生好像忘記了……」

荷官聽他這麼一說，馬上檢查手邊的銷牌區，果然是少了一張牌。他想剛才自己大概也爲這個文質彬彬的年輕人焦急而分了神，而且自己已派了好幾個小時的牌，精神開始散漫，所以才一時忘了銷牌。

黎家豪有點靦腆地問：「那是不是要再發河牌？」

荷官帶著歉意說：「是的，根據規例，剛剛那張葵扇9就算作是銷牌，要再發下一張牌，真的很抱歉。」

阿洋用手扶額，他搞不懂黎家豪的腦子到底在想甚麼。

桌上眾人都目不轉睛地看荷官發出下一張牌，那是一張5♥，牌面變成4♣ 2♠ 3♠ 6♦ 5♥，公共牌組成了2 3 4 5 6的順子，黎家豪和金牙大叔平分彩池[35]。

金牙大叔拿回自己的籌碼之後準備離桌，臨行時他拍了拍黎家豪的背說：「你這個娃娃臉有點意思。」

阿洋在目睹黎家豪這場大起大落，最終得以安然無恙的牌局之後，感覺到體內狂飆的腎上腺素一下子退散，只餘下滿腔的虛脫和疲憊，他拿回只減少了1000多元的賭本，起身對黎家豪說：「我們走吧。」

黎家豪傻呼呼地拿回籌碼，巴巴地跟著阿洋離座，原來不知不覺間，他在這張牌桌上贏了好幾千元。

◇◇◇◇◇◇◇◇◇◇◇

35 平分彩池(Chop)

在櫃檯處排隊把籌碼換回現金時，阿曼一直在嘮嘮叨叨地罵阿洋，阿洋又回復他嬉皮笑臉的本色，不痛不癢地應付。黎家豪並沒有插嘴，他在心裡想的是：原來在德州撲克裡，拿到AA是非常危險的一件事。拿小牌倒是很容易就可以果斷棄掉，但是拿著大牌的時候，反而令人面對危險牌面也捨不得棄牌。怪不得他曾經聽說過一句話：你棄掉AA的次數，和你打牌的技術高低成正比。沒錯，雖然金牙大叔的確很討人厭，但他確實履行了承諾，替自己上了一課。

第三章

每個走上賭桌的人都有理由

每個不是為了娛樂而走上賭桌的人，
都有自己的苦衷。

他們3人把籌碼兌回現金之後，去21點的桌子會合其他同學。

「你們玩得怎樣？」阿曼看到他們在其中一桌旁邊圍觀。

「輸光了，」一個叫David的男同學攤攤手，「風吹雞蛋殼，財散人安樂。」

「你聽聽自己的口氣，說得像蹲在馬會門前那些大叔一樣！」阿曼笑說：「那你們兩個呢？該不會也全軍覆沒了吧？」

「我們沒有玩21點，」那對情侶旁若無人地相視而笑，「去了推老虎機。」

David抱怨道：「你別管他們了，我看見就心煩，他們根本是來拍拖的，男的沒膽坐下桌玩，女的又嚷著要去餵老虎，留我一個人在這裡孤軍作戰！那你們玩德州撲克戰果如何？」

他們3人面面相覷，雖然只是短短幾個小時的事，但他們都覺得無從說起。What happens on the poker table, stays on the poker table.

「泥膠很強呀！他贏了好幾千元。」倒是阿洋先開口打破僵局。

「不會吧？泥膠也能贏錢？」David笑說：「原來你是隱世

高手呀？」

「怎麼會？」黎家豪毫不在意David的訕笑，「我是第一次玩現金桌而已。」

「這就是別人說的Beginner's luck了吧！」David下結論道。

黎家豪不置可否，而阿曼這個初學者再聰慧，對剛才的牌局也只是似懂非懂，只有阿洋把這句話聽進心裡，他也很想相信那只是新手運，否則他要怎麼面對自己潛心研究過的撲克技術，卻被初涉牌局的黎家豪輕易就比下去？但作爲一個熱愛德州撲克的人，最不甘的就是旁人總把撲克視作純粹比拼運氣的賭博……這兩種矛盾想法在他心裡各據一方，暗暗拔河。

「好了好了，大家都玩得盡興了吧？我們可以離開這個烏煙瘴氣的地方了嗎？」阿曼投訴：「明明說好要來吃喝玩樂的嘛，在這裡都耗掉大半天了，甚麼葡撻、豬扒包、牛尾湯……我一口也還沒吃到！」

一行六人在阿曼的催促下，回酒店略作梳洗之後，便去了氹仔的葡國餐廳吃晚飯。David知道黎家豪贏了錢，又再次開玩笑要他請客，黎家豪用眼神向阿曼求救，但阿曼翻了翻餐牌，看見菜式還算便宜，於是也跟著大家起鬨，黎家豪只好認命。

在點菜的時候，侍應生一步來，阿洋就覺得她很眼熟，還未認出來，那女生卻先開口：「欸？你是今天下午那個男生嗎？」

「是你！」阿洋拍了一下大腿，終於認出侍應就是拿暗三條K輸給金牙大叔的女生，「你沒戴墨鏡我一時認不出來。」

女生聞言一笑，眼睛彎成一對腰果。

「教我打牌的人說我的眼睛太不會藏，在牌桌上不是被牌技高的人看穿，就是被自以為牌技高的人看扁，所以只好戴墨鏡。」她看到黎家豪，很眞誠地稱讚道：「我離桌之後在旁邊看了一會你們打牌，你打得很好。」

黎家豪尷尬地搔搔頭：「運氣好而已。」

阿洋追問：「你剛才說有人教你打牌，是甚麼人呢？可不可以介紹給我認識？」

阿曼一掌巴在阿洋後腦罵道：「你又想去賭了嗎？」

阿洋摸著後腦辯駁：「這是學習！學海無涯呀！」

女生笑說：「他是我的大學教授，教經濟系的。」

「你的教授不會是Tony Tran吧？」阿洋雙眼發光。

「是的，」女生點點頭，似乎並不意外被阿洋猜中，「你們是香港人吧？如果開學之後有時間，可以來大學聽他講課，不過他的課常常爆滿，也有很多校外生會來旁聽。」

「原來TT他從MIT回來了嗎？」阿洋一個勁地興奮發問。

看到阿曼和黎家豪聽得一頭霧水，女生貼心地解釋：「教授是個頗有名氣的撲克牌手，在撲克圈子大家都叫他做TT，之前麻省理工的Sloan School of Management開設了一門德州撲克的公開課[36]，邀請了TT去做客席講師，他回來澳門之後，來旁聽他課堂的人就更多了。」女生說出這番話時不像是炫耀，而是看得出來她真的很崇拜這個教授。

「連那麼有名的大學都教德州撲克？」阿曼著實有點訝異。

阿洋趁機教訓阿曼：「你看吧？不要再說撲克是不正經的玩意了！」

「不止是MIT，就連哈佛、U.C.L.A和Stanford都有由該校教授和學生組成的Global Poker Strategic Thinking

36 這門公開課是真實存在的，課程名稱是Poker Theory and Analytics，講師是Kevin Desmond。

Society，因爲德州撲克其實是一個在擁有不完整信息的情況下，如何運用概率思維來衡量風險與回報，從而作出最佳決策的遊戲，所以有不少從事風險管理或是投資決策，甚至是法律界的人士都喜歡鑽研德州撲克，因爲某程度上來說，在撲克桌上學到的技能，與他們本業有很多相通的地方，聞說外國的政商界鉅子都會鼓勵自己的子女學習德州撲克呢。」

「那我可以和你交換電話嗎？下次我再來澳門的時候去大學找你？」阿洋直截了當地問。

女生倒也爽快地拿起一張餐巾，把自己的電話寫給阿洋說：「我叫Christine。」

大家交換過名字與聯絡方式之後，也就如常點菜吃飯，Christine一直在廚房和幾桌客人之間忙進忙出，完全分身不暇，直到黎家豪獨自拿著帳單去櫃檯結帳時，Christine一邊找續一邊問他：「剛才忘了問你，在最後那手牌，你爲甚麼會在轉牌圈All-in呢？」

「這個嘛……」黎家豪不想把自己最初是爲了阻礙阿洋而上桌的事說出來，所以含糊其辭道：「其實那時候有很多因素影響的……」

「我只是想知道你當時的想法，是純粹Bluff還是有其他原因？」Christine話剛說出口，又覺得自己有點越界了，畢竟一個牌手用甚麼思路去打甚麼牌，其實是非常寶貴的資產，就像著名牌手Gus Hansen把自己在2007澳洲百萬賽主賽事奪冠的詳盡思考過程，於《揭秘每一手牌》（*Every Hand Revealed*）中傾囊相授，結果這樣赤裸的教學深深地打擊到他的撲克事業，因爲他在書中揭露了自己那種超鬆凶打法的思路與每一手底牌，讓往後的對手開始不再相信他的詐唬。所以Christine馬上道歉：「不好意思，要是你不想說也沒關係的——」

「不不不，這不是甚麼秘密，」黎家豪見Christine一臉抱歉，倒是比她更不自在：「其實那時候我大致猜到大叔拿著很強的Pocket Pair，而當時牌面也的確很適合Bluffing，但正正因爲如此，我才擔心大叔會看穿我是仗著牌面詐唬，不過當下我還是覺得應該要All-in，我也說不上來爲甚麼，也許我是有點上頭了吧？」黎家豪尷尬地乾笑。

「我倒是覺得……」Christine若有所思地說：「對一個牌手來說，『感覺』是很重要的，在某些很難下判斷的時刻，有時候就是靠這種直覺爲你贏下彩池，甚至是救回一命，TT說過，這種東西叫做『牌感』。」

「牌感？」

Christine繼續嘗試解釋：「很難用言語說明啦……就像我們常說的『陰力』，也是一種確實存在，但是難以說得清楚的狀態。不過牌感是每個好牌手都會有的東西，甚至可以說是可遇不可求，我自己倒是沒有這樣的天賦，有好幾次我拿著一些同花連張[37]，覺得牌感來了，在彩池比例完全不合適的情況下也決定跟注幾條街，結果當然是輸大錢了，雖然說牌感只是輔助，更重要的是扎實的技術，但我眞的很羡慕像你這樣的牌手。」

黎家豪連忙否認：「我不是甚麼牌手，老實說，這只是我第一次去賭場玩現金桌，眞要說的話，我想那只是新手運而已。」

「眞的假的？第一次？」Christine驚訝地道：「我想TT會很有興趣見見你的。」

「Christine！」餐廳老闆不滿地嚷道：「3號桌要點菜！」

「來了來了！」Christine吐吐舌頭，「你和阿洋下次來澳門便打給我吧！」說罷就小跑著過去幫忙下單了。

酒足飯飽後，他們一行人走出餐館，阿曼說：「你們不覺得很奇怪嗎？ Christine明明只是個在小餐館打工的學生，但剛才在賭桌上輸了差不多兩萬元，卻連眼睛也不會眨一下，現在

◇◇◇◇◇◇◇◇◇◇◇◇

37 同花連張（Suited Connectors），即兩張點數相連，且擁有同樣花色的牌。

澳門的人工都那麼高嗎？」

「每個人坐上賭桌都有自己的原因。」阿洋鮮有認眞地道。

「而你就是因爲爛賭！」阿曼還未生完他的氣。

就在他們邊吵吵鬧鬧邊信步回酒店的時候，黎家豪接到一個改變他一生的電話。

「喂，請問是不是黎家豪先生？」電話那端傳來的，是一把陌生的聲音。

「對，你是？」

「我是從醫院打來的，你爸爸黎瀚山遇到了嚴重車禍，現在情況不太樂觀，你可以馬上來醫院一趟嗎？」

黎家豪掛線後，立即對同學說明狀況，打算先行回香港，而阿曼和阿洋堅持要陪他同行，黎家豪表面上看似鎭定，其實心裡已經慌得六神無主，倒是阿曼指揮若定地叫阿洋陪著他趕去買最快開出的船票，她和幾個同學則乘的士來回酒店打包3人的行李。

3人趕到醫院之後，醫生跟黎家豪說明狀況：「你爸爸今天

下午在上環那邊發生交通意外，他乘坐的的士失控撞欄起火，幸好消防員及時把他和司機救出，他剛剛完成了手術，但現在情況並未穩定，你最好先留在醫院。」

黎家豪自幼喪母，與父親相依為命，而父兼母職的黎瀚山也盡了最大的能力，讓黎家豪過著和正常家庭沒兩樣的生活，只是這個意外可能令黎家豪的平靜日子從此分崩離析。

負責案件的警員對他說：「我們在你爸爸身上找到一些私人物件，包括電話和錢包等等，先交還給你。」

黎家豪從對方手上接過一個透明的密實袋，他忽然很害怕這些東西就是爸爸最後留下來的一切。

「還有一件事，」警員的語氣嚴肅了起來：「我們在車上發現一個文件袋，裡面似乎裝了現金，不過已經燒得所餘無幾了，所以具體也不知道到底數目是多少。」

黎家豪聞訊愕然，先不論在新界地盤工作的爸爸為何會在這個時間乘的士去上環，更奇怪是向來是「月光族」的爸爸哪來一整個文件袋的現金？

警員離開後，阿曼和阿洋伴著黎家豪坐在空無一人的醫院走廊，那些安慰說話，在這3個青梅竹馬的人之間都顯得多餘，靜靜地陪伴，已經是最有力量的支持。

黎家豪打開密實袋，拿出爸爸那個濕漉漉的錢包，裡頭一家三口的照片已經被浸濕得糊爛了大半，媽媽那副記憶中的面容已不可辨。在錢包的暗格，還收藏了一個籌碼，黎家豪知道這是爸爸從前在澳門當荷官的那家賭場的籌碼，面額只有$500，爸爸大概是想留爲紀念吧。

「我去買杯咖啡，你們要吃點甚麼嗎？」阿曼從長椅站起來。

黎家豪搖搖頭，阿洋給阿曼打個眼色，示意自己留在這裡看顧他。

「你還記得中二那年，叔叔到學校把數學老師臭罵一頓的事嗎？」阿洋問。

「當然記得，」黎家豪望著走廊遠處，似是在回憶往事，「那次阿曼在考試前替我們天天惡補，結果我跟你這兩個數學白痴竟然都拿到90多分，Miss Chan質疑我們作弊嘛。」

「我爸媽甚麼都不說就把我抓起來先打一頓，」阿洋笑說：「但叔叔只問了我們一句，我們說沒有，他便相信了，然後跑到去學校教訓Miss Chan，說甚麼一個人的誠信很重要，要求她

向我們道歉，多帥氣！」

「老實說，」黎家豪也跟著笑起來，「連我也被他嚇一跳，想不到他會這麼大反應，明明他平日對任何事情都是談笑風生的。」

「我知道，他是那種在地盤工作，但會帶個木結他在午休時自彈自唱的奇人嘛。」阿洋雙手模擬著彈結他的動作，「我常常覺得，他像個從電影裡走出來的人物。」

黎家豪勉強回應阿洋一個微笑，他一直在翻著錢包，把裡頭的東西逐樣拿出來細看，彷彿要從這個破爛錢包裡，找出讓爸爸醒來的方法，但他卻只找到一張令他目瞪口呆的借據——爸爸居然向財務公司借了100萬元！

黎家豪不敢相信自己的眼睛，他壓抑住狂跳的心臟往下讀，只看見條文清楚列明，爸爸把他們自住的物業二按套現，每月還款額高達3萬多元，要是不能準時還款，財務公司有權申請賣樓抵債。

這樣看來，那個已經燒毀的公文袋裡，就是從財務公司借來的100萬元，但經已統統化成灰燼。

黎家豪搞不懂這是甚麼一回事，也想不通爸爸因何事急著套現100萬元，300多呎的單位，是他們父子和媽媽一家三口一起生活過的憑證，連媽媽在陽台留下的幾盆花草，爸爸一個大男人多年來每天灌溉，又是施肥又是修剪，就是捨不得它們枯萎，如果不是走投無路的話，他絕對不會拿這個家來冒險。

「要不……問問阿曼吧？Uncle一定有能力幫忙的。」阿洋提議。

黎家豪拒絕：「不可以，Uncle本來已經不喜歡阿曼和我們來往，要是我還開口問他借錢，只會讓阿曼為難而已……」

「那你要怎麼還這100萬？打工嗎？你以為一個未畢業的大學生做甚麼工可以月入3萬多元？」阿洋為老友焦急，語氣中竟有幾分責備他的意思。

黎家豪沉默不語，他閉上眼睛，希望這只是一場惡夢，希望一睜開眼，就躺在自己熟悉的狹小睡房中，聽見爸爸在廚房煮早餐的滋滋油炸聲，然而如今他張開眼睛，只看見醫院走廊慘白的燈光。

「我還有幾萬元儲蓄，至少可以撐過一兩個月……」他的聲音漸漸低下去。

阿洋沉吟一會，最終像下定決心似的說道：「我和你再去一

次賭場吧，拿這幾萬元在撲克桌上錢滾錢。」

「如果輸掉呢？」黎家豪幾乎是質問他：「要我把房子賣掉嗎？」

阿洋從沒有看過這樣的黎家豪——像一隻受了傷的野兔，在險境中勉力撐著身子裝腔作勢——但他並沒有就此打住：「你想清楚，就算你把這幾萬元拿來還款，那兩個月後你又拿甚麼來還債？如果你眞的想要保住那所房子，就只能大膽冒一次險。」

黎家豪默然，他知道阿洋說得沒錯，那幾萬元只能算是杯水車薪，不想辦法的話，房子遲早都會被強制收回，只是他眞的可以如阿洋所說般「錢滾錢」嗎？抑或只是倒錢下海，提早迎來無家可歸的命運？

阿曼的腳步聲在空空蕩蕩的醫院走廊裡漸漸步近，黎家豪悄聲對阿洋說：「這件事，你不要告訴阿曼。」

「交給我去安排吧，」阿洋輕輕一拍黎家豪瘦弱的肩膀，「無論如何，像你說過一樣，我會捨命陪君子。」

＊＊＊

「這裡真的沒問題嗎？」黎家豪看著面前厚重的鐵閘，只聯想到港產片裡那些毒販的私竇——鐵閘後是重重鋼門，裡頭昏天暗地，幾個紋身大漢在煙霧瀰漫間對他們虎視眈眈。

「不會有事的，我跟Christine說我們急需贏一筆錢，問她哪個賭場比較多魚，她就介紹我們來這個私人場，說這裡常常有肥魚上門，以我和你的技術，要贏錢是綽綽有餘的。」阿洋拿出電話點開Christine的訊息，再次確認地址和門牌正確。

「但是這種工廈……就算我們贏了錢，到時候真的能走嗎？」黎家豪腦海中又閃過一些電影情節，「你想想看，澳門到處都有賭場了，誰會來這種私人賭局……」

「賭場的Poker桌子不夠嘛，你想想魚最缺乏的是甚麼？」

「技術？」

「是耐性。」阿洋一副老手的模樣侃侃而談道：「在賭場那邊常常都要等候一兩小時才可上桌，那些魚就游到這裡來了。你放心吧，Christine說她在這裡當荷官賺點外快，所以一來可以保證不會出老千，二來有認識的人在，沒人會動我們啦，」阿洋按了按牆上門鈴，傳來一聲刺耳的鈴聲，他回頭囑咐道：「你不要想東想西的，等一下要集中精神打牌。」

隔了一會，在牆角上方的監視器傳來一把男聲：「誰？」

「我們是Christine介紹來的。」阿洋簡短地回答。

門後傳來重重開鎖的聲音，鐵閘後還有一扇鋼門，來應門的是一個看上去只有十八九歲的小伙子，剃了一顆青亮的平頭，他上下打量了兩人一會，然後說：「進來吧。」

單位內的裝潢和黎家豪所想完全不同，那是一個整潔明亮的長方形空間，四面牆全貼上了吸音的壁貼，配有廁所和茶水間，牆前立有幾排書架，架上都是撲克、數學、心理學、風險管理等等的書籍。

房間中央有兩張賭場規格的撲克桌，阿洋一眼就看到Christine在較近門口那張桌當荷官，不過他有點猶疑該不該向她打招呼，畢竟不知道現場都是些甚麼人。

「你們來了？」倒是Christine爽快地向他們招手，二人向Christine所在的9人牌桌走去。

「今天這裡打100/200，最低買入是$10,000，最高是$50,000，你們要多少Buy-in？」Christine問。

早在事前Christine已經跟他們說明白了，這個場子通常打50/100和100/200，但也可以按玩家要求打更大的盲注，比賭場有更高彈性。

黎家豪從戶口裡提取了5萬元儲蓄，只剩下一點留作生活費，而阿洋和打工的老闆預支了一個月薪水，還割愛把收藏多年的模型拿去賣掉，勉強湊到了15,000元。

因爲是私人局，所以等到玩家都到齊才開始，其餘的人早就挑好座位，連剛才來應門的小伙子也坐了下來，阿洋和黎家豪沒有選擇，分開坐在剩餘的空位上。

Christine洗好牌後，給衆人各發了一張牌，在5號位一個穿著衛衣，上面沾了不少貓毛的男子抽中了K，點數最大，所以由他開始當Button位。

阿洋首先打量桌上衆人的籌碼量，比他更少籌碼的，是剛剛來應門，現在坐在大盲位的男生，他只有最低買入。其餘的人驟眼看都是兩三萬元的樣子，而黎家豪和Button那個穿衛衣、頸上掛著一個大耳機的男人都是最高買入。

第一局開始，前位的人棄牌，在HJ位的穿著一身潮牌的男生下注了兩倍盲注，可是後面包括大小盲都蓋了牌。

「第一局就打那麼緊？」潮牌男歪歪頭，收下了底池，「也好，拿個好意頭。」

其實他的口氣也算不上挑釁，但在他上家那個梳油頭的男生卻碎嘴道：「才第一局就那麼囂張。」

第二局牌發下來，阿洋在槍口位拿到垃圾牌，自然想也不想就棄牌，剛才那個油頭男來勢洶洶地下注三倍大盲到$600，潮牌男在他後位再加注到$1200，後面的人紛紛讓路，直到大盲的黎家豪，他看了看自己的底牌，是一對黑色的9。

他覺得很為難，在不利位置跟注的話，不知道油頭男會不會4-Bet，而且翻牌不中Set的話，如果不選擇詐唬，就只能任人魚肉，所以他現在要麼就是搶先4-Bet試圖趕走所有人，要麼就是直接投降蓋牌。但潮牌男只在油頭男的注碼上加注一倍，似乎正在釣魚，想到這局只是個開始，還是乖乖蓋牌等候更好的時機。

油頭男頗為不滿地瞅著潮牌男，接著跟注了。底池現在有$2700，Christine動作標準而俐落地捶了捶桌子，銷牌後發出三張翻牌：9♥ 3♥ J♠。

黎家豪錯失了中暗三條的機會，心中自然懊悔。油頭男不管潮牌男是翻牌前的加注者，Donk Bet[38]了$900。潮牌男思考了一會後決定跟注。

現在底池總共有$4500，Christine發出轉牌6♥，現在牌面是紅心9♥ 3♥ J♠ 6♥。

油頭男面對3張紅心牌面還是下注了$1200，黎家豪心想，難道他是中了同花嗎？潮牌男看看對手又看看牌面，還是決定跟注。

底池現在有$6900，河牌來了張10♥，牌面是9♥ 3♥ J♠ 6♥ 10♥，既是一張紅心成同花，也有順子的可能性，是個非常潮濕[39]的牌面。

油頭男這次不再下注三分一個池，而是把$7000籌碼推出來，整整一個底池，潮牌男躊躇了很長時間，最終還是跟注，他翻出一對紅色的K來，油頭男興奮地把自己的A♥2♣攤開來，邊把籌碼掃到自己面前邊說：「謝啦！」

阿洋和黎家豪交換個眼神，心裡都明白，這個油頭男應該就是Christine說的肥魚了。他拿A2o在前位加注就算了，遇

◇◇◇◇◇◇◇◇◇◇◇

38 Donk Bet（驢式下注），即上一條街的跟注者在下一條街搶先下注。

39 潮濕牌面（Wet Board）的意思是公共牌連接性很強，存在很多聽牌結構。相對的稱作乾燥牌面（Dry Board）。

上有人3-Bet反抗，他竟然跟注入池，還要在甚麼都沒有擊中的翻牌圈Donk Bet，從頭領打到尾。只能說潮牌男太倒楣，拿著口袋超對KK一路領先，但牌面愈派愈不妙，最後河牌都中同花了，整副牌就只輸一張紅心A，的確很難棄牌，最後把這條魚餵得飽飽的。

接下來的好幾把牌，那個油頭男都是亂打一通，可是他的運氣卻無人能擋：拿垃圾牌入池可以中兩對勝過別人的頂對頂踢腳[40]；別人難得中了明三條，他卻已經中了葫蘆；就算大家都完全沒有擊中牌面，他的高牌也比別人大，簡直就像吃了無敵幸運星星似的。

黎家豪和阿洋因為打得緊，所以入池率都甚低，手邊的籌碼不斷被盲注消耗，而桌上其他人輪流吃了油頭男的虧，開始有點忌諱他，讓油頭男打得更鬆更放肆了。

黎家豪一直在等待時機，好把油頭男面前愈堆愈高的籌碼贏到自己口袋裡，而這把牌，他終於等到和油頭男對戰的機會。

在前位的一個老年人和中位一身韓流打扮的男生都平進之後，黎家豪在CO位置拿到A ♦ K♦，這簡直是最好的設定了——自己在有利位置手拿同花A K，打得極鬆的魚又在大盲位

◇◇◇◇◇◇◇◇◇◇◇

40 頂對頂踢腳（Top Pair Top Kicker），簡稱TPTK。

置，基本上油頭男十之八九不願放棄已付出的盲注，會跟注進來看翻牌的。

黎家豪想要通過加注來隔離[41]其他人，以便和油頭男單挑，但是他必須掌握好尺寸，注碼太大的話怕油頭男棄牌，但可以直接收下底池也不錯，最壞情況是打得太小，油頭男跟注之後，會給前面兩個玩家太好的賠率去跟注，要是變成多人底池就很難處理了。

他思考了一會，決定加注到$1400，果然油頭男秒跟，老年人正在猶疑，黎家豪希望他千萬不要跟注，否則韓流男面對這麼好的底池賠率肯定會來分一杯羹的。幸好老年人再看了看自己的底牌後就依依不捨地棄了牌，韓流男嘁嘁嘴，然後也蓋牌了。

底池現在有$3300，翻牌J♣ 6♥ 2♣，油頭男過牌，雖然黎家豪甚麼也沒有擊中，但牌面有一張J，正好符合他作爲翻前加注者的手牌範圍，所以他選擇C-Bet了$1000，油頭男覷了他一眼然後跟注。

底池有$5300，Christine發出轉牌7♥，現在牌面是J♣ 6♥ 2♣ 7♥。此時油頭男Donk Bet了$2500，甚麼都沒有擊

41 隔離打法（Isolation），指玩家通過加注的方式避免多人同時進入底池，以便和一位對手進入翻牌圈單挑。

中的黎家豪頗爲苦惱，他要繼續飾演自己有一張J去加注嗎？就算打不走對手，自己還有兩張高牌有望在河牌擊中頂對，不過下決定之前，應該先想想油頭男手中有甚麼牌。

在翻牌圈油頭男過牌，以其性格，不像會中了頂對J還懂得隱藏牌力過牌，而轉牌出了7♥之後他卻Donk Bet了出來，顯然這張牌提升了他的牌力，該不會是拿著口袋對子7擊中了三條吧？抑或是拿著中等連牌入池，現在中了兩對或者兩頭抽順子？要是前兩者的話，就算河牌擊中了A或K，恐怕也贏不了油頭男，要不要趁現在就鳴金收兵呢⋯⋯

陷入苦思的黎家豪突然察覺到，今天一味往對手比自己擁有更強手牌的方向去想，是因爲賭上整副身家的緣故才這樣悲觀嗎？但要是這樣下去的話，難道每把牌都要等到自己擊中堅果才有勇氣去打？這樣被動地等待運氣光臨，和買大小有甚麼分別？

家裡遭逢巨變，運氣早就離我而去了，如今能夠依靠的，只有自己。黎家豪在心中默念道。他調整了一下坐姿，全神貫注地盯著桌子中間的4張公共牌：此時牌面同時在聽梅花和紅心同花，剛才猜想油頭男可能有的手牌中，不論是兩對、三條，還是順子，都會輸給同花——

黎家豪推出一小疊籌碼，對Christine說：「Call。」

底池已經去到$10300，黎家豪看著Christine發出關鍵性的河牌：3♥——「中了！」他在心中喝彩道。

現在牌面是J♣ 6♥ 2♣ 7♥ 3♥，黎家豪在轉牌跟注，就是爲了在河牌發出任何一張梅花或紅心得以湊成同花牌面時去詐唬，如今詐唬的條件有了，只不過這張3♥有可能令油頭男湊成順子，需知道要對手棄掉順子不是那麼容易，他要先看看油頭男的動作再來制定對策。

油頭男選擇了過牌，黎家豪在心裡盤算：綜觀油頭男今天的打法，他要是中了大牌的話，往往會在河牌下重注，如今他選擇過牌，即是說他不會有同花或是順子，甚至連三條也未必有，所以自己現在要考慮的，就是應該下多大的注碼，才足以說服油頭男相信「對手有同花」這件事。

「$11000。」黎家豪把籌碼推出去時，不斷警戒自己不要手抖。

桌上其他人看到油頭男終於被人在河牌超池下注，都停下手邊的動作來欣賞好戲。

「我是不信你有J啦，不然你翻牌圈會在聽同花牌打那麼小？」油頭男嘴上這樣說，但洗籌碼的手卻沒停下來過，顯然內心有點焦躁。

爲甚麼他會擔心我有J？黎家豪心裡疑惑，但是看到他這麼糾結，估計他是眞的擊中了三條7，但願這個下注尺寸足夠讓他棄牌，但又不會大得令他思疑有詐。

油頭男往椅背上一靠，揚起下巴套黎家豪的話：「你是仗著牌面在詐唬我吧？」

黎家豪不擅長裝模作樣，也生怕任何一句說話都會讓人看出馬腳，所以索性不回應。

油頭男拿起手邊的籌碼復又放下，來回了幾次之後，終於決定：「Call了Call了，這把牌我心裡棄不掉！」

黎家豪看到油頭男翻出來的底牌，那居然不是三條7，而只是雜色的10♥ 7♠！

「你只拿著個Second Pair[42]有甚麼好棄不掉的？」連油頭男的朋友看到他的底牌後也忍不住問，「牌面上有同花呀？」

「T 7是Daniel Negreanu[43]最喜歡玩的牌嘛，我這是致敬，你懂不懂？既然我肯定他沒有J，那麼我這對7就等於是Top Pair了！而且那只是後門花呀，我才不怕。」油頭男胡說

◇◇◇◇◇◇◇◇◇◇◇◇

42 Second Pair或Middle Pair即中間對子。

43 Daniel Negreanu是加拿大著名的職業撲克牌手，以高明的讀牌能力見稱。

八道一番後，轉頭催促黎家豪開牌。

黎家豪搖搖頭，把蓋著的底牌推出去說：「你贏了。」

黎家豪這把牌輸了一萬多元，他站起來說要去個洗手間，阿洋馬上緊隨他，把他拉到茶水間裡小聲說：「你沒事吧？」

「他怎麼會拿一對7就Call我呢？我不明白……」他失魂落魄地說。

阿洋懊惱地大力拍自己的額頭：「我應該提醒你的，跟魚打牌，你眞有牌就要死命Raise他，沒牌就馬上Fold好了，因為魚只要稍微有點東西就會死跟到底的，所以千萬不要試圖去詐唬一條魚呀……」

黎家豪沉默不語，阿洋拍拍他的肩：「你去洗把臉冷靜一下吧，沒事的，你還有足夠本錢，我們兩兄弟一定能宰了那條魚！」

就在阿洋回到座位不久，他也終於對上油頭男了。

＊＊＊

黎家豪洗了把臉，水龍頭嘩嘩的冷水令他繃緊的神經稍稍放鬆下來，他望著鏡子中那張蒼白的臉，竟覺得鏡中人有點陌生。但他知道阿洋說得對，這個時候不可以想東想西的，既然選擇了踩上這條鋼線，就不要朝腳下的萬丈深淵張望，只能一心一意地抵達彼岸。

他堅定地一步一步往牌桌走去，然而桌上並無人注意到他的表情變化，只因大家都聚焦在正燃起了導火線的牌局。

這手牌，剛才來應門的那個瘦削男生在中位平進，阿洋在CO位置加注到$800，在他下家的油頭男想了想，選擇平跟。大小盲看了看手牌，完全不需考慮就秒速蓋了牌，倒是瘦削男生狀甚苦惱，黎家豪猜想，他本來只帶了最低買入上桌，然後又打得很緊，現在應該是不太想跟注進三人底池之後，處於最不利的位置，所以猶疑著要不要3-Bet吧。

結果瘦削男生面對頗吸引的底池賠率還是選擇放棄冒險，底池中的$2100就由阿洋和油頭男兩人來爭奪。翻牌是9♠3♥ 8♣，算是個比較乾燥的牌面。

阿洋下注了$1000，油頭男略作思考後加注到$3000。黎家豪不禁替阿洋擔心，雖然說阿洋和油頭男都是在後位加注入池，兩人的牌力都會比較兩極，要不是有強牌，就是恃著有利位置，手拿投機牌伺機行事，但在這種中等牌的彩虹牌面，油頭男的反加注未必是純粹詐唬。然而阿洋並沒有太大掙扎就跟注了，他現在手邊大概只剩下一萬元。

底池共有$8100，翻牌來了張3♠，現在牌面是9♠ 3♥ 8♣ 3♠。阿洋並沒有將主動權讓給剛才加注的油頭男，他不單止繼續下注，而且還下注了三分二個池，把$5000的籌碼推出桌面。

黎家豪開始在腦中猜想阿洋的底牌，他在翻牌圈被油頭男加注時，並沒有3-Bet回去，只是選擇跟注，而在轉牌圈發出這張3♠後繼續開槍，也就是說這張牌很可能提升了他的牌力，難道他手中有一張3嗎？但誰會拿3來加注入池呀？還是說他認爲這張3在加注過的牌局而言是一張白板，所以向油頭男施加壓力，希望對方棄牌？

黎家豪還未想出答案，油頭男就推出了一大疊籌碼，他加注到$10000！這個加注即等同是宣告All-in，因爲阿洋要跟注的話，就必須付出手邊所有的籌碼。

阿洋看向黎家豪說：「帶不夠籌碼就會有這種情況，底池都已經這麼大了，我留著這$5000也沒屁用，只能跟了。」

黎家豪聽他的語氣，心中頓時一沉，即是說阿洋並沒有絕對把握……

「Call。」阿洋把臉轉向油頭男說道。

「我就不信你有3！」油頭男翻出自己的底牌，是9♥8♥，即是牌面上最大的兩對。

「我的確沒有3，」阿洋看清楚對方的底牌之後，繃緊的面上終於有了笑意，「但也足夠贏你。」他翻開底牌，原來是口袋對子Q！

「甚麼跟甚麼？」油頭男皮笑肉不笑地說：「我可是Two Pairs，你只有一對喔大哥。」

桌上眾人聞言都傻了眼，還是潮牌男率先開口道：「你是第一天玩Poker嗎？牌面上有疊牌呀，這樣算起來他也是Two Pairs，而且比你要大。」

油頭男登時呆了，他再看了看公共牌，才恍然大悟地拍了拍自己的大腿，桌上的人都忍俊不禁。的確，黎家豪初初陪阿洋玩德州撲克的時候也犯過這種錯，看見自己的手牌擊中了牌面最大的兩對就昏了頭，忘了對手只要有一對比自己大的口袋對子，就可以和公共牌中的對子組成更大的Two Pairs。

雖然黎家豪不覺得油頭男可笑，但心中也的確慶幸他犯了這個錯誤，讓阿洋把自己剛才所輸的一次過贏回來。

Christine雖然明顯強忍著笑意，但她還是專業地清了清喉嚨說：「現在發河牌。」然後捶了捶桌子，發出了最後一張該死的河牌：9♣。

潮牌男搖搖頭，桌上衆人都閉上了嘴，阿洋像個木頭人似的一動也不動，而油頭男則爆出大笑道：「看來今天運氣還是站在我這邊！」

牌面是9♠ 3♥ 8♣ 3♠ 9♣，油頭男靠著這張河牌中了葫蘆，將阿洋全部的籌碼贏光了。

河牌之所以稱爲河牌，也許因爲對一個人來說是水到渠成，而對另一個人來說，就是陰溝裡翻船。

＊＊＊

在阿洋被油頭男Bad Beat離座之後，牌桌醞釀著一股躁動的氣氛，大多數玩家都把目標對準油頭男，有的當然是看上了他面前堆積如山的籌碼，有的卻是爲了出一口氣——對自詡懂得德州撲克的人而言，遇上魚當然興奮，不過一旦被魚亂打亂撞贏了錢，他們卻恨得牙癢癢的，甚至比自己不慎打錯牌更加懊惱，因爲魚單純靠著運氣，就把他們苦心鑽研的技術壓倒，猶如一種當頭的侮辱。所以每當目睹這些事情發生，他們多多少少都有點同仇敵愾的意味，想由自己親自去教訓一下對手。

所以接下來每當有油頭男參與的牌局，總是不乏人入池，有些人鎩羽而歸，有些則贏下幾個不大不小的底池。油頭男也不是傻子，他當然看得出大家都是衝著他而來的，在輸了幾局之後，他就更覺得世界與我爲敵，所以有牌的時候打得更激進更放肆。

黎家豪在阿洋被清空之後，三魂本已丟了七魄，如今面對如此躁動的牌桌氣氛，霎時也不知道應該如何調整心情和打法。觀棋不語，而撲克亦如是，阿洋離開座位作爲旁觀者，只可在心裡暗自替黎家豪焦急。

如是者，盲注又過了幾圈，黎家豪一直被動地等待合適的手牌，但每每不是得到兩張垃圾底牌，就是拿著僅僅及格的底牌嘗試入池，結果被其他人加注後只好棄牌，連3張翻牌也無緣看到，眼看手邊的籌碼漸漸消耗，他愈來愈坐不住了。

這手牌他在中位拿到了K♠ Q♠，這已經是他這一段時間以來拿過最好的牌了。在槍口位的瘦弱男生再次平進，所以他加注到$600。

在CO位的油頭男早就拿好籌碼，輪到他行動時，他就急不及待地扔出$1500來3-Bet，Button位的潮牌男將兩張底牌在桌面上搓了幾下，很是猶疑不決，但最終還是決定棄牌。當黎家豪還在盤算著要如何應對油頭男的3-Bet時，沒想到在大盲位那個衛衣上沾滿貓毛的男人卻推出了一疊籌碼，面無表情地說道：「加注到$6000。」

由於貓毛男在整個下午都沒有甚麼太激烈的下注，哪怕從剛才開始漸趨失控的牌桌氣氛似乎也與他沾不上邊，但他手邊的籌碼卻一直緩慢地增長，可以猜想他的4-Bet並不是亂來的，他手上應該有一定強度的牌。

當桌上眾人向他投以好奇目光的時候，貓毛男忽然打了大大的噴嚏，然後從褲袋裡掏出一條皺巴巴的手帕來擤鼻子，他使勁地揉著鼻尖，把兩邊鼻翼擦得通紅，也不知道是在對誰說：「喔，抱歉，我養貓但是對貓毛敏感。」然後把髒手帕隨意塞回褲袋，繼續動也不動地坐著。

甚麼怪人啊……黎家豪心想。

「我跟注。」瘦弱男生在貓毛男擤鼻子的時候已經自顧自地思慮良久，不過他手邊只剩下不到$5000的碼量，所以他等同宣告All-in。

輪到黎家豪做決定了，其實他很清楚自己並不應該跟注，就算撇開毫無章法可言的油頭男3-Bet不說，但打法穩健的貓毛男4-Bet，加上前位的瘦弱男生還跟得下去，可以猜想後兩者的牌力應該很強，自己的K♠ Q♠也許是落後的……

但是這兩張牌已經是幾個小時以來自己拿到最好的牌了，再這樣等下去也不是辦法，加上現在底池裡總共有一萬多元，是個很吸引的數字……對了！雖然瘦弱男生一直打得謹慎，但他在上一局狠狠地輸了一個大底池給潮牌男，他們兩人都中了明三條，可是瘦弱男非常不幸地輸了踢腳，自開牌那刻起他的臉色就非常難看，他此刻極有可能是失了方寸亂推一把。

至於貓毛男，他在大盲位置，既然是翻牌前最後一個行動，他也有可能只是拿著還可以的牌來4-Bet擠壓[44]，嘗試馬上奪下底池。而且KQs的勝算也不低吧？翻牌出來有可能擊中頂對、順子以及同花……

「Call。」黎家豪這一聲跟注說得毫不拖泥帶水，但內心其實卻如毛線球般亂作一團，他不斷在心裡爲自己的跟注找理由，以致他並沒有足夠清晰地想到，要是在他後面的油頭男5-bet回來，難道他的KQs可以跟得下去嗎？幸好油頭男來回掃視了他們幾個之後，只是選擇跟注。

這個4-Bet過的四人牌局，迅速膨脹的巨大底池，令他們每一個動作都牽一髮而動全身，任何一人的加注，都可能引起另一個人以全下來抵抗、誘敵，或者……詐唬。

◇◇◇◇◇◇◇◇◇◇◇

44 擠壓(Squeeze)，指前面有人加注並至少獲得一人跟注的情況下，另一名玩家用很大的加注去試圖趕走所有對手。

Christine也明白這個翻牌前已經接近$23000的底池是如箭在弦，所以她也稍稍調整了一下姿勢，挺直了腰板才發出3張翻牌：10♣ Q♥ J♣。

大盲位的貓毛男不慌不忙地下注了$8,000，而槍口位的瘦削男因爲已經再無有效籌碼了，所以他不需要作出任何動作，而由於他總共只下注了$5000，就算最終他的手牌勝過其他3位玩家，也只會得到翻牌前主池裡的$20,000，剩餘的邊池[45]則由第二順位的贏家獲得。

此刻輪到在中位的黎家豪下決定了，他中了頂對Q，有K Kicker，而且還兩頭聽順子，看起來是對他很有利的翻牌。他後手的籌碼只剩下$26000左右，若然跟注的話已經套池太深，而且這種連接性很強的牌面，很容易愈發愈濕，隨時會有被反超的可能，那麼要不要索性全下，看看能不能直接奪池？

由於這是他打過最大底池的一手牌，所以他必需愼重地思慮清楚：瘦削男一來沒有更多動作可供推算，二來短碼的人會孤注一擲拿很多種牌型去All-in，所以他到底是甚麼牌實在不得而知；至於貓毛男，既然他是翻牌前的加注者，在這種高牌

45 邊池(Side Pot)，當有一個或多個玩家全下時，由於通常每人籌碼量各異，超過該玩家全下押注金額的部分，將會形成一個或多個邊池。舉例A全下$100，B全下$200，C跟注$200，即主池(Main Pot)共$300(A、B、C玩家各下注的$100)，邊池共$200(B和C各下注的$100)，每個池只由有份參與且擁有最大牌型的玩家奪得。

牌面持續下注也是合理的，所以也不能說明他真的有比自己更強的牌；再來就是油頭男，但是由於他在後位，暫時沒有足夠資訊去判斷他的牌力……

對手的底牌尚未摸清，但底池已經累積到$31,000了，只要All-in然後拿下這一局，不僅可以把自己和阿洋輸掉的本金統統贏回來，如果貓毛男和油頭男都跟注的話，那金額就更加可觀了，是的，只要一把牌就夠了，忍耐了半天就是等這一把牌！

他的心臟在胸腔裡突突亂跳，桌子中央的籌碼山就像藏寶圖裡畫上大大叉號的寶藏位置，正在呼喚著他踏前一步，再踏前一步……他伸手往籌碼堆準備推出所有籌碼，那是他的全部財產——

「全部財產」……想到這4個字，他突然停下了動作。

「萬一不能贏下這手牌，那麼我就一無所有了。」這個念頭使得他重新思考了一遍現在的情況。

沒錯，他的確是有頂對Q，但就算不說有人拿著AK進池，現在已經中了天順子之外，哪怕有人只是拿AQ，他也會輸給對方的A Kicker，何況在這種4-Bet過的多人牌局，也很有可能有人拿著JJ、QQ、TT已經中了三條呀……

只要慢下來想一想，就會知道他的KQs在這種牌面，其實並沒有表面上看起來那麼大勝算。

時間一分一秒過去了，他不知道自己究竟想了多久，也沒有人開口催促他，但他抬頭一看，發現原來所有人都在默默盯著他的臉看，他只覺得全身發熱，頭腦愈來愈不清晰，很想甚麼都不管推出去賭一把，但又害怕這一推就是把自己推進了萬丈深淵……

耳邊迴蕩著桌上其他人在密密洗籌碼的啪噠啪噠聲，像是一個個計時炸彈在他周遭倒數的聲音。

「Fold……」幾經掙扎過後，黎家豪把牌輕輕推出桌面，說出這個字之後，他感覺自己好像一個溺水的人，終於把頭伸出水面呼吸到空氣一樣地吃力、虛脫，但卻鬆了一口氣。

「我跟。」油頭男似乎趁著黎家豪苦思之時就下了決定，他板著臉扔出$8,000的籌碼，他和貓毛男的碼量相若，後手大約還有4萬多元。

Christine把全部籌碼撥到手邊，底池已經有$39,000，轉牌發出來是8♦，現在牌面是10♣ Q♥ J♣ 8♦，也就是說單張成順子。

貓毛男剛用手帕擤完通紅的鼻子，他將手掌在褲子上來回搓了幾下，油頭男一臉嫌棄地看著他把$13,000的籌碼放出來。

「忘了帶搓手液。」貓毛男依舊不知道對誰在說。

「跟。」油頭男聽得他這麼說似乎更加嫌棄，皺起的眉頭夾得更緊了。

底池現在是$65,000，依這個勢頭，兩人似乎要在河牌打光所有籌碼。Christine捶了捶桌子，發出最後的那張河牌9♥，現在牌面是10♣ Q♥ J♣ 8♦ 9♥，若然兩人的底牌都大不過公共牌的順子，就可以平分邊池。

貓毛男大概是知道油頭男嫌棄他手髒吧，他這次指指手邊的籌碼，語調完全沒有起伏地對Christine說：「我All-in。」

油頭男看著牌面，有點懊惱地小聲碎嘴說：「我用得著你派這張9嗎？真是的……」不過與其說他是在怪責Christine，不如說他是在自言自語。

Christine點算完貓毛男的籌碼後說道：「他有$28,600。」

「我跟了！」油頭男站起來，跟貓毛男說：「你先開牌。」

貓毛男平靜地翻出了他的A♣K♣，油頭男的朋友緊張地問：「你是甚麼？」

油頭男發出了一聲悲憤交織的低吼聲，把他的底牌用力扔到桌面，大家這才看清楚原來他是一對黑色的9，輸掉了這個接近9萬元的底池。

這一把牌讓油頭男把今天贏來的盈利全數回吐，還輸光了兩萬多元的本金。

Christine問瘦削男生：「良仔你呢？」

只見那個叫良仔的男生苦笑搖頭，把牌推回給Christine。他不願開牌，大家當然也不再追問。

黎家豪看著面前發生的一切，心中升起一股糾結的情緒，雖然說他的確猜中了形勢，在翻牌圈正確地棄牌，確是值得慶幸，但這也更清楚闡明一件事：他根本就不應該在中位這麼尷尬的位置，拿著KQ這種牌跟注4-Bet入池的。他知道自己是被當時躁動的牌桌氣氛，還有輸急了的情緒沖昏了頭而下錯決定。

這麼一來，良仔和油頭男都已經被清光，加上早已離座的阿洋，這個9人桌就只剩下6人，黎家豪見狀，拿回僅餘的兩萬多元本金，面無血色地對阿洋說：「我們走吧。」

聽見他們兩人說要離開，大家也覺得人數太少沒甚麼意思，所以這次牌局也就此散了。

在Christine送所有人離開之後，有人推開一道隱藏在書架旁的木門走了出來，那道門其實也沒有多隱蔽，就只是普通家居裝修會裝設的那種，不過因爲牆壁剛好貼上了一格格的隔音綿，讓門邊的線條更不顯眼而已。

「你說的那個人，」他走到桌前問Christine：「他剛才蓋掉的是哪兩張牌？」

Christine從棄牌區挑出兩張牌說：「我想應該是這兩張。」

那人翻開兩張葵扇K Q，點點頭後，對Christine說道：「看來你說得沒錯。」

第四章

Bad Beat · On Tilt · Drawing Dead

打撲克和做人一樣，
都要審時度勢，知所進退。

在回香港的船上，黎家豪看著窗外茫茫大海，忽然有種不知身在何方的感覺。

「現在怎麼辦？」阿洋知道事情已經搞砸了，他是窮慣了的，可是不知道黎家豪要怎麼面對這種他不熟悉的生活。

「不知道。」黎家豪短促地回答，他不是怪責阿洋，而是這個問題他真的回答不來。

「我知道這件事你很不想做，可是現在只能老實跟阿曼說清楚情況，請她爸爸幫忙了……」阿洋的聲音愈說愈小。

黎家豪默然，文風不動地看著窗外暗湧起伏的海浪。

「要是你面子擱不下，我可以代你出面，不如就說是我家需要錢——」

黎家豪終於轉過臉來打斷阿洋的話：「我們是一起長大的，你知道我不是愛面子的人，我只是不想讓阿曼爲難……」

良久，阿洋只是望著遠方，像是自言自語般說道：「我只知道，要是我或者阿曼遇到同樣的事，你一定會幫助我們，用盡任何方法那種。」

＊＊＊

黎家豪苦思冥想了好幾個日夜，實在是別無他法，最終只好跟阿曼坦白了一切，阿曼先是氣鼓鼓地責備他隱瞞了這麼久，還大老遠地跑到阿洋的家把他臭罵了一頓，及後自然是馬上向父親說明狀況，請求他必定要幫黎家豪這個忙。

阿曼的父親方潤生叫女兒轉告黎家豪，兩天後相約中午在中環某間中菜餐廳見面，阿曼要求一同前來，方潤生說他要單獨和黎家豪見面談談，但表明自己一定會幫忙，著女兒不要擔心。

當天黎家豪誠惶誠恐地提前到達餐廳地址，發現這家餐廳採會員制度，所以不得其門而入，只好站在門口傻愣愣地等待。過了約定時間的十多分鐘後，方潤生才姍姍來遲地應約。

「準時是個好習慣，」方潤生邊領著黎家豪進餐廳邊說，「我可不是刻意待慢你，而是有公事耽擱了。」

「沒關係的方叔叔，你今天願意和我見面，我應該謝謝你。」黎家豪衷心地說。

方潤生沒有回答，他只向領位的侍應說了句「照舊」，侍應就熟練地沏好茶，然後把餐牌奉上，方潤生朝黎家豪那邊揚揚手示意：「看看想吃點甚麼，這裡的荷包鱔做得相當不錯的，這些手工菜，現在愈來愈難吃得到了。」

「不用客氣了，我吃甚麼也可以，你來點吧。」黎家豪知道方潤生並不喜歡他，以往每次見到方潤生，他都渾身不自在，更何況今天的會面，是爲了向對方借錢。

方潤生點好菜後，一句話也不說，只自顧自地喝茶，黎家豪不知道該怎樣開口，在椅上如坐針氈似的，幸好菜上得很快，暫時打斷了這段尷尬的空白。

方潤生拿起湯匙，打開白瓷燉盅的蓋子，一口一口地喝著鹹菜燉豬肚湯，「阿曼告訴我，你爸爸出事了，現在情況怎樣了？」

「他雖然已經過了危險期，但仍然是昏迷狀態……」黎家豪今天雖然滴水未沾，對住滿桌精緻菜餚，還是完全食不下嚥，「爸爸在出事之前不知道出於甚麼原因借下了一百萬，如果我不能每個月依時還款，用作二按的房子就會被收走……方叔叔，我知道這是個很無理的要求——」

「這些阿曼都跟我說過了，」方潤生放下湯匙，「你們是朋友，這個忙，我作爲長輩，當然會幫。」

黎家豪很感激方潤生讓他不必把難堪的話說出口，「謝謝你，我以後一定會把錢還給你的。」

方潤生用餐巾擦擦泛著油光的嘴，「我知道你會的，不過這樣大的數目，我還是準備了一份合同，訂清楚條款，對大家都比較好，你認同嗎？」

黎家豪用力點頭。

方潤生從眞皮公事包裡掏出一份合約遞給黎家豪說：「你可以先看看再簽。」但說罷已經從西裝的胸口袋中拿出墨水筆來。

黎家豪感覺有點困窘，他快速地閱讀合約上的條款，裡頭訂明方潤生免息借給黎家豪港幣100萬元正，待黎家豪大學畢業找到工作後計起，分5年共60期償還，這個條款實在是相當厚道。但是當他繼續閱讀下去，整個人卻頓時愣住了。

「哦，我想你看到那裡了吧。」方潤生一直在盯著黎家豪的反應，「是的，那就是我唯一的要求，你可以做到嗎？」

合約要求黎家豪以後不得再跟阿曼見面聯絡，此事必須對所有人保密，如有違約，需向方潤生賠償三倍借款額。

「爲甚麼？」黎家豪的腦袋一片空白。

「你問爲甚麼？你不知道阿曼因爲你和那個叫阿洋的，放棄

了甚麼嗎？在她小時候我已經不願意她和你們兩個小子胡混，我這樣苦心栽培她，是爲了讓她將來比我更加優秀的。但是既然她的成績沒有受影響，她媽媽勸我不要逼得她太緊，我也睜隻眼閉隻眼了，但是當年公開試，她明明是取得拔尖的成績，卻還是堅持要念完高中，說甚麼不想錯過當中學生的日子，我不批准，她竟然跟我鬧那些離家出走的戲碼！十之八九是你們教唆她的吧！」

黎家豪根本不知道這件事，他連忙否認：「不是這樣的，方叔叔，你誤會了……」

然而方潤生氣在頭上，甚麼話也聽不入耳，「過去了的事我就不再追究，但我要她在大學畢業後去外國念研究院，她還是不願意，原因是甚麼你知道嗎？就是因爲你們老是在拖她的後腿！」方潤生一口氣說完，從公事包中取出一張早已簽署好的支票，貼著桌面推到黎家豪面前道：「不是每個人的父親都只會留下爛攤子給子女的，我家阿曼還有更好的路可以走，我不希望她再跟你們來往。」

「阿曼已經是成年人了，她有權爲自己做選擇。」黎家豪聽得方潤生的話，一股龐大的屈辱湧上心頭，「而我們唯一不能選擇的，就是誰來當我們的父母。但就算可以，我還是會選擇當我爸的兒子。」

方潤生的臉色鐵青，語氣中壓抑著怒氣：「現在要談你的選擇是嗎？你的選擇就是把所有錢拿到賭桌上賠光對嗎？眞是明智啊！你這樣喜歡賭，我跟你說，你現在就像拿著一手爛牌然後撒野，把僅有的籌碼都推出去賭一把，結果只有一個，那就是Drawing dead[46]！你這種人，只懂得走捷徑，早晚和你爸一樣，會落得一無所有的田地！」

黎家豪從座位上霍地站起來，他握緊著拳頭，用力得連指甲也掐進了掌心內，有一隻從未知曉其存在的猛獸在他體內想要掙脫而出，他大口大口地呼著氣，全身的力量都用在抵住那隻猛獸的牢門。當猛獸平靜下來，走回牢籠的角落舐著毛髮後，黎家豪伸出手，將桌上的支票推回方潤生面前，然後丟下一句：「方叔叔，你比你自己以爲的窮得多了。」說罷就頭也不回地走出餐廳。

＊＊＊

黎家豪在拒絕了方潤生的支票後，無法如期償還父親的債務，只好遷出了陪伴他成長的房子，一夜之間變成無家可歸的遊子。

他不願把眞相告訴阿曼，也不希望這件事令他們父女之

◇◇◇◇◇◇◇◇◇◇◇

46 Drawing dead，即是組死牌，進入了死胡同，是指即使公共牌還未全部發出，已可以斷定沒有勝算。

間存有芥蒂，而他也太了解阿洋了，如果此事讓阿洋知道了，他鐵定會氣沖沖地轉告阿曼，所以他只好獨自承受，甚至向阿洋撒了個謊，說方潤生的公司周轉不來，因此愛莫能助，但他不想女兒擔心，希望黎家豪和阿洋替他保守秘密。至於阿曼那邊，黎家豪只含糊地說因爲合約條款問題，所以最終也要變賣房子，先到阿洋家暫住一段日子，再另做打算。

就在黎家豪提著一個小小的行李箱搬進阿洋家那天，阿洋收到Christine的訊息，說是TT有一堂公開課，邀請他們來旁聽。黎家豪無心再沾手賭博，本想拒絕，可是Christine說船票酒店都已經替他們備好了，因爲上次讓他們來私局輸了不少，心裡一直過意不去，所以此行就當是賠罪。

看著阿洋興致勃勃的樣子，黎家豪也就不好推搪，陪著他又再踏上澳門。

他們下船後按Christine的指示，找到大學所在位置，但是不熟校園的二人兜兜轉轉才找到課室，其時課堂已經開始了，只見講堂裡坐滿了學生，還有三三兩兩的人站在課室後方位置旁聽。

「噓——這裡。」Christine向氣喘喘的二人招手，待他們就座後，黎家豪才得以好好看清楚TT。

TT是越南華人，身形矮小，雖然已經將近花甲之年，但是可見體格結實，臉上雖有歲月痕跡，不過精神卻相當飽滿，額頭上躺著的川字皺摺令他看起來頗具威嚴，但一雙濃密粗短的眉毛，卻又中和了那份霸氣，給人一份頑童的感覺。阿洋在來程的船上說，TT之所以叫做TT，除了是他本名Tony Tran的簡寫之外，也因為他在世界撲克大賽決勝桌的最後一手牌中，憑著一對黑色的TT贏下了冠軍而得名。

「我看見今天有不少新面孔，那麼不如輕鬆一點，先跟大家玩一個遊戲。」TT在白板上寫上4個字：海盜分金[47]。

「情況是這樣的，有5個海盜搶來了100枚金幣，他們按ABCDE的順序來逐個提出分配金幣的方案，首先由A海盜提案，然後5個人表決，要有過半票數才可通過，若然提案不能通過，提案的人就要被扔進海裡餵鯊魚。」TT不徐不疾地說明：「我們假設這5個海盜都是絕對聰明及理智，而且將活命放在最大前提，其次才是最大化自己的利益。好了，現在問題來了，大家認為最後誰的方案可以通過，而金幣又會如何分配呢？」

課室裡響起交頭接耳的聲音，黎家豪是個文科生，他對這種數理邏輯題並不熱中，阿洋的成績就更不用提了，所以他們都只是坐等別人的答案。

◇◇◇◇◇◇◇◇◇◇◇◇

47 又名海盜博弈(Pirate Game)，是經濟學模型，大意是要讓自己方案勝出，需要算盡對手的方案與反應，以最小代價將自己的利益最大化。

「照情況，A海盜應該是最先被扔進海的人，」坐在前排的一個男生分析：「而E海盜如果把前面四人都成功否決，那麼他看似是最有機會獨佔100枚金幣的人。」

「但只有他一票也不足以否定所有人的提案啊？」坐在中間的女生說：「那就要看其他人怎樣想了。舉例說，如果我是C海盜，如果A海盜提出的方案於我不利，但我如何知道，假如我否決了他，B海盜的方案是否會比A海盜對我更有利呢？」

Christine接著說：「慢著，你的說法有點意思，假如我是C海盜，如果A和B的方案不合我心意，其實我大可否決他們，因爲輪到我提案的時候，就只剩下3個人，TT剛才說假設所有海盜都是絕對聰明並且以求生爲首要前提，所以D海盜一定會想到：假如他否決了我的提案，那麼輪到他的時候，E海盜只需一票就足以左右結果，那麼他的情況就十分不利。因此D海盜是必定會支持我的，加上我自己的一票，票數是2：1，可以過半數通過。」

同學們發出恍然大悟的聲音，TT點點頭問：「所以你認爲C海盜是最終提案獲得通過的人？那麼他的提案會是怎樣呢？」

「既然無論如何C海盜的提案也可以獲得通過，所以他的提案會是C:100、D:0、E:0，一個人獨佔所有金幣，將利益最大化。」

黎家豪此時小聲地說：「好像不太對……」

沒想到TT年紀雖然大，但聽覺還是很靈敏的，他挑起那雙濃眉問道：「坐在Christine旁邊的男生，你說不太對是甚麼意思？」

黎家豪生性害羞，況且自己還是來旁聽的，這樣突如其來被TT點名，所有人都轉過臉來看向他，讓他的臉一下子就刷紅了，他有點結結巴巴地說：「我其實也還未想清楚……」

「沒關係，一邊說一邊組織看看。」TT微笑著鼓勵他。

黎家豪騎虎難下，只好嚥了一下口水，慢慢解釋道：「既然所有海盜都是絕對聰明，C海盜想到的事，B海盜都會想得到，所以B海盜會提出將金幣分成B:98、C:0、D:1、E:1，雖然C海盜必定會否決，但是D和E海盜會比C海盜那個提案得到多一枚金幣，所以他們兩個都會支持B海盜，那麼B海盜的提案就會以3：1的票數通過。」

TT意味深長地笑道：「然後呢？」

「但是A海盜也同樣可以推理到這個狀況，所以他的提案會是A:97、B:0、C:1、D:2、E:0，相對B海盜的方案，C和D海盜可以得到多一枚金幣，所以他們兩個都會答應，加上A海盜

自己那一票，就得以用3：2的票數通過。」黎家豪說著說著，竟忘了尷尬，分析得頭頭是道。

「很好。」TT讚許地向黎家豪點頭，然後轉身在白板上寫字，「剛才那位同學說的，就是正確答案。那麼你們發現了嗎？如果以順序的思維去想，就算抓破頭也不會想到答案，但是如果用逆向思維往回推，就可以一步一步梳理出最理想的方案，這個方法在博弈論中，叫做『逆向歸納法』，Backward Induction。」

45分鐘的課程，在TT生動的教學中很快就過去了。阿洋打趣地向黎家豪說：「要是所有老師都可以像TT那樣教，我才不會留級呢！」

下課之後，Christine領著他們跟TT打招呼。

TT伸出手來和他們二人握手，阿洋本就是TT的粉絲，明明心裡想要說點聰明話，讓TT留下好印象，但是如今卻頓時啞了聲。而黎家豪發現TT的手雖然精瘦，但是握手時手勁卻雄渾有力。

「你剛才的表現很不錯，Christine早就跟我說過你們兩人。」TT活了那麼些年，總也知道不能冷落了阿洋。

「其實我本來聽了題目時腦袋還是一片空白，只是因爲聽了Christine的說法才想到的。」黎家豪搔搔頭道。

「你不是以爲我會介意吧？我才沒有那麼小器呢！」Christine笑說。

「不知道兩位有沒有時間，來我的辦公室喝杯咖啡聊聊天？」TT問。

＊＊＊

「在我們開始談正事之前，我有一事要先跟你道歉。」TT把馬克杯放在黎家豪面前時說。

黎家豪和阿洋互看一眼，兩人顯然毫無頭緒。

TT走到辦公桌後，舒適地坐在大班椅裡，「上次Christine帶你們去的私人賭局，其實是我的主意。」

阿洋剛拿起馬克杯往嘴邊送，聽到TT這麼說，差點沒把口中的咖啡吐出來。

「但你們放心，那個牌局是絕對公正的，出千那些事，我是絕不會做的。」TT把雙肘放在桌面，「我辦那個局，是爲了看

看你的實力。」他微笑著看向黎家豪。

「我？」

「是的，Christine跟我說，她在賭場遇到一個撲克天分甚高的人，她跟我描述了那天你打過的幾手牌，我覺得很有意思。」

「我不明白你的意思，」黎家豪有點摸不著頭腦，「不論是在賭場還是在你那個私人局，我不是跟對手打了個平手，就是輸了大錢，我想這沒有甚麼值得自豪的……」

TT失笑道：「沒錯，如果單單看最終結果，你的確是輸了，但撲克有趣的地方，就是不止看輸贏。」

阿洋像個留心聽課的學生，等著TT繼續說下去。

「Christine說你是個撲克迷，那麼你一定知道德州撲克的起源吧？」TT的目標雖然是黎家豪，可是他也並沒有冷落了阿洋，「雖然沒有明確的起源，但是大家一般認爲德州撲克是在1900年代的早期發源於美國德州的羅比斯鎮，儘管這些年來全世界的德州撲克玩家持續地迅速增長，技術和打法也不斷地提升及變化，但是在外行人眼中，撲克仍然只是一種賭博，譬如瑞士最高法院在2010年就裁定撲克是一個以運氣機率爲主的遊戲。」TT略帶感嘆地道：「在電競和西洋棋等等都已經納入奧運項目的今日，遺憾的是撲克一直未能獲得承認成爲競賽項目。我們這些職業牌手最希望告訴世界的是，沒錯，運氣的確是德州撲克其中一個很重要的元素，但是運氣不可能永遠站在你那邊，但技術可以。」

Christine趁著TT停頓的空檔，替他們3人斟了壺中剩下的咖啡。

「謝謝你。」TT雙手接過馬克杯，在阿洋眼中，他簡直是一個風度翩翩的紳士。

「而且啊，因爲撲克具有波動性的本質，所以要看一個牌手的實力，不是單單看一個晚上的輸贏，而是要看長期的盈利曲線。畢竟哪怕是連撲克規則也不清不楚的人，都可以憑運氣贏牌，就像那天你會輸給那條魚一樣的道理，只是運氣這回事不可能持久的。」

黎家豪想起那天自己吃不完兜著走的情況，只能尷尬一笑。

「如果我沒有猜錯的話，你那天應該是有點上頭了，所以才會拿著KQ在OOP[48] Call了4-Bet進入多人底池。」TT呷了一

48 Out Of Position，即是不利位置，相反的便是In Position(IP)。

口已經有點變涼的咖啡。

黎家豪頓時面上一熱，他覺得自己沒能控制住情緒，還要被別人看穿，實在是一件很赤裸很羞愧的事。

「你不用覺得難爲情，Bad Beat、On Tilt，還有Drawing Dead，是每個打牌的人都會遇過的煎熬時刻，尤其是上頭這回事，更是所有撲克玩家的必經之路了，既然人人都會上頭，那就只端看誰人可以調整得更快。」TT語氣中完全沒有取笑黎家豪的意思：「你在翻牌圈拿著頂對和K Kicker，面對Pre-flop Raiser有可能只是純粹C-bet的下注，可以理性地分析出自己已經落後，而且捨得放棄已經投進底池的死錢[49]，那令我十分佩服，因爲在我剛剛開始打牌的時候，我可是吃了數不清的虧才了解到，一旦放進底池的錢，那都是沉沒成本，但很多人都只心心念念著自己已經投入了很多，所以不管三七二十一，明明知道自己已經落後，還是不願棄牌。」

「是嗎？我還覺得自己有點懦弱……」黎家豪不知道TT是否只是安慰他。

「雖然Doyle Brunson說過撲克是一個勇者的遊戲，但空有盲勇是會致命的，打撲克和做人一樣，都要審時度勢，知所

49 死錢(Dead Money)，指已投入到底池的錢。

進退。」TT像個慈愛的父親般說道。

能夠得到TT的肯定，阿洋由衷地爲好朋友而高興，他笑著用拳頭輕輕捶了一下黎家豪的肩頭以示鼓勵，黎家豪這才露出一個尷尬卻發自內心的笑容。

TT從大班椅裡坐直了身子道：「我覺得，你的確是有點撲克的天賦，但是技巧還是不足，就說你和那條魚打的第一手牌，那個Bluffing雖然很有膽色，但還是有欠周詳，而且呀——」

阿洋搶著說：「千萬不要試圖去Bluff一條魚！」

TT完全不介意阿洋的打岔，他笑說：「沒錯，你的好朋友說得很對。就像剛才我在課堂上說的那個五個海盜的例子吧，一般來說，大家直覺上都會覺得A海盜很大機會被扔進海裡餵鯊魚，E海盜最有可能分得全部金幣，這個盲點就像大家都會認爲魚很好捕獲，略懂技巧就足以吃定他們了，實際上卻剛好相反的。對著魚，其實不用太多花哨的技巧，等到有牌就不斷下注，他們一定會跟到底的，你唯一的苦惱就是如何可以引誘對方跟你打到全下而已。但是沒有牌的話，就千萬別跟他們糾纏，要記住了，詐唬的前提是，你要確定你的對手有能力讀懂你正在說的故事。」

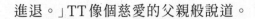

Christine補充道：「就好像那5個海盜，要不是他們都是同等地聰明，那麼整個推算都不能成立了。」

「我明白了。」黎家豪很感激TT爲他費了那麼大的唇舌解釋。

「那麼，」TT收起了笑容，「現在終於要說正事了。」

黎家豪心想，上面說了那麼多，都不是正事嗎？

「我常常說，雖然我是個職業牌手，但其實我的正職是教書，打牌是我的興趣，我最希望做到的，是在香港和澳門推廣德州撲克這門藝術，因此每當我看見有潛力的人，都希望可以盡一點綿力，拉他們一把，將自己所學的都教給他們，而你是其中之一。」

「你……你的意思是，你願意收這傢伙爲徒嗎？」阿洋激動地問。

TT點點頭，依然是風度翩翩地說：「那就要看黎先生賞不賞面，認我這個老師。」

「你在想甚麼呀！當然要答應了！」阿洋推波助瀾。

黎家豪實在是受寵若驚，但心裡還是有點猶豫。

TT像是讀懂了他的心聲一樣，「我想你是有點債務的煩惱，對嗎？」

「你怎麼知道？」黎家豪顯得相當愕然，心想該不會自己渾身散發出一股貧窮的氣息吧？

「我可以說那是因爲我看得出你是一個個性保守低調的人，但那天你的打法透露出你有非贏不可的難關，那樣說的話就會顯得我料事如神，那麼你或者會願意接受我這個邀請，不過事實是Christine跟我說過你急需一筆錢。」TT笑說，「但願我的誠實，可以爲我加一點分。」

黎家豪覺得TT爲人親切幽默，心裡對他再添了幾分好感。

「是的，我爸爸出了意外，所以我需急一筆現金。」

「介不介意告訴我，你需要多少呢？」

「本來需要100萬，但是現在房子已經被收回了……」黎家豪的頭又低下去了。

「那麼，你想要把房子贖回來嗎？」

「當然想！」他幾乎是像本能般回答，只是後面這句話，卻

愈說愈沒底氣，「但我一個連大學也還未畢業的學生……」

「我可以幫助你。」TT看著黎家豪的眼睛，「一個人如果沒有野心，那很難成爲一個一流的牌手，我必須老實說，撲克這條路實在是太過波濤洶湧了，但如果你有一個非達成不可的目標，它就會成爲你的推動力，所以不要把你的困難看成困難，把它看成你的燈塔。」

黎家豪清楚明白，憑自己一己之力，就算熬到畢業後也難以找到一份短期內就可以贖回房子的工作，而TT這番話，是自從父親出事以來，第一次令他眞正覺得未來是有希望的。

「不要想了！答應吧！」阿洋催促道。

黎家豪迎向TT的目光說道：「好吧！」

「那你以爲要叫我師姐了。」Christine笑說。

阿洋高興得從椅子上彈起，一把摟住黎家豪的頸，手臂勒得黎家豪透不過氣，「我眞羨慕你啊！」

TT客氣地對阿洋說：「你也是一個很不錯的玩家，只是我還未有機會見識到你最強的實力，如果哪天你展現出來，我也會很高興可以邀請你加入我的團隊。」

「團隊？」黎家豪扳開阿洋的手臂問。

「是的，」TT點點頭，「也是時候介紹他們給你認識了。」

＊＊＊

TT邀請黎家豪到他的公寓一起吃晚餐，並將他介紹給團隊成員。

阿洋沒有受邀，所以酸溜溜地獨自回港。黎家豪送他到碼頭，阿洋苦笑道：「你這臭小子，眞是開始走運了。」

黎家豪試探問道：「你是不是很想去？要不，我問問TT吧？」

「施捨給我的我才不要，我一定會找機會證明給TT看，我也有資格成爲他的徒弟！你回去吧，過幾日再見。」阿洋語調故作漫不經心，剛走了幾步，他又轉過頭來對黎家豪說：「我就說了，船到橋頭自然直，你的日子會好起來的。」說罷就背著黎家豪揮手離開。

黎家豪準時在約定時間來到TT的公寓，而他發現，自己竟然是最先到達的。

「就說了不用破費，」圍著炭色圍裙的TT笑著接過黎家豪帶來的葡萄酒，隨手放在飯廳中央那張胡桃木長餐桌上，「你懂得煮飯嗎？」

「略懂一點，以前在家，是我負責煮晚餐的。」黎家豪又想起以前和父親平靜安逸的時光，心裡有點難受。

「會煮飯給家人吃的男人，才是眞男人，你看《教父》和《盜亦有道》也是這樣教的。」TT笑著把一條圍裙遞給黎家豪：「那你幫我洗一下材料。」

黎家豪圍上圍裙，手腳利索地幹起活來。

TT拿起一把三德刀，動作輕柔而俐落地切著馬鈴薯和洋蔥，客廳唱機小聲播放著爵士音樂，「聽說你現在暫住在阿洋的家對嗎？」

「嗯，要不是他，我現在可能就要流落街頭了，就連德州撲克也是他教我玩的。」黎家豪趁機想要替阿洋說幾句好話。

「在我開始教你任何撲克技巧之前，我先要教你一樣很重要的東西，那就是資金管理。」TT沒有接著去談阿洋，「如果不介意的話，能不能告訴我，你打算準備多少的撲克資金？」

囊中羞澀的黎家豪用切菜的動作去掩飾尷尬：「我現在只有3萬多元。」

「無論積蓄多與少，我也不建議把所有資金放在撲克桌上，那是病態賭徒才會做的事。正因為撲克的波動性強，所以我們更應該要分配好生活和撲克的資金，如果你在撲克桌上輸的金額會影響你的情緒和決定，就說明你的資金分配失當，那絕對會影響你的技術發揮和判斷。」

黎家豪回想自己上次在私人局中拿著5萬元上桌，的確每把牌的輸贏都大大地影響著他的情緒，而且也囿於金額太大，致使他變得更為謹慎，有好幾把牌都不敢放手去操作。

「分配好生活和撲克的資金比例之後，便是要嚴格管理每次打牌的資金分配，你可以參考二十倍買入原則，即是說你每次的買入，都不要超過全部打牌資金的二十分之一。例如你用一萬元作為撲克起始資金，每次最高只可以玩$500的買入，當你的資金有所增長，你就可以升級去玩高一級別的盲注，如此類推。但是若果你在升級過程中輸到不足該等級的二十倍買入，你就要降回一級，老老實實重新累積資金。」TT打開水龍頭洗手，流水嘩啦嘩啦地打在鋅盤，「這是一個漫長的過程，沒有人會為你把關，你要自己嚴守紀律，每個知名的牌手，都是這麼一路走來的。」

「我明白了。」黎家豪將TT的話緊緊記在腦內。

「我知道你有財務困難，我想，我可以幫你一把。」TT抽了一張廚房紙巾來抹乾手，然後指一指放置在廚櫃下方的一排蒸餾水說：「你幫我拿過來，把水倒進鍋裡，大概七分滿吧。」

黎家豪像主廚的助手般，勤勤懇懇地照著吩咐辦。

「你本身有沒有投資習慣？」TT問。

「我對投資這種事一竅不通……」

「其實撲克和股票，兩者都是講求在信息不完整的情況下做出最佳決定，在思維上有許多相通的地方，所以才有那麼多華爾街人喜歡玩撲克，大鱷Peter Lynch也說過，德州撲克可以教會你的事，比整條華爾街還要多。」TT把切好的材料倒進燒滾的鍋裡：「你幫我切一下那些青紅椒好嗎？切成條狀就可以了。」

黎家豪接過TT遞來的三德刀，TT則從對開門雪櫃裡取出一大塊羊架放在砧板上，換了一把尖細精緻的骨刀開始分割。

「這樣說吧，買股票和打撲克一樣，第一步都是要好好選擇你的起手牌，我們沒法控制翻牌的情況，但我們可以控制自己的起跑點；買股票也要慎選好的公司，算出它的價值，在市價低於它的內在價值時買進，然後堅定地持有。」TT手法純熟地切走羊架表面那層肥厚的外皮，把刀鋒劃進皮下，拿著刀柄的手優雅地輕輕一拉，整塊羊皮就和骨肉分離。

他接著說道：「算出公司的內在價值，就如你必須知道自己的底牌對上對手的手牌範圍時有多少Equity[50]一樣，不要看哪個股票便宜就手癢去買，正如不要一直等不到合適的手牌就拿著垃圾牌入池賭賭運氣一樣。更加不要看一隻股票跌得狠，就想著它應該差不多到底了，然後自以爲自己是成功『撈底』，這種傻乎乎的散戶就像撲克桌上的魚一樣，一味根據感覺行事，對這種行爲有一個理論叫賭徒謬誤，你聽過嗎？」

黎家豪回答：「我聽過，那是說賭徒常常以爲拋一枚公平的硬幣，連續出現愈多次正面朝上的話，那麼下次拋出正面的機率就愈小，而拋出反面的機率就會愈大。但是實際上，每次拋硬幣都是一次獨立事件，並不會因爲已經拋出了多次正面，今次拋出反面的機會就會較大。」

「沒錯，別看一隻股票升得厲害就盲目地去湊熱鬧，更不要看它跌得多就趕著買入，覺得自己撿到便宜貨，只有算出這家

50 Equity，即權益，可以簡單理解成根據自己手牌的勝率，來計算自己佔有底池裡多少錢。例如當AA在翻牌前All-in對上KK，AA的勝率有82%，KK只得17%左右(餘下大約1%是平手)，假設此時底池有$100，理論上在長期遊戲中，AA佔這個池中$82的權益，KK則有$17的權益。

公司的價值，嚴格遵守低於內在價值時買入，高於價值或到達目標價格時賣出，那才叫投資，否則就只是投機而已。」TT繼續用骨刀把羊架上的肩胛骨輕輕割走，那骨和肉之間的切口平滑細緻，可見他刀工精巧。

黎家豪接話道：「等於牌手玩撲克是看技術，有些人玩撲克卻只是純粹的賭博。」

TT笑著點了點頭，然後補充道：「但是不得不承認運氣佔了撲克一定的比重，當運氣不站在你那邊，就要知道何時認輸。打牌要懂得、更要捨得何時蓋牌，舉例來說，AA在翻牌前的勝率無疑是最高的，但是隨著公共牌發出來，牌面結構不斷改變，AA的價值就會跟著浮動，一旦勢色不對勁，就要知難而退。而股票也一樣需要設定止損，有些人在股價跌到腰斬後也不願意停損，一心等著它漲回來，壓住資金不說，但要知道，當一隻股票跌了50%，它需要升回100%才可以打個平手。不論在牌桌抑或是股票市場，我們所做的每一個決策，都要根據最新的資訊來進行調整，計算最新的期望值，所以適時止蝕離場非常重要。」

TT把整塊羊架反轉，用骨刀刺穿每條肋骨之間的筋膜，每一下都準確地刺在一吋半的位置——刺下去，拔出刀尖，刺下去，拔出刀尖——沒有任何多餘的動作。

客廳傳來的爵士音樂輕快而隨性，爐上翻滾的牛尾疏菜湯令廚房滿室飄香。

「股票和撲克還有一個相同的地方，那就是我們的收益，都是來自別人的錯誤。在撲克桌上，我們所做的每一個動作，每一個決定，都是要引誘對方犯錯，希望他們用比我們更差的牌來跟注，或者棄掉比我們更強的牌。而在股票市場上，要等待市場令對方犯錯，那就是我們獲利的時刻。在股市有巨鱷，而在撲克桌上叫這些人做巨鯊，不論是鱷魚還是鯊魚，一旦咬住你的腳，如果你試圖用手來掙脫，牠們就會同時咬住你的手；獵物愈是錯誤地掙扎，就會陷得愈深，直至整個人都被鱷魚和鯊魚吞噬，這叫做鱷魚理論。」TT用刀把黏在羊架上的筋膜一下一下剔走刮去，動作依舊是那麼的俐落，刀鋒刮在羊骨上發出粗糙而原始的聲音，那是一頭獵物被徹底宰割的祭樂。

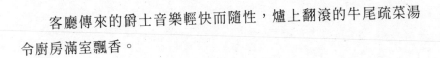

「還有就是不同手牌的勝率，其實就和股票圖形相類似，兩者都是建基在統計學上，這些基礎知識和數據你必須要熟讀，我等等會把這些資料傳給你，就當是我送給你的見面禮了。」

「謝謝……」黎家豪有點彆扭地說：「師傅。」

TT沒有回話，他拿出一個中式的圓形厚砧板，然後換了一把大刀，和剛才優雅輕盈的身姿手勢完全不同，TT手起刀落地把羊架頂部那塊脊骨斬開，雖然粗豪，但每一下落點都依然絕

對精確。

「知而不行，就等於不知，你有了這些基礎知識，但是沒有本金實戰也沒有意思，」TT放下刀，把宰割好的羊架放在烤盤上，悠然地灑上各式調味香料，「我一向不會給錢別人去打牌，因爲我認爲，就算再有天賦的學生，讓他自己一步一步打上高級別是一個很重要的修行，所以你的打牌資金，只能靠你自己慢慢累積。可是我想要資助你，在股票市場上小試牛刀，看看我剛才說的話，你究竟懂了幾分。」

「我不能收你的錢——」

TT打斷黎家豪的話：「我並不是平白給你錢，我這是投資在你身上。我就說了，選好一個優質股票，在它低於市價時買入，然後靜心等待回報。」TT微笑看著黎家豪。

黎家豪當然感激TT的幫忙，但他更感激的，是TT如此看重他。

這時門鈴響起，TT把羊架放進預熱了的烤箱說道：「時間剛剛好，他們來了。」

第五章

你的風格源自你的性格

撲克是人與人之間的博弈。
一個人打牌的風格，與他的性格有關。

只見一行六人進門，除了Christine之外，黎家豪還認得其中兩人，是上次在TT的私人局中碰過面的，不過最吸引他注意的，是一個看上去還是小學生的小女孩，莫非是TT的女兒嗎？

「我就不招呼你們了，你們自便吧。」TT轉過頭對黎家豪說：「你來幫忙上菜。」

黎家豪忙進忙出上菜，Christine則幫忙擺桌，不一會兒已經準備好，大家各自入座，黎家豪不知道應該坐在哪裡，幸好Christine招招手說：「這裡，你坐我旁邊吧。」

「怎麼就從來不見你留位給我？」一個高瘦的俊朗男生調侃Christine道。

「你徐大少還用得著別人替你留位麼？你去到哪裡，別人都會像摩西分紅海般讓路給你吧。」Christine雖是笑著回應，但黎家豪感覺她口氣和平常有點不同。

「好了，這是家豪第一次來作客，你們別嚇壞人了。」TT把剛才那道烤羊架置在橄欖木砧板上，放在飯桌中央，沒有解下圍裙就坐下來。

「家豪，我跟你介紹一下，這位是我們的大師兄，陳銳。」Christine仍然處處照顧著黎家豪。

陳銳五官深邃立體，棕色短髮梳理得整齊貼服，應該是有葡國人血統，雖沒有外國人那般高大，但是從手臂和胸口的線條看來，應該是勤上健身房的人，他冷漠地向黎家豪點點頭，給人一種距離感，但是並不帶惡意。

「他是二師兄徐傲斌。」Christine四指併攏，伸向剛才那個俊朗男生的方向。

「叫我Jacob吧。」徐傲斌笑說，露出一口淨白整齊的牙齒，混身散發著一種公子哥兒的氣質。

「Jacob家裡三代都做官，他過兩年也準備參選。」Christine無故說到。

Jacob舀著沙律笑說：「打撲克的人不去搞政治，不是浪費了嗎？」

黎家豪陪著笑，也許是他的輕佻口吻，又或者是Christine介紹他的方式，總之他對這個人有點保留。

Christine繼續說道：「噢，這位你見過了，他是三師兄鄒叔治。」

黎家豪記得他就是在私人局裡交過手的貓毛男，這天他依

舊是一身灰色衛衣和棉褲，身上依舊是一身貓毛。

「Marvin。」他簡單擺了一下手自我介紹。

「他這人怪怪的對不對？」Jacob用叉子指了指Marvin笑說：「他家不是醫生律師就是大學教授，偏偏出了他一個賭徒。」

黎家豪雖然覺得Jacob這句話有點冒犯，不過他也不清楚這些人的關係如何，所以不敢回應，於是扯開話題道：「你是家中排行第三嗎？」

「是。」Marvin嚼著酸種麵包，口齒含糊地說：「你怎麼知道？」

「我只是猜的，因爲一般都是按兄弟排行的次序來用伯、仲、叔、季取名。」黎家豪回答。

「原來你是書呆子呀？」Jacob挑著眉毛看向黎家豪，語氣像是開玩笑，但黎家豪感覺他從進到屋子裡開始就一直在找他麻煩。

「多讀書有甚麼不好？」TT替黎家豪回應，「我敢說，家豪可以猜出Marvin四兄弟的名字，你要不要跟我賭？」他微笑看向Jacob。

「好呀，賭甚麼？」Jacob用餐巾抹手，像個孩子般興奮，他這個模樣，倒令黎家豪覺得他未必眞是有心針對自己，也許只是性格如此。

「每一個名字一萬元，我輸了自然要付給你，你輸了的話，付給家豪就可以了。」

「沒問題，」Jacob想也不想就答應，看來他家境相當富裕，「不過他可以有多少次機會猜？」

「一次。」TT極有信心地看向黎家豪。

黎家豪被他們無緣無故拉進賭局不說，他不知道爲何TT會那樣有把握，而實際上他此刻的腦袋一片空白。

「看你表演了，Marvin那兩個哥哥和一個弟弟叫甚麼名字？」TT把後句刻意放慢來說。

鄒叔治……四兄弟……兩個哥哥一個弟弟……伯、仲、叔、季……

「大哥叫伯修，二哥叫仲齊，最小的弟弟叫季平？」黎家豪

試探地問。

TT對Jacob說：「服輸了吧？」

「怎麼可能？你們不是串通來騙我吧？」Jacob一臉哭笑不得。

「修身齊家治國平天下，是所有父母對子女的寄望，也是我對你們的寄望，Jacob你呀，牌是打得很不錯，不過在進入政治圈治國之前，要先修身才好。」TT不愠不怒地說。

Jacob被TT教訓了，有點沒趣地虛應了一句，然後拿出支票簿寫了一張3萬元的支票遞給黎家豪。

黎家豪不好意思收下，Jacob又說：「快拿著，我下次會在牌桌上贏回來。」

Christine看氣氛有點凝滯，遂繼續打開話題道：「還未介紹完，坐在那邊長得像洋娃娃的是五師妹玲玲，不對，你應該叫她五師姐才是，你別看玲玲只有10歲，但她是個神童呢！」

「不過再厲害也還未夠秤入賭場。」Jacob又插嘴。

玲玲奶聲奶氣地抗議：「人家就叫你快點去選議員，然後修例讓我可以進賭場嘛！」

「選到了也不幫你這個小鬼！」

玲玲向他扮了一個鬼臉，Jacob嘴上這樣說，但是可以看出來他跟玲玲關係很好，甚至有點像哥哥逗妹妹玩的感覺。

「然後良仔你也見過了，他本來是最小的師弟，現在也榮升師兄了！」

坐在陳銳旁邊的良仔聽到自己的名字，馬上放下刀叉，有禮地向黎家豪揮揮手，黎家豪也揮手致意。

酒足飯飽後，大家幫助把碗碟收進廚房，TT終於脫下圍裙說：「今天你們跟家豪第一次見面，來打牌吧，沒有比打牌更快最準確認識一個人的方法了。」

良仔有點爲難地問：「打多大呢？」

黎家豪看得出來，良仔跟他一樣都是有經濟壓力的人。

陳銳也難得開口道：「我們每個人的資金級別不同，如果盲注太大，對某些人會太大負擔，若是太小，對某些人又沒甚麼意思。」

TT似乎早已想到這一點：「大家切磋一下，就不要打太大太複雜了，這樣吧，盲注10/20，不玩Ante[51]和Straddle[52]，每人固定買入100個大盲，也就是$2000買入，不得Re-buy[53]，而最終的贏家可以得到這個東西。」

TT從身後的酒架抽屜裡拿出一個手掌大小的木盒，「這是我去年在拉斯維加斯看WSOP的時候，和一個中國來的玉石商玩Side Bet贏來的。」

黎家豪小聲問Christine：「甚麼WSOP？ Side Bet又是甚麼？」

「WSOP即是世界撲克大賽，是全世界最大型最有影響力的撲克錦標賽，每項賽事的冠軍可以得到一條金手鏈和高額獎金，可以說是所有撲克手都希望得到的殊榮。至於Side Bet可以理解成外圍賭注，每年WSOP都有各式各樣的Side Bets，例如賭誰是冠軍、賭兩個牌手之中哪一個較先出局等等。」Christine像是在報告一樣簡潔易明地解釋，黎家豪心想，難怪TT在眾師兄弟中選了她來當左右手。

◇◇◇◇◇◇◇◇◇◇◇

51 Ante，即前注，要求所有玩家在每局開始之前，都必須強制性投入的賭注，並不是所有牌局都設有前注。

52 Straddle，即盲抓或強抓，是指在發牌之前作出的一個價值兩個大盲注的加注。它抬高了大盲注的價格，建立了一個其他牌手必須跟注的新標準，例如在500/1000的牌局，Straddle的金額是$2000。

53 Re-buy，重新買入，即籌碼輸光後重新購買籌碼。

TT打開了木盒，裡頭裝著一個拳頭大小的正立方體，乍看像是水晶還是玻璃材質，待TT從木盒裡拿了出來，才看見裡頭有一塊狀似石頭的東西。

「你們有聽過甚麼是賭石嗎？」看大家沒有回應，TT解釋道：「這是翡翠原石，開採出來的時候會有一層風化霧衣包裹著，看上去和普通石頭沒有甚麼兩樣，當然了，厲害的行家可以有一些方法去評估這塊原石裡究竟是金玉還是敗絮，不過一日不切割開來，一日都不知道翡翠的眞正質量，可能只值數百元，也可能價值上千萬，所以行內有一句說話叫『一刀窮，一刀富』。」

TT將那玩意置在燈光下鑑賞，「那場Side Bet，我本以爲我輸定了，但最後來了一張幸運的河牌，讓我贏來了這塊原石。所以我捨不得將它切開，就請人把它做成了一個壓牌器[54]，願你們在精進牌技的同時，幸運也可以眷顧著你們。而且啊，每個走上牌桌的人，也許都會遇到山窮水盡的一日，到時候再切開這顆原石，賭最後一把吧。」

在TT的娓娓道來之下，那顆原石彷彿散發著一股異樣的、魅惑的吸引力，讓本來聽見盲注太低而興致索然的Jacob和陳鋭也顯得躍躍欲試。

◇◇◇◇◇◇◇◇◇◇◇

54 壓牌器，牌手用來壓住兩張底牌的器具，以防止底牌意外翻開或意外被發牌員收走，也可以是吉祥物。

TT吩咐良仔和Christine幫忙分配籌碼之後，把黎家豪喚進書房。

書房佈置得典雅而不失溫馨，以深色木材爲主調，卻又不顯古舊侷促，也許是TT收拾得整潔，沒有收納太多雜物的緣故。

「對你來說，撲克是甚麼？」TT坐進書桌後面的啡黑皮椅裡，揚揚手示意黎家豪坐在對面。

這個問題實在太空泛，就像有人問「愛情」是甚麼一樣，黎家豪一時三刻想不出一個全面的答案，只能籠統回答：「是一個講求智慧和運氣的遊戲。」

「是的，之前說過了，運氣既不可強求，也不能長久，所以我們只能在智慧那方面下功夫，但是問題的癥結在於，沒有人願意承認自己的智慧比不上別人，所以才有那麼多人在牌桌上一再犯下本來可以避免的錯誤。而你呢，個性謙厚，頭腦冷靜，比其他人具有更柔韌的心理質素，這是你內心強大的部分。不過，」TT話鋒一轉：「你太隨和不爭的個性，卻很容易被別人視作是軟弱的表現，不能令對手對你畏懼，也要令對手對你尊重，兩者都做不到的話，那就已經輸了一半。在柔韌和軟弱之間，要拿捏好分寸，這是做人和撲克都同樣需要的修行。」

黎家豪鄭重地點頭，他雖然明白TT的意思，但是不敢輕言誇下海口自己可以做到，一直以來，要說他做人的座右銘的話，那就是「夫唯不爭，故天下莫能與之爭」。但如今走進了這片競爭如此激烈的撲克叢林，自己能不能存活下來，恐怕是未知之數。

TT繼續說：「還有一點，撲克說白了，不是比併誰的牌大，而是比併誰犯的錯更少。我們要贏錢，就要找出每個玩家的破綻，攻擊他們的弱點，利用下注來剝削他們，引誘他們犯錯。」

「但是……他們都不是這種人吧？」黎家豪首次和一桌具有相當水平的牌手較量，除了上次交手得知良仔的技術比較稚嫩之外，其他人都是來勢洶洶的樣子，所以心裡相當緊張。

「家豪呀，其實你才是有優勢的一方。」TT彷彿能看穿他心中的疑慮：「有時候名氣是把雙面刃，在普通賭場裡，有名的牌手也許會得到尊重，但同時也有很多人爲了可以向別人炫耀自己贏過了某某牌手一把牌而亂Bluff一通，或者鐵了心Call到底，又譬如在大賽當中，出名的牌手因爲打法爲人熟知，所以要贏就更不容易了。現在沒有人知道你的風格、你的習慣、你的打法，那就代表他們至少在牌局的前段難以捉摸你的行動，而他們由於各自都很熟悉對方的實力和風格，這也成爲了他們的難處和牽絆。」

「但我也同樣對他們一無所知呀？」

「那我問你，從剛才晚餐時的觀察來說，你對每個人的第一印象是甚麼？」

黎家豪一邊回憶一邊整理思緒：「我覺得大師兄爲人似乎是比較沉穩，感覺是個深思熟慮的人。」

「嗯，這是正確觀察，阿銳他是個緊凶玩家，」TT點點頭道，「打得緊的人一般分爲兩種，就是緊弱和緊凶，在賭場裡有不少上了年紀的娛樂玩家都是前者，他們很少入池，但很容易被打走，這種人最好對付，也是我們的獲利來源之一。而打得好的緊手玩家，他會有足夠的耐心和自制力去愼選手牌和範圍，一旦入池就會打得很凶，較少選擇過牌或是跟注，通常都會利用下注和加注來最大化自己的利潤或是趕走對手，面對這種玩家，你需要很強的讀牌能力，知道自己和估算對方的牌力，才不會輕易被他們剝削。那麼其他人呢？」

「Jacob比較……」黎家豪對二師兄Jacob沒有太大好感，所以在腦中愼選用詞，「比較活躍一點——」

TT笑了出來，「沒想到你說話這麼世故啊。Jacob他家世顯赫，從小就是含著金鎖匙出世，所以個性的確比較張揚，但他人並不壞。他的打牌風格和他的性格一樣，都是比較奔放，也很愛詐唬，只是因為他打得鬆，所以經常在開牌時拿著讓人意想不到的底牌把對手清袋，對著這種牌手，就要靠臨場的經驗，和看公共牌的結構細心判斷了。那Marvin如何？你上次在私人局跟他交過手的。」

「老實說，Marvin有點讓我捉摸不透，不論是在現實生活還是在牌桌上都一樣。例如上次交手，在我沒注意到的情況下，他原來已經默默成為桌上最多籌碼的人。」

「Marvin的脾氣的確有點古怪，你這兩次見到的他只是其中一個面向，所以他的風格就是沒有風格可言，有時打得很緊，有時卻很鬆，有時激進，有時卻很從容，但他的基本功倒是很扎實的。」TT站起來，「剩下來的，我就不透露太多了，留待你在牌桌上自己發掘吧。記住了，一個人打牌的風格，源自於他的性格。相信你的直覺，然後在交手過程中了解更多，再調整印象。」

黎家豪正想把TT的話在腦海中過一遍，但TT又補充道：「在德州撲克裡，每一個行動都是雙向的，你在推算對手拿甚麼牌的同時，也要想想在對手眼中你有甚麼牌；在你觀察對手是甚麼風格的時候，也切記要知道對手給你貼上了甚麼標籤。例如在別人眼中，你是個緊的牌手，那麼你的加注也許會比較有說服力，如果你給人的印象是打得鬆，對手可能不會那麼輕易棄牌給你。牌桌形象是很重要的，那就像一個人的名聲，必須小心維護，然後在適當時候，利用這個形象來殺對手一個措手不及。」

一時間太多的教導，令黎家豪有點消化不良。

TT把手按在黎家豪的肩頭上說：「那個壓牌器是我準備給你的禮物，只是，你要靠自己去贏回來。」

＊＊＊

當黎家豪和TT步出書房的時候，Christine和良仔已經張羅好一切，這是家庭局，並沒有請來荷官，所以輪流由Button位的人當Dealer派牌，TT則在牌桌後觀戰。

大家按照一般做法，入座後抽牌決定位置，玲玲是Button位，所以第一手牌由她來派牌，黎家豪看見矮小的她座位上還堆了幾個坐墊，但她臉上卻是一副嚴肅的神情，手勢嫻熟地洗牌，整個情景著實有點滑稽。

盲注是10/20，各人有100個大盲的籌碼，節奏不會太快，所以黎家豪打算用自己最擅長也最保險的謹慎打法應對。不過在HJ位的他，第一手牌就拿到了紅心K♥和梅花K♣，UTG的Marvin Open到$50，輪到黎家豪，他不打算慢打KK，所以3-Bet到$150。

果然後位兩個人都直接棄牌，只是小盲的Christine居然4-Bet到$600，大盲的良仔一秒蓋牌，好像深怕蓋得晚一點都會被牽扯進這個戰局似的，而最先Open的Marvin沒有多看一眼底牌就蓋了牌，Jacob又在一旁煽風點火道：「沒想到Christine第一手就準備要打光，真的那麼想要那個壓牌器嗎？哈哈！」

黎家豪也知道，Christine這個下注尺度等於向桌上眾人宣告：要不就蓋牌，要不就準備押上全部籌碼。他當然不希望第一手牌就「Go Big Or Go Home」，但跟注之後自己的有效籌碼和底池的比例[55]已經接近1：1，翻牌後根本就只剩下全下一途，但是拿KK也沒理由蓋牌，所以他還是決定放手一搏：「All-in。」

Christine似乎對黎家豪的激烈反抗感到有點意外，眉宇間有一點猶豫，黎家豪想到初遇她那天，她就說過TT曾經告誡過她打牌時最好戴上墨鏡。在一陣短暫的思考之後，Christine還是跟注了，她問黎家豪：「發多少次牌[56]？」

黎家豪頗有風度地說：「由你決定吧。」

◇◇◇◇◇◇◇◇◇◇◇

55 有效籌碼和底池的比例（SPR：Stack to Pot Ratio），簡單來說即是籌碼深度，是一個用來制定下注尺寸的工具。

56 在現金桌中，全下的玩家可以共同決定發多少次牌，一般是一至三次。

「那，兩次好了。」然後Christine攤開她的葵扇同花A♠K♠。

黎家豪也翻出他的K♥K♣來，Christine馬上說道：「噢，你的勝率是65.48%。」

「你全記在腦子嗎？」黎家豪有點愕然。

Christine還未回答，Jacob就搶先說：「當然了，這是基本功，你該不會不知道吧？」

黎家豪深感佩服：「我只可以記住個大概，但Christine可是連小數點也背起來了呢……」

「數字是她的強項，她以前可是甚麼奧數、甚麼珠心算、甚麼環亞太杯一大堆數學比賽的冠軍呢！不過近幾年是不是再沒有拿過獎了？」Jacob向Christine明知故問。

Christine臉色一沉，倒是玲玲不知道有心還是無意解圍，她一本正經地擔當「Dealer」的角色，依舊用她的娃娃音說道：「好了，Heads Up[57]。」

◇◇◇◇◇◇◇◇◇◇◇

57 Heads Up，即單挑。

底池是$4070，第一次的發牌結果是10♠4♣7♣Q♦6♥，黎家豪的KK口袋對子勝出，他暗暗鬆了一口氣，因爲就算第二次發牌輸了，他也至少沒有損失籌碼，可以繼續爭奪那個壓牌器。

第二次發牌，翻牌是2♥8♥A♣，Christine雖然盡量抑制表情，可是眉梢眼角還是洩露出些微喜意，黎家豪看在眼裡並沒有不快，要是第一把牌就把Christine三振出局，他反而怪不好意思。

玲玲稍作停頓，用小手正經八百捶了捶桌子，銷牌後發出轉牌J♠，Christine眼見勝利在望，自己的勝率已經高達97%，然而河牌卻發出了整副牌中最後一張K♦，讓黎家豪以三條K贏過了她AK兩對。

「不好意思……」黎家豪對Christine說。

「別傻了，AK對KK All-in又不是甚麼罕見的事。」Christine勉力笑說：「那就由我來發牌吧，你們專心地玩。」

接下來好一段時間，黎家豪也沒拿到甚麼好牌，因而甚少入池。緊凶打法是許多剛起步的玩家最常用的風格，只是這種打法非常需要耐性，總要不斷地蓋牌，必須耐得住無聊，和按捺得住自己那些自以爲的靈光一閃，而他打發無聊的方法，就

是趁這段期間努力觀察其他人的打法。

幾圈過後，籌碼領先者[58]仍然是把Christine清袋而翻了倍的黎家豪，緊接著的是陳銳，他玩得牌局並不多，可是每次都幾乎可以拿下底池，至於良仔則是被Jacob剝削得體無完膚，只剩下不到50個大盲。

等了又等，這把牌黎家豪終於在CO位拿到了階磚同花的J♦Q♦，在前位全部蓋牌的情況下，他加注到$50，Button的陳銳卻再加注到$130，大小盲棄牌，雖然黎家豪的牌力用來跟注3-Bet有點勉強，但因爲陳銳在Button位置，偷盲的比例會較高，黎家豪也不想自己在這麼低的入池率下，還要一被加注就撤退，那似乎會令他的形象顯得太懦弱，所以還是決定跟注進去看翻牌，於是他和大師兄的首次單挑對決終於展開。

底池是$290，翻牌是10♠ A♣ 9♣，黎家豪過牌給翻前加注的陳銳，毫不意外地，陳銳下注了$100，黎家豪兩頭抽順子，共有8隻補牌，這個只有三分一底池的注碼，他可以輕鬆跟注。

底池現在是$530，轉牌是一張K♣，牌面變成10♠ A♣ 9♣ K♣，黎家豪中順子了，可是公共牌中有同花面，他過牌

58 籌碼領先者(Chip Leader)，簡稱CL。

給陳銳，看看他會有甚麼動作。

陳銳右手在洗著籌碼，思考了一會後，下注了$600！這個超池下注讓黎家豪非常為難，他拿著A順子，在同花牌面上跟注也不是，棄牌也不是，但是他想：要是陳銳真的中了同花，他在後位，其實大可以下一個小注甚至過牌，在河牌圈埋伏我不是更好嗎？他捨不得棄掉手牌，而自己後手還有3600多元，所以還是決定跟注。

這時底池已經累積到$1730，河牌來了一張無關緊要的3♦，對兩人來說都是一張白板，沒有位置優勢的黎家豪只能過牌，看看自己能不能接得下陳銳的下注尺寸，他腦海中閃過了TT剛才分解烹調那隻羊的影像。

陳銳瞥了一眼黎家豪的手邊，然後問：「你後手還有多少籌碼？」

Jacob又搭話道：「你要把大額的籌碼放在最出面，方便別人清楚估算，這是基本禮儀。」

黎家豪馬上照做，並回答陳銳道：「我有大約3000。」

陳銳拿出了$900的籌碼，黎家豪掙扎了一會，最後還是跟注了，陳銳翻出他的7♣8♣，收下了這個大底池。這一把A順

子讓黎家豪損失慘重，把從Christine手上贏來的籌碼全數送到了陳銳手中，他又重新回到原點。

黎家豪又沉寂了一段時間，而桌上的人繼續廝殺，良仔因爲過於保守，被飛擒大咬後籌碼已經所剩無幾，最後黎家豪用一手口袋對子99對上他的77，成功將他踢出局。黎家豪覺得良仔的水平是衆人裡邊最差的，但是既然TT願意收他爲徒，也許他有一些獨特的長處是自己尚未發現的吧。

過了幾手牌之後，黎家豪在大盲拿到了全晚唯一一手A♥A♣，UTG的陳銳加注到$60，他心想，是時候來一個反擊了。其餘人全都棄牌，黎家豪加注到$200，陳銳想了想後只是跟注。

底池有$410，翻牌是Q♦ 9♠ K♠，黎家豪心裡暗叫不妙，這種既聽同花又成順子的牌面，連結性非常強，而陳銳在UTG跟注大盲3-Bet的手牌範圍入面，也有KQ中了兩對、QJ、Ax[59]同花聽牌，甚至是JTs已經中了天順子、QQ、KK中了三條的可能，一如TT在幾個小時前教授他投資市場的心得時所說那樣，這對翻牌前最強的AA，現在價值已經出現浮動，他必須機動性地重新評估自己手牌的價值。

◇◇◇◇◇◇◇◇◇◇◇

59 Ax即是A帶任何牌的簡寫。

黎家豪知道自己一隻葵扇也沒有，牌力發展有限，所以他決定過牌控池。但是陳銳也輕敲了兩下桌子示意過牌。

轉牌來了一張Q♥，現在牌面是Q♦ 9♠ K♠ Q♥，這張Q不但沒有幫助到黎家豪，甚至把他手裡AA的價值再削減了，因爲陳銳在上一條街對手過牌後仍然沒有領打的範圍裡面，存在拿著Q這個牌面上第二大對子的可能性，如果他手裡眞的有Q，那麼黎家豪的AA此時就已經落後了，他只好再次過牌。

陳銳這時下注了$150，這個只有三分一底池的加注値得商榷，他是已經中牌了，擔心打太大會讓對手棄牌，抑或還在抽牌當中，所以希望築大底池，等河牌中牌時收割呢？無論如何，面對這樣輕的注碼，黎家豪手拿AA雖然Check-Raise不來，但也沒有理由棄牌，所以拿出籌碼跟注了。

底池是$710，河牌發出了神奇的A♠，牌面變成Q♦ 9♠ K♠ Q♥ A♠，這個牌面可說是大雜燴，讓順子、同花、葫蘆全都中了，尤其是黎家豪的AA牌力由落後變成反超，雖然牌面上的堅果是四條Q，但這個可能性畢竟太小了，所以黎家豪認爲自己的A葫蘆應該足夠贏陳銳。

他想要下注，卻擔心自己連續過牌兩次，河牌突然Donk Bet的行動路線太奇怪，會把自己的超強牌力暴露，陳銳未必願意跟注；但是不下注的話，萬一陳銳直接開牌，那麼他的A

葫蘆就實在太浪費了……

思前想後，他決定做一個看似愚蠢的舉動——All-in。

因爲牌面上實在有太多可能性，就像TT說的那樣，公共牌的結構變化就如投資市場給出的信號，信息愈紊亂，人就愈容易犯錯。他現在後手還有$1700左右，這個超池全下讓他的牌力變得兩極化，在拿取極限價值和詐唬之間搖擺，他希望這個不合理的行動路線能夠像扮作自己犯錯，來引誘對手也犯錯。

陳銳雙手支在桌上，抱拳托著下巴，他的後手有將近$4000，如果贏了這把牌，他就可以穩坐Chip Leader的位置，然後利用籌碼優勢剝削其他人，但要是輸了的話，他就會落後於Jacob和Marvin。沉吟良久之後，他問黎家豪：「如果我給你看我的手牌的話，你會讓我看嗎？」

要是在其他桌上，黎家豪不會回答，因爲任何答案，都可能給予對方提示，但是在這場牌局，他爽快地說：「好。」

「Fold。」陳銳把面前蓋著的底牌推到黎家豪面前。

黎家豪把自己的AA亮給他看，他看了一眼後頗有風度地說了句：「Nice Hand。」

黎家豪拿起陳銳推過來的底牌一看，那居然是A♦Q♣，即是說他中了Q葫蘆，而他竟然可以蓋得掉！

也許這就是我和他之間的差距了吧……黎家豪無奈地想。[60]

又過了幾圈，時間已經來到深夜，玲玲開始頻頻打呵欠，一直旁觀的TT便說：「沒想到這100個大盲，你們居然打得那麼曠日持久呀，玲玲都睏得快要撐不住了，我看，不如訂個時間完結吧，再打半小時好了。」

黎家豪整晚也沒機會和Jacob交手，這手牌他在UTG位拿到了4♣6♦，這種牌在前位理應棄牌，但是他選擇加注到$50，不是因爲他心浮氣躁，而是因爲他整晚都維持著謹慎的形象，他深信桌上衆人都接收到了，現在正是TT所說「利用這個形象」的時機。

陳銳棄牌後，Button位置的玲玲揉了揉眼睛，一臉昏昏欲睡的樣子，她自從睏了之後，籌碼量開始急跌，現在已經是桌上最少籌碼的人了，她隨手扔了籌碼出來跟注，小盲的Jacob也補齊籌碼，這樣一來，底池賠率對大盲的Marvin來說實在太好了，無論他是甚麼手牌都應該入池碰碰運氣，黎家豪也

◇◇◇◇◇◇◇◇◇◇◇◇

60 此牌例是參考PokerStars撲克之星玩家無限注德州撲克冠軍賽（PSPC）中，由越南女選手Nguyen對上美國選手Polychronopoulos的一手非常具爭議性的牌。

樂見此景，畢竟他拿的是投機牌，愈多人進來把底池弄大就愈好。他們4個人首次一同看翻牌。

底池現在是$200，翻牌是K♥ 5♠ 3♣。黎家豪兩頭聽順子，而牌面那張K，符合他在UTG Open的手牌範圍，於是在大小盲過牌之後，他持續下注了$100。

玲玲的底牌似乎和公共牌完全沾不上邊，她很快就蓋了牌，大小盲依然跟注。他們兩人都打得這麼黏[61]，有點超出了黎家豪的預算。

底池有$500，轉牌是一張7♣，現在牌面是K♥ 5♠ 3♣ 7♣，黎家豪擊中了順子，他知道自己能不能贏得那件壓牌器，就是看這把牌了。

大小盲過牌，黎家豪打了$400，下這麼重注，的確有機會趕走對手，但是如果他不下注或是下注尺寸太小，到時只剩下河牌一條街的話，他能夠拿取的價值就不足。他這麼做，就算真的趕走了其中一個，也可以肯定另一個人手上有足夠強的牌，在河牌圈支付給他順子的價值。

◇◇◇◇◇◇◇◇◇◇◇

61 黏(Sticky)，說一個玩家打得黏，是指他會用邊緣牌來跟注別人的加注，以期擊中聽牌。

小盲的Jacob思考了好一陣子，他單手嘩啦嘩啦地洗著籌碼，然後看了一眼手錶，決定跟注。輪到大盲的Marvin，他更是進入石化模式般，玲玲已經在一旁打瞌睡了，最後他決定拿出籌碼跟注，黎家豪一方面喜見兩家跟注築大了底池，另一方面卻不得不認眞思考他們到底拿著甚麼牌才可以打得那麼黏。

大小盲的翻前跟注範圍實在太廣，他們之中可能有人中了頂對K但踢腳不大，也有可能是中了小兩對，若是單純買花的話，應該是不符合底池賠率的。不過Jacob看手錶的動作給了黎家豪一點提示，現在距離結束時間只剩下5分鐘，也就是說這手牌應該就是最後一局了，Jacob的籌碼量仍然落後於陳銳，也許他手中有一定強度的牌，但是他選擇了跟注而非加注，是不希望打走對手，期望在河牌圈獲得更多籌碼，因爲他的心性高傲，他要贏的不止是這手牌，而是這場牌局。

底池已經來到$1700，河牌發出了一張10♦，牌面是K♥ 5♠ 3♣ 7♣ 10♦，黎家豪完全放下心來，牌面既沒有同花，又沒有疊牌，可以肯定自己是堅果牌了，而且他在UTG拿著4♣ 6 ♦來開局加注，擊中的還要是缺門順子，他深信自己隱藏得很好。

Jacob和Marvin依然過牌，黎家豪心想，Jacob還眞是能忍，所以他這次只下注了$600，扮作示弱來引誘Jacob加注，果然Jacob推出了All-in，Marvin在之前過牌，其實就等於

宣告了放棄，他很快就蓋了牌。

黎家豪自然是跟注了，Jacob翻開自己的7♦ 7♠，黎家豪也攤出自己的4♣ 6♦。Jacob的臉色頓時一沉，他大概怎麼也想不到，整晚只玩前20%強牌的黎家豪會在UTG 拿4 6雜色牌開局。

TT從後面的沙發站起來，鬆了鬆筋骨，走到Marvin身邊說：「我可以看你的牌嗎？」

Marvin聳聳肩說：「沒所謂。」

TT看了一眼他蓋掉的兩張底牌，沒有再跟Marvin說甚麼，他把裝著壓牌器的木盒交到黎家豪手中：「這是你自己贏回來的。」

黎家豪接過木盒，沉甸甸的手感讓他心裡湧出一股無法名狀的激動，他從未感受過如此龐大的成功感，一時之間也梳理不出這份激動摻雜著甚麼情緒。

Jacob撇撇嘴站起來說：「我送玲玲回家。」然後走到玲玲跟前蹲下，讓睡眼惺忪的她伏在自己背上，一言不發地走了。

眾人也各自散去，但TT還是留住黎家豪，「今晚在我的客房睡吧，我還有話跟你說說。」

＊＊＊

「你沒有令我失望。」TT在黎家豪對面坐下，「我想你應該累了，不過有些地方你可以做得更好，趁著記憶猶新，我想跟你說一下。」

黎家豪身體的確累了，可是腦子卻依然轉個不停，也急著學習更多關於撲克的知識，所以強打精神道：「我不累。」

TT也不多說開場白，直截了當地說：「首先是你跟Christine的第一手牌，你是KK，她是AK，在翻前打到All-in是正常的事，但你也看到了，Christine看到底牌馬上就能夠說出勝率，這也是你要下的功夫，我知道你不太擅長數字，所以更要花時間去記住這些概率，把節省下來的時間，思考其他事情。」

「我會背得滾瓜爛熟的。」

「你3-Bet之後，Christine在小盲拿AK 4-Bet，雖然不能說她錯，但以我觀察，其實是她沒有信心打翻後的表現。」TT有點惋惜地道。

黎家豪不想說Christine的不是，所以有點坐立不安。

TT繼續說：「然後是你拿階磚JQ，對上了阿銳的梅花78，在翻牌圈得到兩頭聽順子的機會，我想你是計算好了賠率才跟注抽牌的，不過你計算少了一樣東西，那就是當你中牌之後，是不是Clear Out。」

「甚麼意思？」

「你要思考清楚當你中牌的時候，那張牌會不會反而讓對手反勝你，例如你兩頭聽順子本來應該有8張補牌，但是陳銳在聽梅花同花，你的補牌就要減去兩張梅花，實際上就只有6張補牌，這樣一算，賠率就未必合適了。就算不說抽牌，有些牌面也要特別留神，例如說在疊牌面中了同花或順子，結果對手原來是由三條變成了葫蘆。撲克是很有趣的，手拿大牌反而很多時候贏不了錢，真正贏大錢的，往往是靠冤家牌，而冤家牌可能會遲來，卻永遠不會缺席，所以你要耐心去等待時機。」

「拿我跟大師兄那手A葫蘆對Q葫蘆的冤家牌來說吧，」黎家豪還是對陳銳能蓋掉他的牌感到難以置信，「他是怎樣避得過的？」

「哦，那把牌真是充滿戲劇性，你在前面兩條街都過牌是保守了一點，所以河牌的全下，或者令他想到你有AA KK的可能性，畢竟你在翻前3-Bet了他，有超對也不出奇，但是我也認爲，他這手牌，沒甚麼人會蓋得掉。」

「他眞的很厲害。」黎家豪由衷地說。

「但我不是這樣看，」TT眉頭緊蹙道：「拿AQ入池中了Q葫蘆，牌面上又有那麼多順子、同花的可能，而且你的籌碼還沒有他那麼深，要是我的話，我會跟注，就算眞的撞上鋼板，也就認命了，他蓋牌是因爲太在乎自己打得『對不對』，那孩子自尊心太重了。」

黎家豪聽得出TT對陳銳特別嚴厲，TT輕輕嘆了一口氣才說：「也許你還未知道，阿銳是我的養子，從小就跟在我身邊，所以我對他的要求自然高些。」

如果TT不說，單單從剛才兩人的互動看來，還眞是看不出是兩父子。

TT似乎不打算繼續談這個話題，「最後要說的，是剛剛那手46o，你利用了自己緊手的形象，拿投機牌來伺機而動，做得很好。」

「那是因爲在開始之前，你提醒過我要適時利用自己的形象。」黎家豪是眞的把TT教他的事全都牢牢記在心上。

「你學習得很快，那我就再教你多一件事。Jacob中了暗三條7，他一心埋伏你，卻不知自己已經走進了你佈下的陷阱，但Marvin不一樣，他手中拿著梅花的K9，即是說他既中了頂對K，同時在聽同花，他猜到單單一個頂對是落後於你們的，所以他剛才是用了Implied odds的概念來跟注的。」

「是怎樣計算的？」

「Implied Odds即是隱含賠率，是Pot Odds的一個進階觀念，你已經知道怎樣計算底池賠率了，如果賠率夠了，就可以跟注，反之則棄牌，但就算當前的賠率不足，Marvin在轉牌還是選擇跟注，那是因為有隱含賠率的關係。你和Jacob當時後手還有不少，而你們都有大牌，所以可以推算到，若然他真的在河牌中了同花，你們兩人都會願意支付籌碼，這樣算起來，隱含賠率就足夠他繼續跟注抽牌了。」

「一手牌要考慮的事情真的有很多……」黎家豪感覺自己離真正了解撲克還有很遠的路程。

「沒錯，而且剛才我說的東西，都只是最基本的概念，要怎樣應用到不同的牌局中，還要看位置、籌碼深度、公共牌的牌面結構、玩家人數和水平等等再去調整，你對對手的了解愈深，就愈能應用，倒過來說，你也不能讓對手太過了解你，在撲克桌上，運氣差還可以靠技術補救，但是一旦被人看穿了，那就神仙難救。」

「我知道了。」黎家豪神情肅穆地說。

TT看他這個樣子，倒是笑了起來，「好了，時候不早了，你去休息吧，充足的睡眠也是一個職業撲克手必須要做的事，你看玲玲抵不住睡意之後的表現就知道身體狀況的影響有多大了。」

黎家豪和TT道了晚安後，回到客房洗澡準備睡覺，人雖然躺在床上，但滿腦子都是撲克的花色和數字，他坐起來打開檯燈，豎起枕頭，開始背誦不同位置的起手牌範圍以及勝率，完全感覺不到睡意。

第六章

不勝無歸

能夠令你輸得一敗塗地的，不是爛牌，
也不是對手，而是不願蓋牌的自己。

黎家豪自從上次在TT家的牌局過後，更加體會到德州撲克這項競技的迷人之處，他花了大量時間去琢磨TT教他的技巧，把學業漸漸拋在腦後。

阿曼只要有跟他同修的科目，都會盡量替他簽到和拿筆記，但黎家豪人就算出現在課室，也幾乎都在打瞌睡，只因他將TT借給他的本金用來學習投資美股，他挑選了幾隻有潛質的股票將一部分資金撥作長線投資，另外一部分則用作日內交易，為了盯盤而熬夜所致。至於阿洋，他本就無心學業，現在眼見黎家豪正式進入撲克圈子，更是愈發沉迷撲克。

以往每逢周末，他們3人都會湊在一起胡天胡地，但現在黎家豪不是要去醫院探望父親，就是去了澳門，一來是為了跟師兄弟們切磋訓練，二來TT介紹了他去一些私人賭局當荷官。TT說當荷官是一種訓練，讓他可以時刻留意每個玩家之餘，也可以練習快速計算籌碼和底池金額，黎家豪如今的確對數字敏銳多了。

而且那些私人局的賭客出手闊綽，每贏一把牌就打賞一次，一晚下來，小費連工資至少有好幾千元進帳，加上他在股市頗有斬獲，只不過幾個月的時間，他的儲蓄就跳升到6位數字，雖然離目標金額還有很遠，但也讓他原本飄泊無依的心情安定了不少。

「明天你又要去澳門嗎？」這晚是黎家豪21歲生日前夕，阿曼帶了蛋糕到阿洋的家來替他慶祝。

「嗯，TT說過兩天在賭場有個局，這次我終於夠年齡去打了。」黎家豪一邊在電腦前盯盤一邊說，語氣中不無亢奮。

原本躺在床上看漫畫的阿洋彈起來，伸手從床頭櫃的抽屜裡拿出一副撲克牌說：「喂，我們來玩吧。」

「又是撲克？」阿曼有點不滿，「你們腦子裡就沒有其他東西了嗎？」

「我也是爲了替泥膠熱身，上次不是教了你規則嗎？你也一起玩。」

「我才不要。」

「那你來派牌。」

「可以啊，可是我時薪很高的。」

「哈！就憑你嗎……」

阿洋和阿曼在一旁打打鬧鬧，黎家豪卻戴上耳機一味盯著

電腦看，讓阿曼忍不住摘下他一邊耳機抱怨道：「難得我們3個有時間在一起，你專心一點好不好。」

黎家豪雖然有點不情願，但也只得擱下手邊的事情，和他們兩人一起盤腿坐在狹窄的房間地板上，這裡是阿洋每夜鋪床睡覺的地方，當天搬進來的時候，不管自己說甚麼，阿洋還是堅持把床讓給他睡，想到這一點，黎家豪軟下心來，裝作很感興趣地問：「你想打多大？」

「甚麼？賭眞錢呀？」阿曼蹙眉，一臉受不了他們兩個賭徒的模樣。

黎家豪看向阿洋說：「如果不賭錢的話沒甚麼意思吧？」

「對呀！因爲沒有壓力的話，那就可以隨便Call隨便Fold，那麼遊戲過程就不成立了。不過，我有另一個主意！」

阿洋走到廚房，拿了半打啤酒和幾個量杯來：「我跟你每人3罐啤酒，當作是籌碼，每次下注就把啤酒倒進量杯裡，每兩格是10毫升，代表一個大盲，這樣大家都有接近100個大盲，最後輸了的人要把酒全乾了，怎樣？」

「我看不要吧，泥膠說了明天要去澳門，要是宿醉怎麼辦？」阿曼總是爲黎家豪著想，也慣了替他擋駕。

「沒關係，反正——」黎家豪本想說自己應該能贏，但剛把話說到嘴邊就停了。

但是另外兩人已經明白了他的意思，氣氛突然變得尷尬，還是阿曼開口打圓場道：「我看那些甚麼『澳門首家線上賭場上線啦』的廣告，那些女荷官都穿得很性感的。」

阿洋故作輕鬆接話：「但是你的話，還是省省吧。」

黎家豪知道自己失言，趕忙陪著笑。

阿曼動作笨拙地洗牌，黎家豪提醒她：「你洗牌的時候要將牌貼近自己，手不要太高，動作不要太大，不然會被我們看見是甚麼牌，不如你拿一張卡牌墊在最底吧，我看到那張牌了——」

雖然黎家豪少有這樣出言糾正人，但阿曼還是不買他的帳：「我又不是專業的，哪裡懂這些，你們別看我不就行了！」

兩人單挑和多人牌桌的打法不同，因爲單挑只有大盲和Button之分，每一局都必須付出盲注，不像多人桌那般可以慢慢等候強起手牌，所以雙方都會頻繁入池，造成牌力更難估計，需要更強的讀牌能力和下注技巧。而且單挑賽一般都需要打很多手牌，就像著名牌手Daniel Negreanu和Doug Polk的

世紀單挑賽，就定好了要打25,000手牌，因爲需要有足夠多的手牌數，才可以讓雙方摸清彼此的底細，以及準確顯出兩人的實力差距。不過阿洋和黎家豪熟悉彼此，以前就已經三不五時一起打牌，加上現在又不是眞的在賭錢，所以也就不那麼講究了。

第一局，黎家豪在大盲位置，Button位的阿洋倒了一格啤酒進量杯，即是等於補齊大盲平進入池，但是黎家豪多倒了4格啤酒共30毫升，意思是加注到三倍大盲，阿洋的底牌是9♠4♦，他想了想之後蓋牌。

第二局，黎家豪又在Button位倒了8格啤酒，阿洋依然拿著8♣ 2♥這種垃圾牌，就算是單挑桌中也實在跟住不下4個大盲的加注，所以他還是沉住氣蓋了牌。

這時反而是阿曼耐不住無聊道：「我替你們兩個大爺發牌，但又不知道你們的底牌是甚麼，實在太無聊了，要不這樣，如果你們沒有打到攤牌的話，我就有權看你們的底牌，最多我不會說出來。」

他們兩人當然沒有異議，牌局繼續。

第三局，阿洋在Button位拿到了6♦ 7♦，他心想這種結構牌進可攻退可守，先加注拿了主動權，牌面發出高牌就可合理地C-Bet，發出小牌擊中對子甚至順子時又可隱藏牌力，所以加注到3個大盲。

黎家豪卻又再加注到9個大盲，阿洋不相信他真的連續拿了那麼多把好牌，所以跟注了，兩人加起來，已經倒了半罐啤酒。

翻牌發出來是A♠ K♠ 2♥，阿洋心裡暗叫不妙，翻牌完全跟他的底牌沾不上邊，眼看沒有甚麼發展空間，而黎家豪仍然激進地下注了9個大盲，阿洋只好認輸蓋牌。

阿曼拿起他們兩人的牌來看，黎家豪的底牌居然是7♣ 3♣，沒想到他拿著空氣牌連續地詐唬阿洋。她知道自己不能表露情緒，所以刻意控制表情，把底牌放進牌堆裡繼續洗牌。

如是者幾手牌過去，黎家豪趁著阿洋還停留在以前兩人打牌的印象和習慣時，雷厲風行地用超激進的打法奪了不少底池。阿洋很快就已經輸了一罐啤酒，待他終於開始進入狀況後，黎家豪便調整打法，不再盲目地激進。

這一把牌，阿洋在Button位置拿到了A♥ 7♥同花，他加注到3個大盲，黎家豪跟注。

底池有6個大盲，翻牌是K♣ Q♥ 5♥，黎家豪過牌，阿洋雖然聽同花，但說到底現時都只有A High（A的高牌），他手邊又只剩下60個大盲左右，他選擇了過牌。

轉牌又來了張K♦，牌面是K♣ Q♥ 5♥ K♦，黎家豪下

注了4個大盲，阿洋心想：那應該是仗著牌面，估計我沒有K，希望我會棄牌吧？所以他還是跟注，預計就算河牌不中同花，他自己也可以拿A High來抓他的詐唬。

底池有14個大盲，河牌來了張8 ♠，公共牌是K♣ Q♥ 5♥ K♦8 ♠，黎家豪思考了一會，少有地停止了攻擊，選擇過牌。阿洋本來覺得自己的A High算是有攤牌價值，但是他又感覺河牌的這張8好像是中了黎家豪的範圍，他覺得之前很多手牌都吃了黎家豪的虧，所以突然又不想便宜了他就此攤牌，於是下注了14個大盲，足足一整個底池，應該足夠打走他的小對子。

黎家豪看著他把半罐啤酒慢慢倒進量杯，陷入了沉思，但是並沒有過多久，他還是跟注了。

阿洋聽到他說跟注，灰溜溜地說：「我只有A High，你有Q？」

黎家豪攤開底牌，居然只是J ♣ 5♣！

「你怎麼只有一對5也跟注？」阿曼代阿洋問出了心中的疑惑。

「因為他的行動不合理，要是他有K 或Q，在翻牌圈不太可能會過牌，我手上又沒有紅心，所以我當時就猜他應該是在聽同花。到了最後他忽然下一個重注，太像甚麼都沒有中，希望我會棄牌。」黎家豪解釋。

阿洋的思路完全被說穿，他有點不自在地調整了一下坐姿。詐唬失敗之後，他只剩下一罐啤酒了，阿曼看他的神情有點不對勁，於是說笑了個冷笑話：「我看你們這個底池，是名符其實的『酒池』，就只差肉林了。」

大家乾笑了幾聲，顯得氣氛更爲尷尬。阿曼看了看牆上的掛鐘說：「不如不要玩了，快要到12點，我們準備切蛋糕吧！」

可是阿洋有點晦氣地說：「急甚麼，還有10多分鐘。」

阿曼和黎家豪面面相覷，最後還是繼續發牌。

這局黎家豪是先手，加注到兩個大盲，阿洋在大盲位置終於拿到了A♦K♣，他不想打太大而把黎家豪趕走了，所以只3-Bet到5個大盲，幸好黎家豪奉陪跟注。

底池有10個大盲，翻牌拉開居然是A♥ K♦ K♥，阿洋一來就中了K葫蘆，他想起剛才黎家豪分析他中牌不可能不打，所以故意過牌埋伏。豈料黎家豪也跟著過牌，阿洋心裡躊躇，不知如何才可以引誘他走入圈套。

轉牌是10♥，牌面是A♥ K♦ K♥ 10♥，阿洋擔心再不出手就拿不到應得的價值，所以領打了3個大盲，牌面上已經

有同花和順子的可能，他期望黎家豪可以有牌力去跟注，然而喜出望外的是，黎家豪加注到6個大盲，這下阿洋知道他一定是中牌了，所以順勢推出了All-in。

黎家豪再次看了看自己的手牌，然後又看了看阿洋，他說：「我Fold了。」

阿洋終於不再繃緊著臉，他半笑半惱地攤開自己的牌說：「難得中了Full House，竟讓你跑了！」

此時剛巧黎家豪身旁的電話響起，阿曼瞥見來電顯示是Christine。

「喂？」黎家豪站起來伸了伸痠痛的腰。

Christine第一句就說：「生日快樂！」

「咦，你怎麼知道我生日？」

「何止知道，我還特地守在電話旁，一到12點就打電話給你呢！怎樣？我這個師姐待你不薄吧？」

「你真好，謝謝你。」之前黎家豪向Christine請教做荷官的事，讓兩人熟稔了不少。

「阿洋有幫你慶祝嗎？」

「嗯，我現在跟阿洋在一起。」

阿曼聽不見Christine那邊的說話，只聽見黎家豪沒提到她的名字，心裡很不是味兒，她隨手拿起黎家豪棄掉的底牌來看，發現居然是A♠A♣！黎家豪故意蓋掉了A葫蘆這件事，讓她驚訝得一時忘了控制表情。

阿洋看見她的表情這樣驚訝，也湊過臉來看，當他看到AA的瞬間，表情頓時僵住了。

「好的，明天見。」黎家豪說完這句掛上電話，還未意識到發生甚麼事，阿曼趕緊站起來拉開話題：「我去雪櫃拿蛋糕，阿洋，蠟燭在哪呀？」

阿洋沒理會阿曼，他拿著那兩張AA問黎家豪：「你是故意輸給我的嗎？」

黎家豪沉默不語，房間裡的空氣彷彿凝固，連呼吸也感到吃力。

「你是覺得我輸不起嗎？」阿洋把那兩張牌用力扔在地上。

「我沒有這個意思……」

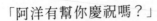

「那你說說Fold掉A Full House是甚麼意思？」

黎家豪試著圓謊：「牌面上有同花順的可能呀——」

阿洋打斷他道：「我知道我現在已經贏不過你了，但我寧可光明正大地輸，也不想你施捨給我贏！」

黎家豪聽了阿洋的話心裡也有氣，他覺得自己只不過是想顧全他的面子，爲甚麼要站在這裡捱他的罵？

「好了，你們別吵了……」阿曼急得快要哭出來。

「我願賭服輸。」阿洋拿起量杯說：「敬你的，祝你生日快樂。」然後仰頭不斷大口大口地灌酒。

阿曼拉拉阿洋的手想阻止，卻被他一把甩開了。黎家豪太清楚阿洋這副倔脾氣，他對阿曼輕輕搖頭，讓阿曼由著他。

這個21歲生日，黎家豪永遠都不會忘記。

＊＊＊

翌日，黎家豪一早就起床，拿起昨夜睡前收拾好的行囊，打算先去醫院看望父親，之後才起程前往澳門。

阿洋宿醉未醒，昨夜他賭氣地喝光6瓶啤酒後嘔吐大作，不單沒有和黎家豪慶祝生日，還要壽星替他清理嘔吐物，半扶半拖地帶他睡到床上。折騰一番後，阿曼的父親又來電催促她回家，好端端的生日派對連蛋糕也還未端出來就結束了。

黎家豪出門前折疊好地上的被鋪，磁磚地板又涼又硬，他只不過睡了一夜就落得腰背痠痛，難為阿洋夜夜如是。看著阿洋鼾聲大作的睡相，黎家豪著實不知道該拿他怎麼辦才好，他不是不知道阿洋向來心性高，只是他要煩的事情已經夠多了，為甚麼落後的他不自己追上前來，而要在前頭的他佇足等待？

當黎家豪去到醫院，竟看見阿曼早已在父親床前，正替他用毛巾擦臉。

「你怎麼在這裡？」黎家豪將背包放下，「讓我來吧。」

「你明明說一早就要去澳門嘛，所以我就想，不如替你在生日來探望一下叔叔吧。」阿曼邊說邊打開病床旁邊的櫃子，拿出紙杯來斟了一杯水給他。

黎家豪看她那樣熟知每樣東西的位置，所以問道：「你常常來嗎？」

「反正我家離這裡不遠。」阿曼輕描淡寫地說，她知道黎家

豪在學業、打工和撲克之間根本忙不過來，所以她都會盡量抽時間來醫院替他看顧父親。「阿洋怎樣了？」

「我出門的時候，他還是睡死了。」

「泥膠，我覺得你最近有點不一樣……」阿曼坐在塑膠椅上，眼睛盯著手中的紙杯說：「你好像變得有點急躁，有點……難以接近。」她把拒人千里、自以爲是等等的詞都嚥回肚中。

黎家豪這幾個月以來埋頭在撲克和股票之中，金錢化成的籌碼和數字像潮水般在眼前大起大落，繃緊的神經沒一刻得以放鬆，情緒長期被牽扯波動，變得喜高怒重。

「連你也站在阿洋那邊，覺得我讓他贏是做錯了嗎？」黎家豪昨夜睡不好，本已心浮氣躁，想不到連阿曼也來找他的晦氣。

阿曼垂下頭，咬著唇，好一會兒後才幽幽地說：「不是每件事都只談對或錯，贏和輸的。」

黎家豪把毛巾拋到桌上說：「我要去趕船了。」

「等等，」阿曼站起來，「你跟我一起幫叔叔翻一下身吧，他常常躺在床上，背上都長褥瘡了。」

黎家豪一聽，趕忙去掀起父親的衣服檢查，果然見到他背上有幾塊紅紅腫腫的褥瘡，他作爲兒子竟然不知。

「這些醫生護士怎麼當的？爲甚麼不跟我說？」

「護士跟我說過了，也許他們以爲我是女兒，所以就沒有再跟你說……公立醫院那麼多病人，他們根本照顧不來，所以我每次來的時候都盡量幫叔叔翻一下身。」

阿曼正想來幫忙，黎家豪說：「你坐吧——」他放軟了聲音續道：「讓我來。」

他動作笨拙地讓父親更換姿勢成側躺，阿曼隨即遞給他幾個枕頭來墊著固定，他一個男生都那麼吃力，想來眞是難爲了阿曼。

「等我回來就會請個看護或者找間私家醫院，這幾天就麻煩你了。」說罷又一副欲言又止的樣子，但最後還是背起背包轉身離開。

每走一步，他都感覺肩上的背包更沉重了。

＊＊＊

黎家豪下船之後，便直接前往金璽酒店的空中餐廳，他本來聽見集合地點的時候本來還不以為意，直至到達現場才發現自己穿得太過隨便，門前的職員攔著他說：「先生，不好意思，還是請你換回正裝才入內。」

黎家豪一時間哪裡找來甚麼正裝，正躊躇著不知怎辦的時候，陳銳和良仔剛好出現。

「他是我的客人。」陳銳語氣平淡地對職員說，說是施壓也不至於，但卻有種不容爭辯的說服力。

職員頗有點為難，「但是——」

「他也不是穿短褲拖鞋，沒必要我麻煩經理過來吧。」

職員只好讓路道：「3位請進。」

黎家豪邊跟在陳銳身旁邊小聲說：「謝謝。」

陳銳只是微微點了一下頭，依然像座冰山似的，倒是良仔開口問：「你怎麼穿成這樣子？」

「我不知道這裡要穿得那麼正式……」黎家豪也不知自己是怎樣，總覺得面皮比以前更薄了。

「壽星來了，」Christine一見黎家豪就熱情地說：「生日快樂！」

「怎麼你們3個一起來？阿銳又多收了個小弟嗎？」Jacob還是沒半句好話。

TT這時剛好也來到，他把手上捧著的禮物盒遞給黎家豪：「是領帶來的，我想，應該很適合你。」

「我跟TT說了今天是你的生日，所以他特地訂了桌子，叫大家來跟你慶祝。」Christine說。

眾人也各自拿出禮物來送給黎家豪，就連Jacob也送了他一支墨水鋼筆，但是嘴上卻依然不饒人：「挑禮物給書呆子真是不容易。」

黎家豪心頭一暖，這幾個月以來他居無定所，不斷來回香港澳門，身心都承受了極大壓力，使他在不知不覺中將疲累和恐懼磨出的繭織成盔甲。而昨夜和今早與阿洋阿曼的爭吵，本來還令他覺得這個21歲生日糟糕頂透，但是如今被善意對待，令他心頭柔軟的部分彷彿又重新長了出來。

「在慶祝之前，我有件正事要先跟你們談談。」TT坐下來說：「明天有一個在金磚賭場貴賓廳的局，看看你們有誰想去。」

陳銳問：「有哪些人？」

「都是些老闆和公子哥兒，錢太多來玩玩而已，以你們的水平，要賺點外快豈不容易。」TT稍稍停頓後續說：「但是桌上有幾個代打的，那倒要小心。」

「甚麼是代打？」黎家豪問。

「有些老闆會資助牌手去幫他打牌，輸了算在他們頭上，贏了的話再跟牌手分成，那些多數是職業牌手，有一定水平。」

「打多大？」陳銳再問。

「500/1000，最低買入15萬，最高50萬，看你們自己決定要不要去。」

「我去。」陳銳第一個表態。

「也算上我一份吧。」Jacob說：「去交個朋友也不錯。」

Marvin今天雖然穿上西裝，但依舊擤著鼻子說：「我明天要帶我的貓去看獸醫。」

良仔和Christine沒那麼多資金，所以不敢去，而玲玲想去也沒法去，正鼓著泡腮在生悶氣。

「我也去。」黎家豪此話一出，大家都顯得有點詫異。

TT的神色倒是不感意外，只是再次問道：「你確定？」

黎家豪堅定地點點頭。雖然TT跟他說過要嚴格管控打牌資金，但他早就聽說過這些老闆局很好贏錢，而他剛才查看過私家醫院的費用，正煩惱著積蓄未必足以長期應付，如今有好機會擺在眼前，他想要放膽一試。他覺得只要避開職業代打的牌手，盡量不要和他們硬碰便是了。

另一邊廂，阿洋一直睡到從小學放學回來的弟妹吵著要吃下午茶才醒來，他一坐起來就覺得頭痛欲裂，弟妹的喧鬧聲聽來像是放大了十倍般，在他耳邊環迴立體地叫嚷，他揉著太陽穴，看見自己已經換了一身乾淨的睡衣，地上的被枕亦經已整齊摺疊好。

他拖著腳步走到廚房，只見黎家豪的生日蛋糕原封未動地躺在雪櫃裡。他把蛋糕端出來，和弟妹拿起湯匙和叉子直接就吃，然而不知道是否自己宿醉未醒，每一口蛋糕吃起來都嘗不到甜味，反而愈吃愈苦澀。

安頓好弟妹之後，阿洋匆忙換衣服出門上班，今晚他得到酒店的中餐廳「炒散」。

在趕往酒店途中，他經過了一家蛋糕店，於是停下了腳步，想要買一個生日蛋糕待黎家豪從澳門回來時替他補回慶祝。

「請問一下，這個生日蛋糕可以預約時間送貨嗎？」阿洋指著玻璃冷櫃裡一個行李皮箱造型的巧克力蛋糕問。

「沒問題，」店員拿出紙筆給阿洋，「你把時間和地址寫清楚給我們就可以了。」

阿洋寫完之後把紙筆交給店員說：「麻煩你吩咐師傅，記得要幫我在生日牌上寫上這句話。」

店員看了一眼之後，思索了幾秒鐘，然後對阿洋展露出一個會心微笑。

阿洋抵達酒店之後，打了通電話給跟安排炒散的「蛇頭」榮哥報到，榮哥含糊地指示他從酒店的後門走到員工樓層，去衣帽間找一個叫娟姐的人領制服。

員工樓層九曲十三彎，燈光又昏暗，走廊裡堆滿了一車車使用過的床單被枕和毛巾，還有一排排老舊的儲物櫃，阿洋想找個員工問問路，可是經過的人全都像趕著投胎一樣，連看也不看他一眼。

好不容易終於找到了衣帽間，那個娟姐打量了阿洋的身形一眼，就隨手拿了件制服塞到他懷中說：「更衣室在前面，別弄髒，走的時候記得還。」

阿洋領了制服拉上更衣室的簾子，換好衣服後還有一點時間，他便靠在牆上滑手機，可是一打開Instagram，就看見Christine上載了幾張替黎家豪慶祝生日的限時動態，照片中可見他們穿戴得衣香鬢影身處高級餐廳裡面，那觥籌交錯的情景在他鎖上螢幕後仍能看見。

他穿過後樓梯去到酒店餐廳，領班的部長看他長得還算乾頭淨面，就分派他在樓面工作，並扔給他一個寫著「Alan」的名牌，著他掛在胸前。

阿洋也不是第一天炒散，他當過Eric、當過Johnny，每次到不同的地方工作就掛上不同的名牌，叫甚麼都不要緊，因為沒有誰會在意一個端盤子斟茶的人。

＊＊＊

下班回到家中已是淩晨，阿洋洗澡過後躺在床上輾轉反側，最終還是坐起來，拿出幾本撲克書就著檯燈來看，把幾本書都翻了一遍，愈看愈覺得那只是紙上談兵。他需要的是實戰，他需要像黎家豪一樣加入TT的團隊去見識各種牌局，他需

要拿著有眞實觸感的籌碼，需要桌上的對手認眞對待他每一個行動每一個下注，而不是故意棄牌讓他贏。

他小睡了幾個鐘頭之後就醒過來了，臨睡前的念頭仍然在腦中徘徊，於是他霍地站起來換衣服，出發前往澳門。

下船過關之後，他隨便上了一架免費穿梭巴士，來到萬馬賭場，周末中午的賭廳人流如鯽，尤其是只開了幾桌的德州撲克更是沒有阿洋的位置。

他去撲克室登記之後，百無聊賴地在賭場裡遊蕩等待上桌，一個看上去三十出頭的男人走過來跟他搭話：「你是剛來還是準備走？」

阿洋看他穿戴整齊，相貌也正常，於是便答道：「剛剛才到。」

「要買泥碼[62]嗎？有折扣的。」

「怎樣算？」

「每買一萬元給你10,000，買10萬元起跳。」

◇◇◇◇◇◇◇◇◇◇◇

62 泥碼，只可用來下注，但不可直接兌換現金。

「買10萬才多1000，不划算吧？」其實阿洋根本買不起10萬泥碼，他這幾個月來拚命打工，才儲來兩萬多元的賭本，不過他也沒必要掀起肚皮給人看，所以才這麼說。

「你是香港人？那再送你船票和一晚酒店住宿連早餐，已經很優惠的了。」

「德州撲克能用泥碼嗎？」

「不行，只可以用來玩百家樂。」

「那就算了。」阿洋其實早就知道，這樣問只不過想給自己一個下台階。

阿洋正想離開，那男人又叫住他問道：「你是專程來玩德州撲克的？如果我給你介紹一條大魚，你有沒有信心？」

這話倒開始引起他的興趣：「你說說看？」

「貴賓廳那邊，有個大馬來的有錢人在找對手玩單挑，他的牌技不怎麼樣，只要你的運氣不是太差的話，應該可以賺個盆滿缽滿。」

阿洋雖說有點懷疑，但依然被最後那4個字吸引住，他打

算多問一點詳情再決定：「Buy-in是多少？」

那男人舉起一隻手，比出個二字。

「兩萬？」

「20萬。」

「那我沒辦法。」阿洋苦笑一聲，心想這大哥還真是看得起他。

「你帶不夠錢？小事啦，借不就行了？早兩天有個人借了20萬去，也不到3小時，就帶著40萬走出來！」

「那麼容易賺的錢，你怎麼不去玩？」

「賭場有賭場的規則，我大哥在看著呢，而且法例也規定賭場員工不可以賭呀，要不然？我早就飛也似的去了。」那人真的一臉惋惜的樣子。

阿洋看他這樣費唇舌，於是問道：「我去賭你有甚麼好處？」

「借你的本金，是我大哥收的利息，我賺點水腳而已。不過你在那條魚身上贏來的，我就抽5%佣，不過分吧？」

說了大半天，原來只是想抽佣，雖然幾個小時賺20萬，對阿洋來說無疑非常吸引，不過他還是覺得風險太高，畢竟就算是一條魚，運氣來的時候，也還是可以贏得一塌糊塗。

「不了不了，我等撲克室那邊空出位置來便好。」說罷就轉身離開了。

阿洋走到老虎機那邊打發時間，但幾百元也沒消磨多少時間就全輸光了，他又踱步回撲克室，想看看輪到自己上桌沒有。

「哈！是上次那個吃不完兜著走的小子呀？」

阿洋聞聲一看，居然又碰到了上次交過手的金牙大叔，他正拿著一大盤籌碼，不知道是剛贏了錢還是兌了籌碼準備上桌。

「你看清楚了沒有，這裡只有100/200和200/400的桌子，」金牙大叔揶揄他道，「我看你上次連打50/100也畏首畏尾的，你玩得起嗎？」

「關你屁事。」阿洋不想和他糾纏，「讓開。」

但金牙大叔卻沒有讓路，「我聽說呀，你那個小白臉朋友最近跟了TT混得可好了，今天好像還去了金磚的貴賓廳打牌呢，怎麼了？兄弟飛上枝頭，你就急著升級？」

這句話刺中了阿洋的心頭之痛，他暴怒嚷道：「你讓不讓開！」

大叔看見阿洋眼睛瞪得老大，把臉貼過來，自己雖然身形比對方矮小，但畢竟也是混過江湖的，自然不會被一個黃毛小子嚇倒，他瞪回去罵道：「這裡沒有你的位置，滾回去玩你的便宜桌子。」

兩人的舉動引來了保安的注意，金牙大叔悻悻然走開，他坐上靠近門口那張剩下一個空位的200/400桌子，把一盤籌碼「匡噹」一聲放在桌子上。

阿洋睥睨了他一眼，滿肚子火地去看100/200的桌子騰出空位置沒有，然而他一看號碼牌，居然還遠遠未輪到他。

他的心情焦躁煩悶到極點，站在熙熙攘攘的賭場大廳，這兩天發生的事情一幕一幕在腦中重現，四方八面傳來籌碼堆疊聲、此起彼落的吆喝聲、各式老虎機歡快激昂的音樂聲，那邊剛有人輸了一把牌在拍著桌子大罵，另一邊有人拉中了角子老虎機Jackpot，每一分鐘都有人傾家蕩產，每一分鐘都有人一夜暴富……阿洋決定要賭一把，他回去找剛才那個男人，和他說了幾句話之後，他隨男人走到辦公室前，佇足了幾秒，最終還是伸手推開了那扇大門。

＊＊＊

黎家豪推開了貴賓廳的大門，其時Jacob和陳銳已經到場，Jacob一看見他，便意氣風發地朝他招手道：「家豪，過來這邊，我給你介紹一下。」

Jacob平日不是對他愛理不理，就是一副頤指氣使的態度，不知道今天為何變了個人似的。

「這位是王總，人稱珠海紡織業大王。」Jacob奉承笑言。

「欸！瞧你說得，不過搞點小生意罷了。」王總聽見Jacob往他面上貼金，頗為受落。

「業界龍頭也說小生意？王總，你真不老實，等等上桌我不會信你的下注了。」

眾人哄笑，黎家豪也默默賠著笑臉，但陳銳似乎不太賞面。

「這位是Warren，是中級法院唐法官的公子，剛從英國回來。」Jacob接著介紹另外兩人，「然後這位是Frankie，Warren的朋友。」

大家再閒談了一會，Jacob周旋在眾人之間，時而說些聰明的俏皮話，適時又阿諛一番，黎家豪從未見過他這一面，如今見識到了，不得不佩服他的交際手腕。

待所有人都到齊之後，荷官請衆人入座。上桌之前，Jacob在黎家豪耳邊小聲說了句：「這3個人是來送錢給我們的，那邊那兩個叫Eric和Matt的才是對手，小心點他們便是了。」

衆人抽牌定好位置，黎家豪的運氣不是太好，抽中被代打的Eric和Matt左右夾擊，可說是出師不利。

盲注是500/1000，他跟Eric和Matt一樣，買入了15萬元，王總買入了50萬，其他人都買入了30萬。

第一把牌，黎家豪在Button位，UTG的王總Straddle到$2000，UTG+1的Frankie跟注，HJ的Warren加注到$4000，黎家豪拿著9♥ 10♣，本來想在有利位置入池看看翻牌，但現在只能作罷。

幾手牌下來，他深深感受到這裡和他之前打過的所有桌子都不同，那3個有錢人是來賭運氣尋樂子的，尤其是王總和Frankie的入池範圍更是寬似海，而其他人爲了掠食，也打得很鬆，偶爾打到開牌，只是單單拿個中對就已經足夠贏下彩池。剛才有一手牌，Frankie跟陳銳單挑，底池去到6位數字，但開牌出來，兩人竟然甚麼都沒有，但陳銳的A High贏過了Frankie的K High奪得了所有籌碼。富家子Frankie輸了一個大底池之後，手邊只剩下10多萬元，他又補了10萬籌碼。

代打的Eric和Matt了解情況之後，開始避著陳銳和Jacob，盡量不跟他們正面交鋒，大家似乎頗有默契地把槍口瞄準那3條大魚。

但不幸的是，Eric和Matt似乎也把黎家豪當成目標之一，每回大盲輪到黎家豪的時候，如果前位沒有人入池，小盲的Eric就會加注去嘗試逼他蓋牌，而當同樣情況出現，黎家豪在小盲想加注偷盲的時候，大盲位置的Matt卻總不讓他如願，不是反加注他，就是跟注抵抗，雖然互有勝負，情況並不是一面倒的壞，但也令他感到舉步維艱。

黎家豪在上桌之前，已擬定好要和桌上的人用相反的策略，要是他們緊，他就鬆，要是他們鬆，他就緊。不過眼看桌上大把大把的籌碼如水流轉，而自己的碼量在盲注間慢慢消耗時，心裡還是有點躁動，他把TT送給他的壓牌器在左右手間來回把弄，試圖定下心來。

＊＊＊

阿洋拿著借來的20萬籌碼，被帶到萬馬賭場二樓的一間私人賭廳，裡面鋪上了綠紅黃藍的輪式圖案地毯，花哨得讓人看一眼就覺得頭昏眼花。據說這是各家賭場刻意爲之的設計，這些顏色俗艷的漩渦紋圖案能夠刺激客人的賭博慾望，一如賭場永遠不會掛上時鐘、架設窗戶的原因一樣，只願你們可以沒日

沒夜留在這裡，他們只怕你走，不怕你贏，因爲只要你一日還在賭，就終會有輸回去的時候。

「你先坐坐，我去通知那條魚過來，祝你好運！」男人對阿洋做了個拇指與食指合攏輕輕摩擦的動作，示意等著阿洋分成給他。

阿洋拉開椅子，在撲克桌的其中一端剛坐下，一個穿著棗紅色短袖馬球衫，把衫尾束進卡其休閒褲的胖大叔提著個亮黑公事包走進來，明明已是春涼時節，他還是不住擦著額角的汗，頂住大肚腩逕自坐到阿洋的對面。

「小子，你帶了多少籌碼？」胖子頂著個馬蓋先頭，也不知是油膩還是髮膠噴多了。

「20萬。」阿洋回答。

「那麼少，眞沒意思，」胖子扭開蒸餾水樽蓋，仰頭一口氣喝了半支，「不過算了，看你年輕，開始吧。」

盲注是500/1000，第一把牌，阿洋在大盲位置，拿到了單挑中不錯的K♦ 10♠，胖子在Button位加注到$3000，阿洋跟注。

底池是$6000，翻牌是K♠ 6♣ J♦，阿洋過牌，胖子下注$3000，阿洋拿著頂對K，又是彩虹面，所以只是跟注。

底池是$12,000，轉牌又來了一張K♣，現在牌面是K♠ 6♣ J♦ K♣，雖然有了聽同花面，但這是後門花，應該尚算安全，所以阿洋再次過牌，隱藏自己三條K的牌力，胖子居然想也不想，下注了整整一個池。

雙方第一次交手，讓阿洋有點猜不透他究竟拿著甚麼牌，需要在這個牌面上下重注，但按常理來說，要是他眞有強牌，反而用不著打一個池吧？怎麼看也像在詐唬，自己的三條K大可以用來再加注他。不過正因爲三條K夠強，阿洋不想趕走了對手，所以選擇跟注，希望可以在河牌再收獲多一條街的價值。

底池是$36,000，河牌來了張5♣，最終牌面是K♠ 6♣ J♦ K♣ 5♣。阿洋並不喜歡這張梅花5，雖然對手中後門花的機會不大，但也並非全無可能，現在想來，有些人的確很喜歡在抽牌過程中下重注，一來看看能不能趕走對手，二來是爲了中牌之後有更大的彩池，眞後悔剛才在轉牌圈沒有Check-Raise胖子！

阿洋對胖子毫不了解，他只知道現在底池已經不算小了，要是自己領打，被胖子恃著牌面Raise他一個重注的話，豈不是自找麻煩？所以他爲保守起見，依然繼續過牌，就算胖子再

開第三槍，他的三條K也有足夠強度去跟注。

胖子歪著他的肥頭大臉看了牌面一會之後，也跟著過牌。兩人攤牌，胖子原來是A♥J♠。

阿洋沒想到胖子居然打得那麼直觀：他拿A♥J♠加注，合理；在K♠6♣J♦的牌面持續下注，合理；在轉牌多發了一張K之後，估計對手沒有K，所以下一個重注想讓對手棄牌，不高明卻還是合理；對手依然跟注，然後河牌成了同花面，他就不敢再打了，這樣的思路，完全就是一個新手最常見的打法。阿洋剛才是太高估他了，以致河牌圈少拿了一條街的價值，不過他現在簡直覺得自己可以看穿胖子的想法，不愁之後沒有機會。

＊＊＊

金磚貴賓廳這邊的牌局進行了兩個小時之後，牌桌上的瘋狂氣氛似乎緩和了一點，許是那3個有錢人暫時過夠了癮，不再那麼頻繁地入池，來捕魚的人也暫時進入休漁期，大家有一搭沒一搭地閒聊著，王總甚至召了個按摩女郎來替他捶肩。

大盲又再輪到黎家豪，前位無人入池，小盲的Eric見狀又來加注到$3000，黎家豪意識到自己之前打得太緊，過多地棄牌(Over Fold)了，所以Eric和Matt才有恃無恐地來壓榨他。

他的手牌是5♠ 5♦，值得抵抗一下，本來應該跟注的，但如今牌桌上的氣氛和動態改變了，他也是時候打得鬆一點，所以3-Bet到$7000，Eric想了一下之後跟注。

底池是$14,000，翻牌是4♥ 2♣ 3♦。這種小牌面不符合黎家豪翻前3-Bet的範圍，Eric趁機跳出來領打了$5000。黎家豪有牌面上最大的對子，而且兩頭聽順子，所以沒想太久就跟注。

底池有$24,000，轉牌是8♥，現在牌面是4♥ 2♣ 3♦ 8♥，多了一個聽同花的可能。Eric沒有放棄進攻，這次打了半個池，拿出$13,000的籌碼。

黎家豪心想，就算這張8真的有幫助到Eric提升牌力，但現在牌面的堅果牌是2 3 4 5 6的順子，他自己手上有兩張5的阻擋牌[63]，所以Eric有5 6這個組合的機會不大。當然了，第二大的A 2 3 4 5順子亦同理，黎家豪手上的底牌很好地阻擋了Eric有堅果牌的可能性。

而自己的5♠ 5♦小對子恐怕很難在河牌再擋一槍，攤牌價值也不是太高，所以他決定利用5這張阻擋牌給他的資訊，將自己的手牌轉成詐唬。他把握在手上的壓牌器放在底牌上，

63 阻擋牌(Blocker)的概念，是指自己底牌阻擋到對方手牌範圍裡哪些組合的數量。

然後數出籌碼，再加注到$35,000。

Eric看整晚都不斷棄牌的黎家豪居然反加注，自己手上的7♥ 7♦很大機會已經落後，也許他可能有超對，抽三條的底池賠率顯然並不合適，所以只好棄牌。

黎家豪收下了這個3萬多元的底池，總算開始盈利了。

＊＊＊

阿洋在Button位置，拿到了K♠ J♠同花，在單挑桌上，這算相當強的起手牌，而且從玩了這一個多小時來看，胖子甚少在翻前棄牌，所以他加注到$4000，也不怕胖子跑掉，果然胖子毫不考慮就跟注了。

底池是$8000，翻牌是10♥ 9♠ J♦，牌面有點濕，有天順子和兩對的可能性，胖子睨著牌面一會之後過牌。阿洋打了$6000，胖子扔出籌碼來跟注。

這時底池是$20,000，轉牌發出了Q♠，牌面是10♥ 9♠ J♦ Q♠。胖子又像第一把牌一樣，在轉牌突然打了一個池。

阿洋擊中了順子，雖說不是牌面上的堅果，但是如果胖子有AK，以他這樣激進又直觀的打法，在翻前應該會3-Bet才是，而且就算他真的有AK，自己還是有機會在河牌擊中同花。正想拿出籌碼跟注的時候，阿洋又想起胖子很喜歡擊中了一點甚麼就死跟死打，但當河牌塵埃落定之後，他就會收手。既然胖子有AK的機會不大，與其之後感嘆拿不到價值，倒不如現在就先把底池築大！

阿洋瞄了一下手邊的籌碼，短短一個多小時他就已經從胖子身上贏了3萬多元。「Raise。」他加注到$40,000，希望這個最小加注不會把胖子打跑。

胖子看了看自己的底牌，居然不是棄牌也不是跟注，而是再一次加注回來：「我加到$80,000。」

這下子輪到阿洋頭痛了，早知道就不要那麼貪心，現在根本是挖坑給自己踩。胖子真的有AK嗎？阿洋盯著胖子的臉，愈看愈覺得他賤肉横生。他把思緒集中回來分析：把K順子就這樣棄掉實在有點丟人，而且我也不甘心，其實跟注只不過需要再拿出4萬，還能搏一個中同花的機會……那就讓我再多看一張牌。

阿洋跟注之後，底池已經膨脹到$180,000，河牌來了全副牌中，阿洋最想見到的一張——A♠！現在牌面是10♥ 9♠ J♦ Q♠ A♠，牌面已經濕得不能再濕了，胖子瞇著他那雙被肥肉擠成一條線的眼睛看著阿洋，然後過牌。

阿洋手上已經是堅果牌無誤，他現在只剩下一個煩惱，那就是如何引誘胖子跟注。

胖子手邊剩下的全部都是大額籌碼，阿洋可以隔空很清楚地算出他只剩下$64,500，所以他沒有All-in，而是慢條斯理地數著籌碼，不多不少地下注了這個數目，這樣的挑釁意圖很明顯，彷彿就是在說：「夠不夠膽跟？」

胖子氣得重重地呼著氣，兩邊油膩的鼻翼擴張又收縮，他從椅子上霍地站起來說：「我就不信你真有同花！ Call ！」然後扔出了他的K♦ 8♠底牌。

「不到你不信。」阿洋亮出他的底牌，「謝謝啦。」

贏光了胖子20萬元的阿洋興高采烈地收拾籌碼準備離開，胖子氣急敗壞地說：「你別走！」

阿洋心想這下麻煩大了，他不是輸了錢反面不認人吧？但是胖子接著說：「我不服，這把牌我就是運氣太背了！我要再跟你賭！」

阿洋看了一下手錶，真的是兩個小時不到，他就贏了20萬元，勝利的滋味和金錢帶來的喜悅令他腎上腺素飆升，他一口就答應：「好呀！」

「但我不要玩那麼小，沒意思！」

阿洋也不想放生這條肥魚，於是問：「那你想玩多大？」

「盲注1500/3000，每人買入60萬！我要把剛剛輸的連本帶利贏回來！」胖子說得口沫橫飛。

「這個……」這麼高的注碼，阿洋一聽就卻步了。

胖子吃力地俯身從椅子下面拿起公事包，重重地砸在桌上，他用肥大的手指摳開扣子，指著裡頭一捆捆鈔票說：「來了這幾天，人人都贏我，我就不信我的運氣眞有那麼差！」

阿洋看著那些白花花的銀紙，心想自己的技術肯定是在胖子之上，胖子剛才那手牌，在翻牌圈聽順子不打，轉牌圈中了順子就領打，河牌圈看見有同花面又過牌，簡直就和攤開牌來打沒分別！加上自己今天的運氣更是不錯，沒理由白白放過這個機會。

「行！你給我一點時間。」

阿洋三步併作兩步回到賭場一樓，到處去找之前那個叫阿成男人，終於在男廁出面見到他剛剛解手出來。

「怎樣？贏到了嗎？」阿成一見阿洋就問。

「手到拿來。」阿洋意氣風發地說，然後按之前說好的比例，主動把分成給了他。

阿成高高興興地接過鈔票，阿洋趁機問：「能不能再借多點？」

「你要多少？」

「再借20萬。」

阿成露出一個爲難的樣子說：「你這樣生面口，我很難借你那麼多。」

阿洋聽到此路不通，顯得有點失落，但阿成馬上又接著說：「要是分成可以提高點的話……」然後用兩隻食指比了個十字架的手勢。

阿洋心想，原來只不過是想抬價，但10%抽成未免太高，他還價道：「不行，這樣我風險太高了，你當我沒說。」

「等等！」阿成拉住他說：「好吧好吧，8%？」

「7%，不能再多了。」

「行，成交！」阿成熱絡地勾搭住阿洋的肩，跟他一同走向辦公室。

金牙大叔剛才在桌上輸了一把冤家牌，怒氣沖沖地去洗把臉，剛從洗手間出來，就看見了面前這一幕，像他這種資深賭徒，看一眼就知道阿成是甚麼人。剛才他故意爲難阿洋，是不想他這種小伙子興在頭上去玩自己負擔不來的牌桌，原本剛才在撲克室不見阿洋的蹤影，還以爲他已經乖乖回去別的賭場玩便宜一點的桌子，誰知道他居然搭上阿成這種人。

金牙大叔回到牌桌上打了半小時牌，但心裡總像有根刺似的，他最後還是離了座，打了個電話給以前有點交情的疊馬仔[64]探探口風，看他知不知道阿洋到底在搞甚麼。

「我勸還是你別管了，肥彪看上他了。」疊馬仔只說這句話，然後就掛了線。

＊＊＊

黎家豪今天的手風相當不順，不止拿到的好牌寥寥無幾，

◇◇◇◇◇◇◇◇◇◇◇◇

64 疊馬仔是指從事博彩中介工作的人。

就算有比較好的手牌入池，卻幾乎沒有中過牌，打了三四個小時，只是多了幾千元的進帳。

而這半小時以來，王總和Frankie似乎運氣正旺，讓Jacob和陳銳也回吐了一點盈利出來，Matt和Eric看著也規矩了一些。

這把牌黎家豪又來到大盲位置，卻只有Button位的Warren加注到$2,500，小盲的Eric看了看牌便推回給荷官，拿著6♣ 3♣的黎家豪既不想過多地棄牌，又不想在不利位置打翻後，而且他覺得Warren有機會是在Button位置虛張聲勢，所以3-Bet到$6000，至少拿回翻後的主動權。

Warren想了一想之後只是跟注，這給了黎家豪第一個資訊：Warren的牌力起碼不會是99以上的對子或是AK之類的強牌。

底池有$12,500，翻牌是10♠ 3♥ 2♠，黎家豪只中了個中間對子，牌力沒有太大的發展空間，他C-bet了$5000，希望Warren在甚麼都不中的情況下願意棄牌，但是Warren不但沒有讓他如願，更是加注到$15,000。

黎家豪之前已經觀察到Warren是3個有錢人當中，撲克水平比較高的那一個，正因爲知道Warren對撲克有基本認知，所以自己才會在翻前拿6♣ 3♣這種牌加注他，要是把對手換了王總和Frankie這種不管三七廿一，感覺來了就要打到攤牌的人，黎家豪早就棄牌不打了，因此他開始思考Warren加注的用意。

加注的作用，要不是爲了撐大底池，就是爲了趕走對手。前者來說，在這個牌面有信心領先而想築大底池的，就只有暗三條和兩對，因爲黎家豪自己有一張3令Warren有3的機會大減，他拿T2跟注3-Bet入池中兩對的可能性很低，22也是同理，唯獨是不能忽略他拿TT這個可能性，但是中了三條10的話，$15,000這個注碼未免太大了點，所以目前看起來，這個加注更像是爲了趕走對手。

根據這幾個小時的觀察，Warren也不像會拿空氣牌來加注那麼激進，不排除他有一些口袋中對，又或者只是擊中了一對10。不過因爲黎家豪自己的底牌沒有葵扇花色的阻擋牌，Warren也有機會是拿著兩張葵扇底牌在聽同花，因此這個尺度的加注其實是半詐唬——一半爲了趕走對手，一半爲了擊中同花做準備——思前想後，他覺得自己未必落後，所以還是先跟注一次，再看看轉牌是甚麼情況。

底池現在有$42,500，轉牌是Q♥，牌面是10♠ 3♥ 2♠ Q♥，這張Q對黎家豪而言，可以說是一張好壞參半的牌。好的原因在於他是翻牌前的加注者，Q絕對在他的手牌範圍之

內，而且也不是Warren想要的葵扇同花；但壞的地方在於，Warren也有可能是拿著帶葵扇的高牌在翻牌圈加注，Q也許令他擊中了牌面上的頂對。

黎家豪只有一對3，牌力實在是太弱了，與其冒險去加注，不如過牌控池，降低自己去抓對手詐唬的成本。他過牌之後，Warren下注了$25,000，黎家豪的一對3在這樣大的底池中已經有點吃不消了，不過Warren的下注令他得到的訊息更多了一點：原本估計Warren有機會是拿著口袋中對或是中了一張10，但現在轉牌出了Q，他還是敢打超過半個池，那就已經排除了這兩個可能，只剩下聽同花和眞的擊中了Q。

就像吸煙久了的人都會懂得如何熟練地單手彈煙灰一樣，黎家豪現在已經可以一邊思考一邊手勢純熟地洗著籌碼，他的目光停留在那個原石壓牌器上，在燈光映照下，折射出幾縷光線打在他的底牌上面。「相信你的直覺。」他想起TT的說話。而他的直覺是，Warren正在買葵扇同花。

雖然沒有十足的把握，但黎家豪決定跟注。

這樣一加注一跟注，底池已經來到$92,500，黎家豪目不轉睛地看荷官發出河牌——K♦，現在牌面是10♠ 3♥ 2♠ Q♥ K♦。黎家豪慶幸河牌不是葵扇，意味著Warren如果買同花的話已經失敗。[65]

他繼續過牌，然而Warren並沒有停下腳步，他很快地拿出$30,000來下注。

這次黎家豪反而不難下決定了，本來他最擔心的是Warren在轉牌買同花會買中了Q一對，但是現在河牌出了K，Warren居然還敢繼續打，難道他不怕對手有K嗎？可見他必定不是有Q。而如果他是中了K一對，那就更加不必在對手連續兩次過牌示弱之後繼續下注，因爲對方只會蓋掉比他更差的牌，而願意跟注的牌多數比他更強，這只是個沒意義沒價值的下注，甚至還給了對手去加注詐唬的機會。本來底池就已經夠大了，實在沒必要令自己有攤牌價值的牌，變成要去抓詐唬的牌。最後還有一個馬腳是，他下注的動作很快，彷彿不需要思考，就像早就想好要是買不中牌就要繼續下注一樣。

黎家豪移開一直壓在底牌上的壓牌器，說了一句：「Call。」

Warren無奈地攤出他的J♠ 7♠說：「你有甚麼？」

黎家豪翻出了他的6♣ 3♣說：「我只有3一對。」

◇◇◇◇◇◇◇◇◇◇◇◇

65 此牌例參考了Poker Night in America第三季中，Shaun Deeb對上Layne Flack的一手牌，但略作了改動。

Warren哭笑不得地說：「你竟然是個練鐵頭功的……」

黎家豪不打算辯說，聳聳肩收下這個價値15萬的底池。

＊＊＊

阿洋拿著60萬籌碼回到賭廳，走到門口的時候，他發現不知道何時門外站了一個保鑣，胖子不耐煩地罵道：「搞甚麼去了？讓我等那麼久！」

「兌籌碼總要些時間吧老闆？」阿洋拉開椅子坐下。

「別說那麼多廢話，開始吧。」

「等等，」阿洋警惕地問：「我怎麼知道我贏了之後，眞的可以帶著錢走出這個房門？」

「你以爲自己在地下賭場還是黑社會寶口？這裡是正規的賭場，我能殺了你不成？」

這話一出，連荷官也揚起嘴角偸笑，阿洋爲了掩飾尷尬，粗聲粗氣地回道：「那你等著給我清光你吧。」

這次盲注是1500/3000，阿洋從未打過這麼大的注碼，所以也不敢輕舉妄動，相反，胖子卻打得比之前更加激進，翻前每每在Button位加注逼阿洋棄牌，令他磨蝕了不少盲注。而且不知道是不是因為背負著極大資金壓力而綁手綁腳，令阿洋感覺胖子比上一次打得好了很多。

打了半個小時之後，阿洋已經少了約10萬的籌碼，他心裡非常焦急。

這手牌他在Button拿到了Q♣ Q♦，率先加注到$12,000，胖子覷了他一眼，拿出籌碼跟注。

此刻底池有$24,000，翻牌是10♠ J♦ Q♥，阿洋中了暗三條Q！

胖子過牌之後，阿洋仔細思考，雖然公共牌是彩虹面，但3張牌的連接性很強，這又是個加注過的底池，胖子有人頭牌的可能性不小，萬一轉牌來了張A、K、9等牌，他的三條Q就差不多等於廢了武功，所以他不敢慢打，扔出了$20,000。

胖子卻幾乎像沒有思考似的，再加注到$40,000！如果按照胖子之前的思路和打法，他很喜歡在擊中大牌之後來一個最小加注，那在這個牌面上，他能中的大牌，應該就是89和AK的順子了……

但阿洋實在不想就這樣放棄他的三條Q。有沒有可能他只是中了兩對？阿洋自我安慰道，Q他應該是不會有的，拿JT跟注卻是非常合理的舉動，這樣一想，阿洋覺得自己未必已經落後，他拈起手邊的籌碼，決定跟注。

在推出籌碼那刻，阿洋心裡暗自決定：要是轉牌發出了A、K、9，胖子再繼續窮追猛打的話，他就會棄牌，然後中止牌局，起身離開。扣除現在輸了的金額、借貸的利息，只不過是把從胖子身上贏來的20萬還回去罷了，就當是發了一場夢吧……但若然轉牌發出一張對我有利的牌，譬如說——

轉牌來了一張讓阿洋差點歡呼出來的牌——10♦！公共牌面是10♠ J♦ Q♥ 10♦，讓阿洋變成了Q葫蘆，也是牌面上的堅果！

胖子在$104,000的底池中繼續下注$50,000，阿洋不會放過把胖子手上的籌碼贏過來的機會，他加注到$100,000，以其人之道還治其人之身，用最小加注來心理攻擊對方。

胖子用舌頭舔了舔他那雙厚大的嘴唇，陰著臉拿出籌碼跟注，讓底池暴升至$304,000。

河牌，這張不知道曾經令多少人一夜暴富或是家財散盡的牌發出來了，那是一張鮮紅的7♦，牌面現在是10♠ J♦ Q♥

10♦7♦。

胖子過牌。阿洋在心裡掂量，不論胖子是眞的拿著89或AK中了順子，抑或是JT中了葫蘆，半池的價值，他應該都會願意支付，所以下注了$130,000，心裡暗暗祈禱胖子千萬不要蓋牌。

胖子的確沒有蓋牌，而是再一次最小加注到$260,000！

這個舉動令阿洋不得不重新審視對手的牌力，這張7♦出來以後，牌面上的堅果變成了7 8 9 T J同花順，接著便是四條T，在撲克1326個起手牌組合中，阿洋就只輸8♦ 9♦和10♣10♥這兩個組合了……

阿洋感覺到心臟在胸口中怦怦跳動，他的十根指頭全都發麻，胸前和後背明明都在滲汗，但卻覺得很冷很冷。

如今底池有$694,000，而阿洋的後手只剩下20萬左右，此刻蓋牌已經太遲了，他已經欠下巨款，只能放手一搏，假如能夠贏下這一局，他就能帶著數十萬元離開……

「Call。」阿洋站起來，翻開他的Q♣ Q♦。

胖子伸長脖子看了看阿洋的底牌後說：「我知道你中了葫

蘆，原本我以爲自己還剩下Q♦和7♦兩張補牌，沒想到那一張Q♦原來已經在你手上了，哈！」然後亮出了他的8♦9♦。[66]

在1326個起手牌組合中，胖子眞的拿著可以贏阿洋的兩個組合其中之一；而河牌也眞的發出了全副撲克中，唯一一張能令胖子勝出的7♦……想到這裡，阿洋雙腿一軟，整個人跌坐到椅子上。

胖子頂著肚腩，走到面無血色的阿洋面前說：「你想要翻本嗎？」

***

黎家豪自從用那手6♣ 3♣ Hero Call[67]之後，雖然被王總和Frankie取笑他練鐵頭功，但是卻贏來看得懂的人的尊重，這讓他開始可以在適當位置，拿一些邊緣牌偷下底池。

牌局已經進行了5個多小時，王總和Frankie兩人已經各自輸了30多萬，Warren則好一點，還剩下一半買入。陳銳和Jacob各贏了將近20萬，Matt和Eric也有斬獲，都贏了10萬

◇◇◇◇◇◇◇◇◇◇◇

66 此牌例出自2005年WSOP主賽事中，Jennifer Harman 對上Cory Zeidman的一手牌。

67 Hero Call，正如字面解釋那樣，指某玩家像英雄般勇敢地跟注。

有多，而手風不順的黎家豪扭盡六壬，終於也贏了7萬多。眼看大家都有點倦意，牌局似乎將要進入尾聲了。

黎家豪在Button拿到A♥ 6♥，在UTG位已經有點喝醉的王總平進，後面全都蓋牌到黎家豪，比起底池，他看王總在這個小時裡似乎對杯中物更有興趣，自己的手牌和位置都不錯，所以打算操作一下，加注到$4000。不過看來小盲的Matt不相信他，3-Bet到$12,000。大盲的陳銳棄牌不去蹚這片渾水，而雙頰酡紅的王總跟注。

Matt不相信他，他也不太相信Matt，小盲在不利位置，往往不喜歡打翻後，最好直接奪池，況且王總又是大家都想要獨享的目標，所以Matt未必就眞的有很強的手牌，於是黎家豪也跟注入池。

底池有$37,000，翻牌是7♠ 9♥ 2♦，小盲的Matt過牌，UTG的王總也過牌，黎家豪只有A high，但還是有後門花的可能。他回想自己整晚在這張桌子上都表現得相對謹愼，之前雖然有幾手牌是詐唬，但是因爲沒有打到攤牌，所以他的牌桌形象應該是相當不錯的，綜合這幾點，他決定試試詐唬，下注了$17,000。

Matt想了一會之後跟注，王總看來眞的甚麼牌也沒有，毫不囉嗦就蓋了牌，又替自己斟了一點威士忌，於是剩下黎家豪

和Matt兩個人看轉牌。

底池是$71,000，轉牌是4♦，現在牌面是7♠ 9♥ 2♦ 4♦，小盲的Matt還是過牌。這個牌面相對乾燥，Matt連續兩次過牌，令黎家豪認爲他的底牌和牌面並沒有很大關聯，Matt的底牌有可能是78同花或者是88、TT這些中等對子，亦有可能是Ax高牌，甚至是在聽後門同花，總之已經成牌的機會不大。「既然Matt示弱了，我何不接著把故事說下去？」黎家豪這樣想。

黎家豪下了一個重注，推出了$50,000的籌碼，他希望Matt聽得懂他正在說的故事，然後把自己手上的中對和聽牌的組合蓋掉。然而Matt並沒有考慮太久就決定跟注。

底池來到$171,000，河牌發出了一張2♥，牌面是7♠ 9♥ 2♦ 4♦ 2♥，既沒有同花，也不成順子，但這個已經不重要了，因爲如果Matt眞的是有強聽牌或是三條，在轉牌圈他不會於沒有位置的情況下只是跟注，而是會Check-Raise，黎家豪這下子已經把Matt的牌力縮窄到超對上面去。

Matt依然過牌。底池已經膨脹起來，黎家豪心想：如果現在我過牌，就等於放棄了這個底池，而牌局亦已經差不多去到尾聲，今天算是白來一趟了。不，不能就這樣放棄！

要把這個底池搶過來，就要想清楚自己的故事有沒有漏洞，他是在Button跟注Matt的3-Bet入池，所以他絕對有可能拿著77、99的對子中了暗三條，然後下注半個池。接著轉牌圈出了4♦，牌面有後門花和順子聽牌的可能，所以下注三分二個池。現在河牌出了2♥，讓他的暗三條變成了葫蘆，整個故事都說得合理了。

但就算把自己的故事說清楚了，也要想想Matt是一個怎樣的聽衆。Matt的水平，絕對有能力聽明白整個故事脈絡，但明白歸明白，相不相信卻是另一回事。

Matt是拿老闆的錢來代打的，也就是說輸了的話，要向他的老闆負責，現在整晚下來，Matt贏到了11萬元左右，在牌局剛開始時，他打得比較激進，但自從贏錢之後便愈趨保守。

黎家豪後手還有大約16萬元，將這一切在心裡梳理好之後，此刻，他作出了一個重大的決定：「All-in。」

Matt看著荷官將寫著All-in的牌子放在黎家豪面前，心裡非常煎熬，他把手邊的一疊時間牌全扔了給荷官，叫他自行計算，好讓自己可以集中精神思考。他手裡拿著K♠ K♣，在翻牌圈因爲有兩個對手而自己沒有位置優勢，所以並沒有領打，沒想到黎家豪會步步進逼到這個地步，現在牌面沒有同花又沒有順子，他是拿甚麼牌膽敢全下？眞的是有77、99嗎？

Matt想了非常久的時間仍然下不了決定，當荷官拿走了最後一個時間牌之後，他不想冒險把整晚辛苦贏來的盈利一次過輸回去，終於還是咬咬牙，棄了牌。[68]

「讓我進去！」

此時門外傳來了一陣騷動，黎家豪本來背對著門口，此刻轉過頭去張望，看見在外面大聲叫嚷的人，居然是金牙大叔。

＊＊＊

胖子俯下身來，把他油光滿臉的大頭湊近阿洋說：「如果你想翻本，我可以再跟你賭，不過我要把買入再提升到100萬。」

先不說阿洋敢不敢打這麼大的賭局，他知道自己根本不可能再借100萬，他已經欠下自己償還不來的債項，天知道那些高利貸會做出甚麼事來。

胖子看他臉色慘白，冷汗從額角涔涔冒出，「你這樣失魂落魄，是擔心錢嗎？」

◇◇◇◇◇◇◇◇◇◇◇◇

68 此牌例出自Live At The Bike節目中，Andy對上Gary的一手牌。Andy接受YouTube Channel「撲克夫妻」訪問時，親自解釋他這個絕命詐唬的思考過程。

阿洋垂下了眼，他看見自己的雙手在抖個不停。

胖子坐回自己的椅子上說：「那我們就不賭錢，賭別的玩意，要是你贏了，我就真金白銀付錢給你。」

「那你要賭甚麼？」阿洋就像一個遇溺的人，眼下就算只浮過一條水稻，他也想試著去抓緊。

「讓我想想……」胖子一邊思考，眼珠一邊在他的三白眼裡轉動著：「血和水，你選哪一個？」

「甚麼意思？」

「說穿了就不好玩了，你先選。」胖子強調：「你已經沒有太多選擇了，能選的時候，便好好地選。」

阿洋完全不明白胖子在說甚麼，但血聽起來真的太可怕了，選水的話，起碼壞極也有限度吧……

「我選水……」阿洋回答。

「水好，水爲財。」胖子似乎很高興，他踏著小碎步走到門外向保鑣說：「叫人給我拿水進來。」

他回來坐下之後續說：「那我們就繼續玩德州撲克，盲注2000/4000，每人有100萬籌碼，剛好是250個大盲。如果你贏了我，我就實算實付你100萬現金。」

阿洋追問：「要是我輸了呢？」

「你剛才不是選了水嗎？」

這時有人推著手推車運了幾箱瓶裝水進來，就是平日在賭場讓客人免費自取的迷你瓶裝水。

胖子接著說：「這裡有100樽水，每樽250毫升，你輸了的話，就把它們全喝下去，然後你就可以走了，怎樣？很划算吧？」

阿洋不是傻子，他聽說過一個人在短時間內攝取過量水分，是有機會水中毒而死的，胖子這是要他賭命。

「你不敢？是不是後悔了？誰叫你不選血呀。」胖子拿起其中一瓶水，扭開蓋子咕嚕咕嚕地喝了幾口，「老實跟你說，如果你選血的話，那玩法就是抽血來當籌碼，不過比例卻是1毫升等於1個大盲，你就算輸光全部籌碼，也不過需要抽250毫升血，等於去捐個血而已。」

阿洋已經明白胖子的用意了，胖子就是看穿了他的想法，知道他不會選聽上去更危險的血，胖子等如將他當作猴子在耍……

但是他已經沒有退路了，賭一次，可能贏得100萬，就算輸了，也不一定會死吧？水而已，水而已，大不了喝完馬上去醫院。阿洋在心裡這樣對自己說。

＊＊＊

「讓我進去！我有話要跟那個小白臉說！」金牙大叔跟門外的保安人員推撞，他看見黎家豪跟他對上了眼，馬上嚷道：「你！就是你！你的朋友要出大事了！」

黎家豪趕緊走過去跟保安人員說：「沒事，我認識他。」

金牙大叔甩開保安的手，上氣不接下氣。

「大叔你剛才說甚麼？誰要出事了？」黎家豪一時間還不明白。

「上次跟你一起和我打牌的小子呀！」

「阿洋？他怎麼了？」

「他正在跟肥彪賭錢，那傢伙是個變態！他有病的！最喜歡

拿錢來引誘別人跟他對賭，一開始他會佯裝輸錢給你，讓你放下戒心誤以爲他是條魚，然後當他狠狠地贏了一把之後，就會提出些變態的要求做賭注！我這口金牙……」金牙大叔欲言又止，之後還是催促道：「總之你快點去萬馬賭場找他！」

＊＊＊

第一把牌，阿洋在Button位置拿到了A♦ T♠，他加注到$10,000，胖子在大盲3-Bet到$30,000，在單挑中有一張A算是強起手牌，所以阿洋跟注。

底池有$60,000，翻牌是J♠ Q♦ Q♣，胖子下注$30,000，阿洋卡K成順子，而且自己還有一張A High，所以跟注看轉牌。

底池現在是$120,000，轉牌是9♠，牌面即是J♠ Q♦ Q♣ 9♠，胖子過牌，阿洋現在變成兩頭抽順子，既然胖子過牌，他本可以下注，但是一來J Q都是胖子翻前3-Bet的手牌範圍，二來底池已經夠大了，他不想第一把牌就那麼冒險，既然自己有那麼多出牌，多看一張免費牌也無妨，於是他選擇了過牌。

河牌再來了一張9♦，現在牌面是J♠ Q♦ Q♣ 9♠ 9♦，阿洋正想著自己有一張A，配上牌面的兩對公對，有機會可以先拔頭籌，贏得這個12萬元的底池，但是胖子卻突然推出全下！

胖子拿起剛才喝到一半的瓶裝水，仰頭一口氣喝光，然後說：「看我對你多好，已經幫你喝掉一瓶了，如果你輸了，只需要喝99瓶而已。」

要是阿洋手上有一張J或9，也許他也會很苦惱要不要跟注，但是如今他只有一張A，實在不敢拿性命去賭，所以只好蓋牌。

胖子冷笑一聲，翻出自己的K♦6♦同花說：「騙你的。」[69]

本來可以贏的第一把牌，就這樣被胖子詐唬掉，阿洋心裡當然焦急，但仔細一想，胖子在這樣潮濕的牌面也敢推All-in，是因爲他就算輸了，也只是100萬的事，對他來說不成問題，而自己輸了，卻有可能賠上性命……就算雙方各有250個大盲，並不存在誰有籌碼優勢的問題，但實際上，打從一開始這已經是一個不對等的牌局。

之後的10多手牌，都是平平無奇的牌局，雙方互有勝負，各贏得幾個小底池。而在這把牌，胖子在Button位又加注三個大盲到$12,000，阿洋看了一眼自己的手牌，那是一對黑色的K♣ K♠，他3-Bet到$48,000，胖子奉陪跟注。

底是$96,000，翻牌是9♠ 5♠ 4♣，全都是小牌，對阿洋

69 此牌例出自2018 partypoker LIVE MILLIONS North America中，Darryll Fish對上Taylor Black的一手牌。

來說暫時是還不錯的牌面，本來他可以下一個輕注的，但是底池已經有接近10萬，這可不是平常的牌局，他沒有本錢去承受轉牌發出一張A所帶來的無所適從，所以下注了$50,000。胖子思考了一會，選擇跟注。

底池是$196,000，轉牌來了一張Q♥，讓牌面變成9♠ 5♠ 4♣ Q♥，看上去仍然是安全的牌面，這次阿洋繼續打了半池，下注$100,000，胖子思考了比剛才更久的時間，依然不願蓋牌，拿出籌碼跟注。

這個跟注讓底池膨脹到$396,000了，阿洋雖然覺得自己的手牌仍然領先，但也戰戰兢兢地看著河牌發出來，那是一張8♣，牌面變成9♠ 5♠ 4♣ Q♥ 8♣。

雖然沒有阿洋害怕的A或是同花面，但是這張8♣卻讓很多順子聽牌的組合擊中了，例如拿67就中了4 5 6 7 8，拿TJ就中了8 9 T J Q，這些牌在單挑局中跟注3-Bet入池也並不意外。但他不能示弱，回想第一手牌，大概就是因爲他連續過牌跟注，才讓胖子看出了漏洞，於是他只好硬著頭皮扔了$130,000籌碼出去。

然而這個時候，胖子摩挲著他的雙下巴說：「我想你不是有AA就是KK。」[70]

◇◇◇◇◇◇◇◇◇◇◇

70 此牌例出自PokerStars EPT LONDON主賽事中，Daniel Negreanu對上Shlomi的一手牌，Daniel當時的確說出了對手的手牌，然後再加注，逼使對手Fold掉了手上的KK。

阿洋好不容易才控制住表情，沒有顯露出心中的驚訝，胖子卻一刻也不讓他安寧，馬上又補了一句：「我All-in。」

阿洋心裡快要崩潰了，他沒有心思去思考自己是怎樣露出了破綻，讓胖子猜到底牌，他只是想道：要是胖子知道我有AA或KK也敢全下，那麼即是說他的底牌比我的超對還要大嗎？但，這會不會是一個心理戰術？

糾結許久，最終阿洋還是不敢跟注，把自己的KK棄掉。只是這一次，胖子並沒有開牌給他看，他不知道自己是棄對了牌，還是又成了胖子眼中的笑話。

這一把牌後，阿洋手邊的籌碼只剩下不到70萬。雖然只減少了三分一，但這是個單挑局，那代表胖子比他多了將近50%的籌碼，情況一旦再惡化下去，他很快就會被對方用籌碼優勢來輾壓，那時就只能孤注一擲了。

10多手牌過去，阿洋打得非常保守，在翻牌圈看3張牌之後，沒把握的就速速棄牌，不敢糾纏，雖然籌碼流失的速度減少了，但劣勢還是沒有改變。

胖子對他這種保守打法顯得不滿：「眞無聊。」

這手牌，他在大盲拿到了3♣ 4♣，本來估算又要棄牌了，

但是Button的胖子居然少有地平跟進來，所以他得以用便宜價錢看看翻牌。

由於沒有人加注，底池只有$8,000，翻牌是6♣ 10♠ 5♣，阿洋這手爛牌突然變成同花、順子雙抽，更有可能擊中同花順，不過他現在還未成牌，所以決定過牌，一旦胖子下注的話，他也有餘裕去跟注，然而胖子並沒有下注，只是過牌。

底池仍然是$8,000，轉牌來了張不痛不癢的Q♠，牌面是6♣ 10♠ 5♣ Q♠，

阿洋決定出手了，不然就算河牌中了同花順，他拿到的價值也太小。

他扔出了$5,000籌碼，胖子好像終於找回趣味似的，喜孜孜地加注到$10,000。這個最小加注，讓阿洋又回想到之前拿QQ中了葫蘆，卻輸給胖子的同花順一事。

阿洋默默叫自己要靜下心來，不要被之前的牌局影響，只需要專注打好眼前這手牌。待思緒集中回來，他分析清楚眼下的情況：用$5,000去跟注並不多，而自己又有15張出牌(4張2、4張7及7張梅花牌)，所以他拿出籌碼，補齊$10,000跟注。

底池現在是$28,000，河牌發出了7♦！牌面是6♣ 10♠ 5♣ Q♠ 7♦，雖然這張7不是梅花，但也讓阿洋中了順子，

他加注到$35,000，這個Donk Bet和超池打出來，就是希望胖子不相信他而跟注。

可是胖子笑瞇瞇地看著他，然後又再一次使出了他的絕招——All-in全下。

這就不得不叫阿洋好好思考了，現在牌面上的堅果是5 6 7 8 9的順子，阿洋的3 4 5 6 7只是第二大，但胖子有89的機會大嗎？

還未思考清楚，這時胖子又做了一個讓阿洋意想不到的舉動，他翻開了自己的其中一張底牌，那是一張9♥，他用苦心婆心的語調說：「我眞的中了，勸你還是識趣點，棄牌吧。」

阿洋不知道胖子另一張牌是不是8，但他開牌的用意是甚麼？他不是想贏嗎？那他這樣說是爲了甚麼？

阿洋深思道，胖子已經是第三次做這種小動作了，每次他這麼做，彷彿都是在享受把對手耍得團團轉的樂趣，他不在意錢，所以他並不害怕冒著輸掉100萬的風險來逼對手蓋掉可以贏的牌，他就是喜歡這種刺激的快感——他不會拿眞的可以贏的牌去贏！

「Call！」阿洋說。

胖子搖搖頭，翻開他的另一張牌說：「我就跟你說了。」

那一張8♣讓阿洋幾乎停止了呼吸，他頓時覺得眼前天旋地轉，彷彿血液在他體內凝固，雙腿被釘在地上動彈不得，整個世界在無聲無息地崩塌下來。

「好了，我今天玩夠牌了，現在，我想要看表演。」

＊＊＊

當黎家豪丟下一切趕到萬馬賭場的時候，一切都已成定局。

阿洋因爲在短時間內攝取了過量水分，產生稀釋性低血鈉症而當場昏倒，送進醫院搶救之後陷入昏迷，延至當晚凌晨返魂乏術。

黎家豪不知道自己這幾天是怎樣活過來的，TT幫忙他處理了所有手續和後事，Jacob也動用了人脈，及早安排將阿洋的大體包船運回香港，其他事情黎家豪一概不知，連他是如何通知阿洋的家人、如何告訴阿曼、他自己此刻又是如何回到阿洋的家，爲何會坐在阿洋的床上，都好像被人抹走了記憶似的，只得零星的畫面，還有很多很多的哭聲。

阿洋有一個升剛上小學的弟弟源仔，他似乎是這個家裡唯一一個不了解阿洋將會永遠離開他們的人，他推開了半掩的房門，笨拙地爬到床上，坐在黎家豪身邊。

「家豪哥哥，我可以吃蛋糕嗎？」他用童稚的聲音問。

黎家豪眼神空洞地看著源仔，勉力擠出一個比哭還要難看的笑容，點了點頭。

源仔興奮地跳下床，光著腳丫啪躂啪躂地跑到廚房，從雪櫃裡捧了蛋糕盒出來，又跑回房間問：「眞的？我眞的可以吃？阿哥說過，一定一定要等他和家豪哥哥回來才可以吃，你保證他不會罵我嗎？」

黎家豪一聽這話，鼻子發酸，他強忍淚水說：「我們一起吃，他不敢罵你的。」

源仔發出了孩子獨有的，銀鈴般的笑聲，他拉著黎家豪發涼的手走到餐桌，一臉饞相地指指蛋糕盒，示意由黎家豪來打開。這小鬼不僅樣子長得像阿洋，那股鬼靈精的滑頭勁簡直一模一樣，他是擔心自己拆開蛋糕盒會被罵，所以才叫黎家豪動手。

黎家豪解開蝴蝶結，把蛋糕盒打開，一個啡色手提行李箱造型的巧克力蛋糕映入眼簾，上面有一塊白巧克力製的生日牌，寫著：

泥膠：

生日快樂！

Run, Forrest, Run!

黎家豪先是一怔，久遠的兒時回憶從時光的皺摺裡攤開，只看了一眼就一發不可收拾，腦中每一幕成長的畫面都有阿洋的身影，今後他會獨個老去，而缺席的阿洋卻永遠年輕。

阿洋並沒有要求他停下來遷就自己的步伐，哪怕明知道自己跟不上，也只想最好的朋友可以用盡全力向前奔跑。

他再也無法忍住不斷湧出的淚水，任由悲傷吞沒，哭得肩膊顫抖不停，源仔不知所措地拉著他的衣角，和哥哥長得極相似的眼中爬滿了不安。

黎家豪悲憤交集，他用手背抹著眼淚，倏地站起身來，跑到房間打了一通電話給金牙大叔。

「我想請你幫我一個忙。」黎家豪用沙啞的聲音說。

金牙大叔在電話那頭沉默了幾秒後道：「說吧，能幫的我都會幫。」

「替我安排一場牌局，我要跟肥彪賭他的命。」

—現金桌篇完—

外傳

他們的少年時代

9月的陽光從百葉窗的縫隙溜進課室，縱然學年伊始，夏日卽將遠行，但暖和慵懶的氣息卻瀰漫著整座校園，讓昨夜因中一開學日而緊張失眠的黎家豪此刻無比發睏。

陌生的上課鈴聲響起，沒有主動交朋結友的他，鄰座的桌椅仍然懸空。

班主任Miss Chan從走廊踩著樹葉的影子走進課室，她將點名簿啪的一聲擱在講桌上，清清喉嚨正想說話，長得高高瘦瘦，頂著一頭亂髮的少年此時才姍姍來遲地步進教室。

「胡啟洋！」Miss Chan眉頭緊蹙，「怎麼開學第一天就遲到？」

阿洋一臉還沒睡醒的樣子，搔了搔臉頰道：「睡過頭了嘛。」

「都已經留級了，今年還不努力一點！」Miss Chan沒好氣地說：「快去那邊的空座位坐下。」

阿洋走到黎家豪旁邊，對看著他的黎家豪說的第一句話是：「看屁呀看？」

自此之後，黎家豪再沒有一天好日子過了。

阿洋雖然只比他年長一年，但黎家豪的個子本就長得瘦小，個性又柔順，所以比他高出一個頭的阿洋總是欺負他，飯盒不夠吃，就拿他的水果零食塡肚子；功課忘了做，就把黎家豪的工作紙奪過來寫上自己的名字。不過每次體育課要分組的時候，阿洋卻會二話不說地拉落單的他進小組，讓體格孱弱的黎家豪在第一個學期的體育科居然拿了個A。

有一回，黎家豪在午休時埋頭讀小說，在籃球場灑了一身熱汗的阿洋回到課室，又心血來潮地一把搶過他手中的書說：「《阿甘正傳》？有甚麼好看的？」然後把書拿來當扇子搧涼。

黎家豪咕噥道：「裡面有個角色很像你。」

「眞的？」阿洋似乎大感興趣，翻著書頁問：「是主角嗎？」

黎家豪本來指的是那些欺負阿甘的同學，但是看阿洋傻頭傻腦的樣子，他又覺得自己這樣賣弄小聰明有點壞心眼了。

「算了，你不要跟我說！我自己看！」阿洋興致勃勃地把小說塞進書包裡。

黎家豪心想這次麻煩大了，阿洋讀完之後肯定會知道自己是在諷刺他。懷著忐忑的心情過了一個週末，在星期一早上，阿洋一走進課室就把書包往桌上一甩，拿著小說問黎家豪：「你

之前說我是哪個角色？」

「我說的是……」黎家豪囁嚅道：「你自己認爲呢？」

「丹中尉？」

「對……」

「你也這樣覺得吧！」阿洋坐下來搭著黎家豪的肩說：「丹中尉可是個眞男人啊！」

黎家豪哭笑不得，沒想到阿洋會把自己投射到失去雙腿，與命運較勁的軍人身上，他甚至懷疑阿洋到底有沒有讀懂這個角色。

「不過我覺得，你倒是很像阿甘。」阿洋把書還給黎家豪，「喔，對了，數學功課你做了沒有？」

黎家豪以爲他又要搶自己的工作紙，誰知阿洋接著說：「趕快借我抄一抄。」

當天放學後，Miss Chan把他們二人叫到教員室，原來是阿洋抄黎家豪的功課時直接搬字過紙，連錯誤的解題步驟也直抄無誤，因而被Miss Chan揭發了。

「你們誰抄誰的？」Miss Chan將兩份功課攤開在桌上。

黎家豪低著頭不敢作聲。

「不用說我也知道了。」Miss Chan嚴厲地說：「黎家豪。」

黎家豪一聽自己的名字，嚇得挺直了腰。

「胡啟洋是偷偷拿來抄的，還是你給他抄的？」

黎家豪的頭垂得更低了。

Miss Chan看黎家豪不開口，遂轉向阿洋道：「胡啟洋，你已經留過一次級了，再記一次大過就要被學校開除，去年我不是已經警告過你了嗎？」

阿洋抿著唇，把指甲摳得卡卡作響，黎家豪瞥見他交握的指節都用力得發白了。

「是我抄他的……」黎家豪怯生生地說。

「你？」Miss Chan顯得很震驚，「你是笨蛋嗎？找個成績最差的來抄。」

Miss Chan雖然不相信黎家豪的話，只是既然他認了這筆帳，自己也不能再為難阿洋。

「你們給我安分點，我會盯緊的。現在去外面罰站半小時。」

兩人灰頭土臉地站到教員室外，正好碰上放學的人潮，黎家豪一向面皮薄，這樣公開處罰讓他面紅到耳根子去。

「喂。」阿洋用手肘撞一撞？他問：「你剛才為甚麼要幫我？」

「Miss Chan說要趕你出校呀……」

「沒想到你這麼有義氣。放心吧，以後有我罩你！」

黎家豪只覺倒霉，沒有心情搭理他。

阿洋鬼鬼祟祟地看看教員室，然後提議道：「我們走吧，Miss Chan去了開會，半個小時鐵定回不來的。」

「被發現了怎麼辦？」

「她明天要是問起，就說我們站了半小時，看她沒有出來就回家了，她又能怎樣？走吧！」

「我不走。」黎家豪倔強地說。

「眞的不走？那我走了。」阿洋瀟灑地揮揮手離開。

黎家豪老老實實地背著手罰站了半小時，看Miss Chan眞的沒有回來，他便背起書包，獨自走路回家。

黎家豪害怕被父親知道他留堂，所以打算繞一條平常不會走的捷徑，途經一個屋邨公園的足球場時，突然被一個高速飛來的足球打中。

「喂！」四五個小混混遠遠地指罵他：「你害我們的球踢出界了！」

黎家豪打算快步離開，但走不了幾步就被他們團團圍住。

「甚麼事？」他強裝鎮定。

「我在跟你說話，你聽不到嗎？」

「誰讓你經過這個球場的？」

「沒人告訴你，走過這裡就要交過路費嗎？」

「你們幹甚麼！」阿洋不知道從哪裡冒出來，一手拉了黎家豪到自己旁邊。

那幾個人遂又把阿洋圍住，阿洋推了推黎家豪的背說：「你先走吧。」

黎家豪還是呆呆地站在原地，一臉不知所措的樣子。

「我叫你走呀！快跑！」

黎家豪邊走邊回頭，聽見幾下吆喝聲後，只見幾個人在推推撞撞間，阿洋忽然揮拳打到其中一個人的臉上，幾個人就一擁而上，在球場中央扭打起來。

他嚇得本能地拔腿就跑，直往球場出口奔去，可是轉念間，一咬牙又往回跑，只見阿洋寡不敵眾，已被他們按在地上打。

黎家豪衝上前去想要拉開其他人，但他手無縛雞之力，三兩下功夫就被人摔在地上，幾個人對著他和阿洋拳打腳踢，混亂之間只聽到阿洋對他喊道：「抱著頭，快抱著頭！」

「別打了！那邊好像有人過來！」幾個小混混一哄而散，逃得比兔子還要快。

黃昏的暮色籠罩著整個球場，他們兩個人大字形地躺在還散著熱氣的水泥地上。

這是黎家豪人生第一次打架，雖說其實是被打居多，但他心裡還是有股難以言喻的激動，彷彿跨過了一道門，從這端到那端之後，已是不一樣的自己。

「你回來幹甚麼，我不是叫你跑嗎？」阿洋喘著氣問。

「那你怎麼又在，你不是一早就回家了嗎？」

「我是走了啊，」阿洋說：「不過走到一半想了想，你是因爲我才留堂的，我覺得這樣不夠義氣，所以就回來找你。」

黎家豪默然，他看著成群歸巢的鳥飛過天空，像一把剪刀剪碎了晚霞。

「沒事吧？」阿洋問。

「很痛……」黎家豪說。

「打架當然痛啦！」阿洋放聲笑了幾下，一笑胸口就痛，他

撫著肚子嘶嘶地喘氣道：「不知道肋骨是不是斷了。」

「不會吧？」黎家豪嚇得坐了起來。

「跟你開玩笑的，我才沒有那麼弱！」

黎家豪看著躺在地上的阿洋，他的瀏海全被汗水沾濕，臉上青一片紅一片，心中頗有歉意。

「謝謝你啦……」

阿洋擺擺手說：「別婆婆媽媽的，就說了以後我罩你呀！你以爲我只是說說而已嗎？」

「但以後還是不要動手了，你根本不夠打——」

「我會變強的！」阿洋一下子從地上彈起來，對著空氣揮拳，「以後你也來跟我練拳，下次我們一起打得他們滿地找牙！」

「你看我像練武的材料嗎？」黎家豪苦笑。

阿洋叉著腰打量了黎家豪一會之後說：「也眞的不像。」

黎家豪本來只是說說而已，但是聽見阿洋那麼肯定的答案又覺得有點失落，彷彿自己眞的是那麼孱弱無能。

「但你可以練跑呀！有事的話，你就一直跑一直跑，跑到那些人追不上爲止！」

「那樣不是逃避嗎？不就等於認輸？」

「別這麼死腦筋，你跑在前面，他們追不上你，是他們輸了呀！」

黎家豪聽著想著，也覺得阿洋說得有幾分道理。

阿洋伸出手來拉起坐在地上的黎家豪說：「那以後我練拳，你練跑，我是矛，你是盾，懂不懂？」

黃昏最後一抹斜陽照在阿洋輪廓分明的臉上，微涼的夜風吹得他鬆鬆垮垮地掛在脖子上的校服領帶亂舞飄揚。

黎家豪看了一眼摔破了錶面的手錶，「不跟你說了，我爸快回到家了，我要趕快回去！」說罷揹起書包，拔足就跑。

阿洋像個傻子般在他身後大叫著：「Run, Forrest, Run!」

撲克道 01

勇者遊戲

作者	陳熕
內容總監	曾玉英
顧問	Ricky Cheung
責任編輯	林沛暘、何敏慧
書籍設計	Marco Wong
出版	天行者出版有限公司 Skywalker Press Ltd. 九龍觀塘鴻圖道 78 號 17 樓 A 室
電話	(852) 2793 5678
傳真	(852) 2793 5030
出版日期	2022 年 7 月初版
發行	天窗出版社有限公司 Enrich Publishing Ltd. 九龍觀塘鴻圖道 78 號 17 樓 A 室
電話	(852) 2793 5678
傳真	(852) 2793 5030
網址	www.enrichculture.com
電郵	info@enrichculture.com
承印	嘉昱有限公司 九龍新蒲崗大有街 26-28 號天虹大廈 7 字樓
紙品供應	興泰行洋紙有限公司
定價	港幣 $98　新台幣 $490
國際書號	978-988-74783-4-8
圖書分類	(1) 流行文學　(2) 小説 / 散文